普通高等教育汽车类专业规划教材

Qiche Yunyong Jichu
汽车运用基础

韩 锐 主 编
邓红星 副主编

人民交通出版社股份有限公司
China Communications Press Co.,Ltd.

内容提要

本书系统地介绍了从汽车选购到报废过程中的汽车选购基础、汽车户籍管理和保险、汽车使用条件及性能指标、汽车运行材料使用、汽车在特殊条件下的使用、汽车行驶安全和公害、汽车技术状况变化、汽车美容、汽车检测诊断和审验、汽车技术管理等知识。

本书可作为普通高等院校、职业院校汽车类相关专业的教材或教学参考用书,也可供相关工程技术人员和管理人员参考。

图书在版编目(CIP)数据

汽车运用基础/韩锐主编. —北京:人民交通出版社股份有限公司,2017.1
ISBN 978-7-114-13475-3

Ⅰ.①汽… Ⅱ.①韩… Ⅲ.①汽车—应用—教材 Ⅳ.①U471.2

中国版本图书馆 CIP 数据核字(2016)第 277316 号

书　　名:	汽车运用基础
著 作 者:	韩　锐
责任编辑:	夏　犇
出版发行:	人民交通出版社股份有限公司
地　　址:	(100011)北京市朝阳区安定门外外馆斜街3号
网　　址:	http://www.ccpress.com.cn
销售电话:	(010)59757973
总 经 销:	人民交通出版社股份有限公司发行部
经　　销:	各地新华书店
印　　刷:	北京市密东印刷有限公司
开　　本:	787×1092　1/16
印　　张:	13.5
字　　数:	323 千
版　　次:	2017 年 1 月　第 1 版
印　　次:	2017 年 1 月　第 1 次印刷
书　　号:	ISBN 978-7-114-13475-3
定　　价:	32.00 元

(有印刷、装订质量问题的图书由本公司负责调换)

前言 PREFACE

　　随着国民经济的发展和汽车保有量日益增加，汽车运用涉及到的领域越来越广泛，汽车运用技术无论是对于使用者的自身安全还是企业的经济效益都十分重要。

　　汽车运用几乎涵盖了社会生产和人民生活的各个方面，如汽车技术状况对行车安全有重大影响，良好的汽车技术状况有助于提升汽车行驶的安全性；汽车燃料、润滑油等运行材料使用不当会造成燃油经济性下降、排放污染物增加等。正确掌握汽车的使用技术，对于推动社会进步和社会的物质、精神文明发展有重要作用。

　　汽车运用技术管理是汽车工程中的重要内容，它要求人们在现代科学技术的基础上，运用一些技术对汽车从开始投入使用到报废的全过程进行科学管理，从而使得汽车保持良好的运行状态，使汽车具有高的运输效率、少的燃料和劳动消耗、高的运行安全性，并能够减少汽车对人类生存环境的污染和危害。

　　本书在编写的过程中，以汽车使用流程为主线，注重突出汽车运用的系统性、实用性和技术性。本书系统地阐述了从汽车选购、户籍管理和保险、特殊条件使用、安全、排放、美容直至报废的全过程内容；着重从实用角度去讲解、阐述汽车运用过程中的各种技术、手段、方法，便于读者理解和操作；将汽车运用过程中涉及的新技术、新方法和新手段渗透到各个章节中，使读者能轻松地阅读和学习。

　　本书共分为十章，由韩锐统稿。其中第一章、第四章、第五章和第六章由东北林业大学韩锐编写，第二章和第十章由东北林业大学马晓春编写，第三章由东北林业大学邓红星编写，第七章、第八章和第九章由黑龙江工程学院田芳编写。

　　本书的编写过程中参考了国内许多学者的学术著作、教材等，编者在此表示感谢。

　　恳请读者对本书的内容和章节安排等提出宝贵意见，并对本书中存在的错误及不当之处提出批评和修改建议，以便修改。

编　者
2016 年 9 月

目录 CONTENTS

第一章　汽车选购基础 ··· 1
　第一节　汽车的分类 ··· 1
　第二节　汽车特征代号及图形识别 ··· 9
　第三节　汽车的选购 ·· 11
第二章　汽车户籍管理和保险 ··· 17
　第一节　汽车户籍管理 ··· 17
　第二节　汽车保险 ··· 26
第三章　汽车使用条件及性能指标 ··· 34
　第一节　汽车使用条件 ··· 34
　第二节　汽车使用性能指标 ··· 39
第四章　汽车运行材料的使用 ··· 57
　第一节　汽车燃料的使用 ·· 57
　第二节　汽车润滑材料的使用 ·· 81
　第三节　汽车工作液的使用 ··· 98
　第四节　汽车轮胎的使用 ·· 104
第五章　汽车在特殊条件下的使用 ··· 118
　第一节　汽车在走合期的使用 ·· 118
　第二节　汽车在低温条件下的使用 ·· 119
　第三节　汽车在高温条件下的使用 ·· 126
　第四节　汽车在高原和山区条件下的使用 ··· 130
　第五节　汽车在无路和坏路条件下的使用 ··· 135
第六章　汽车行驶安全和公害 ··· 139
　第一节　道路交通事故及控制 ·· 139
　第二节　汽车排放污染及控制 ·· 150
　第三节　汽车噪声及控制 ·· 160
　第四节　汽车电磁干扰及控制 ·· 165
第七章　汽车技术状况变化 ·· 167
　第一节　汽车技术状况和使用性能 ·· 167
　第二节　汽车技术状况变化的影响因素 ·· 169
　第三节　汽车技术状况的分级评定 ·· 175

第八章　汽车美容 ……………………………………………………… 178
第一节　概述 …………………………………………………………… 178
第二节　汽车美容材料 ………………………………………………… 179
第三节　汽车清洗及美容护理 ………………………………………… 181

第九章　汽车的检测诊断与审验 ……………………………………… 188
第一节　车辆检测诊断的概述 ………………………………………… 188
第二节　车辆年检和审验的分类 ……………………………………… 190
第三节　汽车检测站 …………………………………………………… 192
第四节　汽车年检及审验的内容和标准 ……………………………… 194

第十章　汽车技术管理 …………………………………………………… 199
第一节　概述 …………………………………………………………… 199
第二节　汽车的基础管理 ……………………………………………… 200
第三节　汽车的维护和修理 …………………………………………… 202
第四节　汽车的更新和报废 …………………………………………… 205

参考文献 ……………………………………………………………………… 210

第一章　汽车选购基础

第一节　汽车的分类

一、汽车的分类方法

1. 按用途分类

按照由中国汽车技术研究中心负责修订,于 2002 年 3 月 1 日实施的国家标准《汽车和挂车类型的术语和定义》(GB/T 3730.1—2001)规定,汽车可以按用途分为乘用车和商用车两大类。

1)乘用车(passenger car)

在其设计和技术特性上主要用于载运乘客及其随身行李和临时物品的汽车,包括驾驶员座位在内最多不超过 9 个座位。如果需要,它也可以牵引一辆挂车。

(1)普通乘用车[saloon(sedan)]。车身为封闭式,侧窗中柱或有或无;车顶(顶盖)为固定式,硬顶,有的顶盖一部分可以开启;有 4 个或 4 个以上座位,至少两排,后座椅可折叠或移动,以形成装载空间;有 2 个或 4 个侧门,可有一后开启门,如图 1-1 所示。

(2)活顶乘用车(convertible saloon)。车身是具有固定侧围框架的可开启式;车顶(顶盖)为硬顶或软顶,至少有两个位置(或封闭或开启或拆除),可开启式车身可以通过使用一个或数个硬顶部件或合拢软顶将开启的车身关闭;有 4 个或 4 个以上座位,至少两排;有 2 个或 4 个侧门;有 4 个或 4 个以上车窗,如图 1-2 所示。

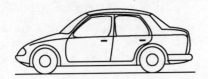
图 1-1　普通乘用车示意图
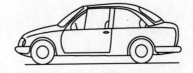
图 1-2　活顶乘用车示意图

(3)高级乘用车[pullman saloon(pullman sedan)(executive limousine)]。车身为封闭式,前后座之间可以设有隔板。车顶(顶盖)为固定式,硬顶,有的顶盖一部分可以开启;有 4 个或 4 个以上座位,至少两排,后排座椅前可安装折叠式座椅;有 4 个或 6 个侧门,也可有一个后开启门;有 6 个或 6 个以上侧窗,如图 1-3 所示。

(4)小型乘用车(coupe)。车身为封闭式,通常后部空间较小;车顶(顶盖)为固定式,硬顶,有的顶盖一部分可以开启;有 2 个或 2 个以上,至少一排;有 2 个侧门,也可有一个后开启门;有 2 个或 2 个以上侧窗,如图 1-4 所示。

图 1-3　高级乘用车示意图

图 1-4　小型乘用车示意图

（5）敞篷车[convertible(open tourer)(roadster)(spider)]。车身为可开启式；车顶（顶盖）为软顶或硬顶，至少有两个位置（第一个位置遮覆车身，第二个位置车顶卷收或可拆除）；有 2 个或 2 个以上座位，至少一排；有 2 个或 4 个侧门；有 2 个或 2 个以上侧窗，如图 1-5 所示。

（6）仓背乘用车（hatchback）。车身为封闭式，侧窗中柱可有可无；车顶（顶盖）为固定式，硬顶，有的顶盖一部分可以开启；有 4 个或 4 个以上座位，至少两排，后座椅可折叠或可移动，以形成一个装载空间；有 2 个或 4 个侧门，车身后部有一仓门。

（7）旅行车（station wagon）。车身为封闭式，车尾外形按可提供较大的内部空间；车顶（顶盖）为固定式，硬顶，有的顶盖一部分可以开启；有 4 个或 4 个以上座位，至少两排，座椅的一排或多排可拆除，或装有向前翻倒的座椅靠背，以提供装载平台；有 2 个或 4 个侧门，并有一后开启门；有 4 个或 4 个以上侧窗，如图 1-6 所示。

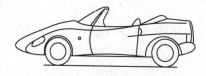

图 1-5　敞篷车示意图

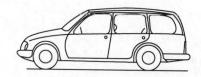

图 1-6　旅行车示意图

（8）多用途乘用车（multipurpose passenger car）。上述七类车辆以外的，只有单一车室载运乘客及其行李或物品的乘用车，如图 1-7 所示。但是，如果这种车辆同时具有下列条件，则不属于乘用车而属于货车，即：

除驾驶员以外的座位数不超过 6 个（只要车辆具有可使用的座椅安装点，就应算"座位"数），且

$$P = (M + N \times 68) > N \times 68$$

式中：P——最大设计总质量；

　　　M——整车整备质量与 1 位驾驶员质量之和；

　　　N——除驾驶员以外的座位数。

（9）短头乘用车（forward control passenger car）。是一种乘用车，其一半以上的发动机长度位于车辆前风窗玻璃最前点以后，并且转向盘的中心位于车辆总长的前四分之一部分内，如图 1-8 所示。

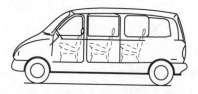

图 1-7　多用途乘用车示意图

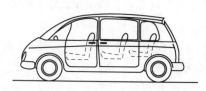

图 1-8　短头乘用车示意图

（10）越野乘用车（off-road passenger car）。在其设计上所有车轮同时驱动，或其几何特性、技术特性和其他性能允许在非道路上行驶的一种乘用车，如图1-9所示。

（11）专用乘用车（special purpose passenger car）。运载乘员或物品并完成特定功能的乘用车，它具备完成特定功能所需的特殊车身和/或装备。例如：旅居车、防弹车、救护车、殡仪车等。

①旅居车（motor caravan）。旅居车是一种至少具有下列生活设施结构的乘用车：座椅和桌子；睡具，可由座椅转换而来；炊事设施；储藏设施。

②防弹车（armoured passenger car）。用于保护所运送的乘员和/或物品并符合装甲防弹要求的乘用车。

③救护车（ambulance）。用于运送病人或伤员并为此目的配有专用设备的乘用车，如图1-10所示。

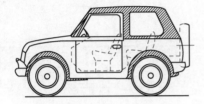 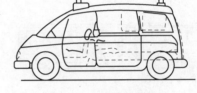

图1-9 越野乘用车示意图　　　　图1-10 救护车示意图

④殡仪车（hearse）。用于运送死者并为此目的而配有专用设备的乘用车。

2）商用车（commercial vehicle）

在设计和技术特性上用于运送人员和货物的汽车，并且可以牵引挂车。乘用车不包括在内。

（1）客车（bus）。设计和技术特性上用于载运乘客及其随身行李的商用车辆，包括驾驶员座位在内座位数超过9座。客车有单层的或双层的，也可牵引一挂车。

①小型客车（minibus）。用于载运乘客，除驾驶员座位外，座位数不超过16座的客车，如图1-11所示。

②城市客车（city-bus）。一种为城市内运输而设计和装备的客车。这种车辆设有座椅及站立乘客的位置，并有足够的空间供频繁停站时乘客上下车走动用，如图1-12所示。

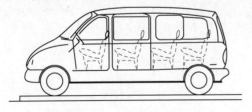 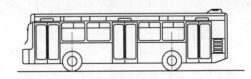

图1-11 小型客车示意图　　　　图1-12 城市客车示意图

③长途客车（interurban coach）。一种为城间运输而设计和装备的客车。这种车辆没有专供乘客站立的位置，但在其通道内可载运短途站立的乘客，如图1-13所示。

④旅游客车（touring coach）。一种为旅游而设计和装备的客车。这种车辆的布置要确保乘客的舒适性，不载运站立的乘客，如图1-14所示。

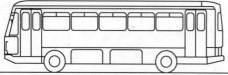 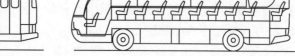

图 1-13　长途客车示意图　　　　　图 1-14　旅游客车示意图

⑤铰接客车(articulated bus)。一种由两节刚性车厢铰接组成的客车。在这种车辆上，两节车厢是相通的，乘客可通过铰接部分在两节车厢之间自由走动。这种车辆可以按以上①～④四种车辆进行装备。两节刚性车厢永久联结，只有在工厂车间使用专用的设施才能将其拆开，如图 1-15 所示。

⑥无轨电车(trolley bus)。一种经架线由电力驱动的客车。这种电车可指定用作多种用途，并按城市客车、长途客车和铰接客车进行装备，如图 1-16 所示。

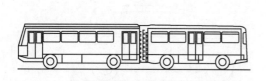 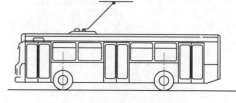

图 1-15　铰接客车示意图　　　　　图 1-16　无轨电车示意图

⑦越野客车(off-road bus)。在其设计上为所有车轮同时驱动或其几何特性、技术特性和其他性能允许在非道路上行驶的一种车辆。

⑧专用客车(special bus)。在其设计和技术特性上只适用于需经特殊布置安排后才能载运人员的车辆。

(2)半挂牵引车(semi-trailer towing vehicle)。装备有特殊装置用于牵引半挂车的商用车辆。

(3)货车(goods vehicle)。一种主要为载运货物而设计和装备的商用车辆，可以牵引一挂车。

①普通货车(general purpose goods vehicle)。一种在敞开(平板式)或封闭(厢式)载货空间内载运货物的货车，如图 1-17 所示。

②多用途货车(multipurpose goods vehicle)。在其设计和结构上主要用于载运货物，但在驾驶员座椅后带有固定或折叠式座椅，可运载 3 个以上乘客的货车，如图 1-18 所示。

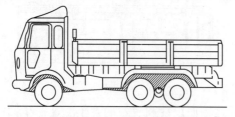 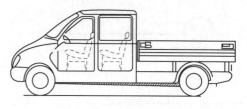

图 1-17　普通货车示意图　　　　　图 1-18　多用途货车示意图

③全挂牵引车(trailer towing vehicle)。一种牵引牵引杆式挂车的货车。它本身可在附属的载运平台上运载货物，如图 1-19 所示。

④越野货车(off-road goods vehicle)。在其设计上所有车轮同时驱动或其几何特性、技术特性和其他性能允许在非道路上行驶的一种车辆,如图1-20所示。

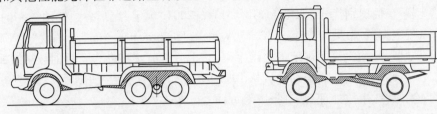

图1-19　全挂牵引车示意图　　　　　　图1-20　越野货车示意图

⑤专用作业车(special goods vehicle)。在其设计和技术特性上用于特殊工作的货车。例如:消防车、救险车,垃圾车、应急车、街道清洗车、扫雪车、清洁车等,如图1-21所示。

⑥专用货车(specialized goods vehicle)。在其设计和技术特性上用于运输特殊物品的货车。例如:罐式车、乘用车运输车、集装箱运输车等,如图1-22所示。

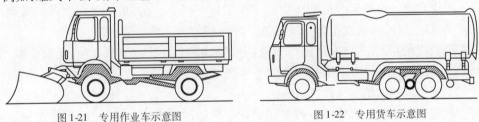

图1-21　专用作业车示意图　　　　　　图1-22　专用货车示意图

2. 按技术参数分类

按照由中国汽车技术研究中心负责修订的国家标准《机动车辆及挂车分类》(GB/T 15089—2001)规定,汽车可以按技术参数分成M类和N类两大类。

汽车按技术参数分类和按用途分类两者之间的关系如图1-23所示。

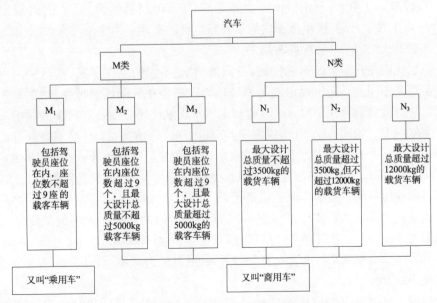

图1-23　汽车不同分类方法的关系图

二、车辆的识别代号

《道路车辆 车辆识别代号(VIN)》(GB 16735—2004)规定:汽车必须使用统一的车辆识别代号,用以规范车辆管理。汽车识别代码(Vehicle Identification Number,简称VIN)是汽车制造厂为了识别每一辆汽车而规定的一组字码,它由一组英文字母和阿拉伯数字组成,共17位,故又称17位码。我国车辆识别代号从1999年1月1日起代替"车架号",用于新车的注册、入户、年检、维修、事故处理、强制报废等方面。

汽车识别代码的每一位代码代表着汽车某一方面的信息,从该代码中可以识别出车辆的生产国家、制造公司或生产厂家、车辆的类型、品牌名称、车型系列、车身形式、发动机型号、车型年款(属于哪年生产的年款车型)、安全防护装置型号、检验数字、装配工厂名称和出厂顺序号码等信息。

1. 汽车识别代码(VIN)的意义和功用

汽车识别代码经过特定的排列组合可以保证每个制造厂在30年之内生产的每辆汽车识别代码具有唯一性,不会发生重号或错认,故又称为汽车的"身份证"。

汽车识别代码在汽车营销、进出口贸易、办理车辆牌照、处理交通事故、保险索赔、查获被盗车辆、侦破刑事案件、车辆维修与检测等方面,都具有十分重要的作用。有些国家规定,没有汽车识别代码的汽车不允许进口和销售。

大多数测试仪器和维修检测设备都能识别并存储汽车识别代码,用以作为车辆故障分析诊断和维修的依据。汽车识别代码在汽车配件营销管理上也起着重要的作用。在查找零件目录中的汽车零件之前,首先要确认汽车识别代码的车型年款,否则就易产生误购、错装等情况。利用汽车识别代码,还可以鉴别出拼装车和走私车。因为拼装的进口汽车一般是不按汽车识别代码规定进行组装的。

我国于1999年1月18日由机械工业部发布了《车辆识别代码(VIN)管理规则》,规则规定:"1999年1月1日后,适用范围内的所有新生产的车辆必须使用汽车识别代码。"

2. 汽车识别代码(VIN)的组成及规定

汽车识别代码在汽车上的安装位置,不同的国家、不同的生产厂家,甚至同一生产厂家的不同车型都是不同的。美国规定汽车识别代码应安装在汽车仪表板左侧,在车外透过风窗玻璃可以清楚地看到而便于检查。欧盟规定汽车识别代码应安装在汽车右侧的车架上或标写在厂家铭牌上。我国规定,汽车识别代码应位于车辆的前半部分,易于看到且能防止磨损或替换的部位。对于小于或等于9座的乘用车和最大总质量小于或等于3500kg的载货汽车,汽车识别代码应位于仪表板上靠近风窗立柱的位置,在白天日光照射下,观察者不需要移动任一部件便可从车外辨认汽车识别代码。

汽车识别代码常见的安装位置如图1-24所示。各国的技术法规一般只规定汽车识别代码的基本要求,如对字母和数字的排列位置、安装位置、书写形式和尺寸等,并应保证30年内不会重号。除对个别符号的含义有统一要求外,其他不做硬性规定,而是由生产厂家自行规定其代码的含义。

汽车识别代号由世界制造厂识别代号(WMI)、车辆说明部分(VDS)和车辆指示部分(VIS)三部分组成。其含义如下:

图 1-24 VIN 码在汽车上的安装位置

1) 世界制造厂识别代号(WMI)

世界制造厂识别代码(WMI)的第 1 位和第 2 位是世界地理区域码,它表明汽车的最终装配厂所在的地理位置(国家或地区)。这两位代码可用的组合范围是由有关国际组织分配的。例如,美国为 10~19 和 1A~12,中国为 L0~L9 和 LA~LZ,墨西哥为 3A~3W 等。其中,第 2 位的选用是由国家机构根据制造厂的申报,在国际组织分配的范围内指定的。第 3 位代码用于标明指定的制造厂,由制造厂编制,报国家行业主管部门核准。

对于年产量不足 500 辆的制造厂,其汽车识别代码的第 3 位代码为数字 9。此时,汽车识别代码的第 12、13、14 位代码将与第一部分的三位代码共同作为世界制造厂识别代码。

2) 车辆说明部分(VDS)

第二部分(汽车识别代码的第 4~9 位)为车辆特征代码,由六位数字及字母组成,用于制造厂标明车辆的形式或品牌,车辆的类型、种类或系列,车身的类型,发动机或底盘的类型,驾驶室的类型,汽车性能及使用时的其他特征参数。如果制造厂不使用其中的一位或几位代码,应在该位置填入制造厂所选定的字母或数字占位。

该部分的最后一位(即汽车识别代码的第 9 位)为制造厂检验值。检验位由一位阿拉伯数字或英文字母 X 标明。其作用是核对汽车识别代码记录的准确性。

3) 车辆指示部分(VIS)

第三部分为车辆指示部分,由八位代码组成。

第 1 位代码(即汽车识别代码的第 10 位)表示汽车的生产年份,年份代码按表 1-1 的规定使用。

中国 VIN 的年份代码表 表 1-1

年 份	代 码	年 份	代 码	年 份	代 码
2001	1	2011	B	2021	M
2002	2	2012	C	2022	N
2003	3	2013	D	2023	P
2004	4	2014	E	2024	R
2005	5	2015	F	2025	S
2006	6	2016	G	2026	T
2007	7	2017	H	2027	V
2008	8	2018	J	2028	W
2009	9	2019	K	2029	X
2010	A	2020	L	2030	Y

第2位代码(即汽车识别代码的第11位)用来指示汽车装配厂。若无装配厂,则制造厂可用来规定其他内容。对于年产量超过500辆的汽车制造厂,此部分的第3~8位代码(即汽车识别代码的第12~17位)表示生产顺序号。对于年产量不足500辆的汽车制造厂,该部分的第3~5位代码与第一部分的三位代码共同表示一个车辆制造厂,最后三位代码表示生产顺序号。

对于年产量不足500辆的汽车制造厂,汽车识别代码的第一部分为世界制造厂识别代码(WMI),第二部分为车辆特征代码(VDS),第三部分的第3、4、5位代码同第一部分的三位代码一起构成世界制造厂识别代码(WMI),其余五位代码为车辆指示部分(VIS)。车辆识别代号的组成如图1-25所示。

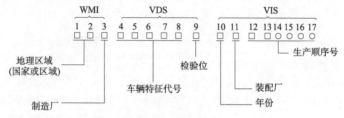

a)车辆年产量≥500辆

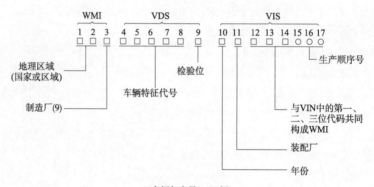

b)车辆年产量<500辆

图1-25 车辆识别代码的组成
□-代表字母或数字;○-代表数字

3.汽车识别代码(VIN)中各代码的含义举例

1)中国北京吉普汽车有限公司(BJC)VIN

L E 4 E J 6 8 W A V 5 7 0 0 3 2 1
① ② ③ ④ ⑤ ⑥ ⑦ ⑧ ⑨ ⑩ ⑪ ⑫ ⑬ ⑭ ⑮ ⑯ ⑰

第①位:生产地理区域代码。由ISO统一分配亚洲地区代码,中国定为"L"。

第②位:生产国家代码。由ISO统一分配中国的代码BJC(北京吉普汽车公司)使用为:"E"。

第③位:生产厂被批准备案的车型类别代码。4——BJ2021系列。

第④位:厂定最大总质量分级代码。E——1361~1814kg。

第⑤位:(按驱动车轮和转向盘位置)车型种类代码。J——4X4左置转向盘。

第⑥位:(对BJ2020和BJ2022系列)装配类型代码,(对BJ2021系列)车型系列代码。

6——中档型(用于 BJ2021E 和 BJ2021EL)。

第⑦位:车身类型代码。8——4 门金属硬顶。

第⑧位:发动机类型代码。W——2.5L 四缸化油器式汽油机。

第⑨位:(对 BJ2020 和 BJ2022 系列)工厂检验代码,(对 BJ2021 系列)包装代码。

第⑩位:车辆年度型(年款)代码 V——1997。

第⑪位:装配工厂代码。5——BJC(北京吉普汽车有限公司)总装厂。

第⑫~⑰位:生产顺序号代码:

第⑫位:为日历年的代码。7——1997。

第⑬~⑰位:按照每个日历年的生产顺序从 00001~99999 顺序编排(顺序号根据不同装配线和非装配线装配车辆分别编号,可由所在装配车间控制)。

2)美国通用汽车公司(GMC)轿车(1983~1994 年)VIN

1 G 1 L T 5 3 T 6 P E 1 0 0 0 0 1
① ② ③ ④ ⑤ ⑥ ⑦ ⑧ ⑨ ⑩ ⑪ ⑫ ⑬ ⑭ ⑮ ⑯ ⑰

第①位:生产国家代码。1——美国。

第②位:生产厂家代码。G——通用汽车公司。

第③位:具体生产部门代码。1——雪佛兰车部。

第④位、⑤位:车型及系列代码。LT——科西嘉(Corsica)。

第⑥位:车身类型代码。5——四门轿车。

第⑦位:乘客安全保护装置代码。3——手动安全带及驾驶员侧安全气囊。

第⑧位:发动机类型代码。T——3.1L V6 MFI。

第⑨位:VIN 检验数代码。

第⑩位:车型车款代码。P——1993。

第⑪位:总装工厂代码。E——Linden, NJ。

第⑫~⑰位:出厂顺序号代码。

第二节 汽车特征代号及图形识别

一、常见的汽车特征代号及其含义

在汽车各个部位常常标有各种数字及外文字母(绝大多数为英文字母),这些就是汽车特征代号,它们用来表示汽车性能与使用时的特征、结构、性能、功用及类别等含义。在汽车营销、检测、维护、配件等方面,汽车特征代号起着举足轻重的作用。识别常见的汽车特征代号,将有助于我们正确使用车辆,延长汽车的使用寿命。常见的部分汽车特征代号及含义见表 1-2。

二、汽车仪表图形标识

近年来,汽车中装备了越来越多的用来表示车辆运行状态的电子传感装置,这些装置大多数以警告灯、蜂鸣器或语言信号等方式显示在驾驶室仪表板上,用以监测汽车运行的技术状况,或向驾驶员提供必要的信息。为了使不同国别、不同语言和不同文化的驾驶员在较短的时间、较小的空间内迅速识别这些装置,通常将这些电子信号装置连同一些辅助设备用简单而形象的图形标识符号表示,这些形象的图形标识符号一般标在驾驶室仪表板、操纵杆、按钮及开关等处。

常用的汽车特征代号(部分)   表 1-2

特征代号	含义	特征代号	含义
自动变速器		自动变速器	
AT	自动变速器	N	空挡
ST	无级变速器	D	前进挡
P	驻车挡	L	低速挡
R	倒车挡	HEAT	预热挡位
H/L	高/低挡		
仪表板		仪表板	
GAUGE	仪表板	RECIRC	车内气流
TURN	转向灯	FSC	风扇控制杆
HEAD(LH)	前照灯(左)	HCRM	喇叭
HEAD(RH)	前照灯(右)	CIGAR	点燃器
BEAM	远光	CHG	蓄电池充电指示
STOP	制动灯	DISCHARGE	蓄电池放电指示
HALARD	报警	PARK	停车制动
SPARE	备用	BRAK	制动液指示
GLOWPCUG	预热指示	EHX BRAKE	排气制动指示
CHG	充电	VACUUM	真空助器负压过低
BRAKE	制动	CHOKE	阻风门
DOR LAMP(DL)	顶灯:ON—亮;DOOR—开门时;OFF—关	SUNROOF	遮阳顶篷
AIR COND(AIC)	空调:MAX—最凉;NORM—正常;VENT—通风;DEF—化霜	WIPER	刮水器
HEATER	暖风	ROOP	顶窗

表 1-3 所示为汽车中常见的部分图形标识符号。

汽车中常见的图形符号(部分)   表 1-3

符号	符号含义	符号	符号含义	符号	符号含义
	远光		近光		转向信号
	危险报警信号 两个绿色闪光转向信号同时作用或用一个本标识的红色信号灯表示		风窗玻璃刮水器		风窗玻璃洗涤器

续上表

符号	符号含义	符号	符号含义	符号	符号含义
	风窗玻璃刮水器及洗涤器		通风风扇		停车灯
	蓄电池充电状况		发动机机油压力		安全带
	后雾灯		灯光总开关		风窗玻璃除雾除霜
	后窗玻璃刮水器		后窗玻璃洗涤器		后窗玻璃刮水器及洗涤器

第三节 汽车的选购

随着国民经济持续快速发展，人民收入和消费水平不断提高，对私家车（即乘用车）的购置需求越来越高。2014年我国汽车产销分别完成2372.29万辆和2349.19万辆，同比增长了7.26%和6.86%；2015年我国汽车产销总体平稳增长，全长汽车产销分别完成2450.33万辆和2459.76万辆，连续7年蝉联全球第一，创历史新高，比上年分别增长3.3%和4.7%。此外，据中国汽车流通协会统计，2015年我国二手车市场累计交易量达到941.71万辆。

一、新车的选购

1. 购买新车前应考虑的因素

随着汽车大量投放市场，面对品牌不同、用途各异的汽车，购车者往往无从下手。正确地挑选汽车，一般应从下面几方面考虑。

1）车辆安全性能

安全是消费者的第一要求，汽车安全性能又分为主动安全性能和被动安全性能。

主动安全性能是在正常情况下汽车预防和避免事故发生的能力，如超车时的加速性能（发动机功率、转矩）、制动性能、行驶平衡控制系统、四轮驱动力平衡控制、驾驶员的视野、汽车的灯光、汽车的重心等。

汽车的被动安全性能是汽车在事故发生后的承受能力，也就是对车内所有乘客在事故发生后的保护能力。影响汽车被动安全性能的因素主要有：安全带、安全气囊数目、前后保险杠、汽车的大小、车体整体结构的抗冲击和变形能力、头颈保护系统等。

要注意的是，主动安全性能和被动安全性能有时候在设计上是冲突的，比如汽车大对被动安全性能有利，但是由于质量加大使得制动距离加大不利于汽车的主动安全性能。而同一种安全性能中也会有冲突，比如重心高一般有利于改善驾驶员的视野，但是同时也容易造成翻车。通常，大型车、豪华车的安全性能比小型车和经济车要好。同一档次，同一价位，相同配置的不同车型要看具体资料。

2）车辆经济性

汽车的经济性主要是指汽车燃料经济性。汽车燃料经济性是汽车性能的重要指标，这一指标不但反映了汽车整体设计水平,同时也影响到用户的使用费用。

目前,在市场销售的汽车中,进口汽车燃料消耗一般相对较低,但售价较高。国产汽车燃料消耗相对较高,但售价偏低。通常情况,汽车发动机的排量越大,油耗就越高。一般在购车前可通过汽车使用说明书、厂家宣传资料、车型用户反映等得到各车型的汽车燃料经济性,通过比较来挑选适合的汽车。

3)购车用途

明确个人购车的目的是用来代步还是营业性运输。城市家庭用车一般以代步为主,且以方便和舒适为主要考虑要素,所以轿车是首选。若从事营业性运输,如出租、客运、货运等,即以赢利为目的,则以价格较低廉的汽车为首选目标。

4)个人的经济承受能力

对多数人而言,汽车费用是首要考虑的因素。汽车费用包括:原始购买价、税、牌照、保险等费用,油费,每年折旧率及平均折旧率,每年平均保养、维修、零部件费用等。

5)可靠性与维修性

汽车的可靠性是指汽车在规定的使用条件下和规定的行驶里程(或时间)内,不发生故障的性能;而维修性则指一旦发生故障后,是否能迅速排除故障。二者都是汽车质量水平的综合反映,主要和设计、制造、装配、材料等因素有关。可靠性和维修性不好的汽车,会增加维修费用和折旧率,甚至可能会造成安全问题。

2. 确定车辆的具体品牌和款式

1)综合考虑品牌因素

品牌作为汽车的性能因素具有一定的抽象性。因为从品牌上看不到任何有关数据和指标。但它包含着企业对顾客一种承诺,这个承诺既包含产品的内在质量也包含企业对售后服务的责任和让顾客满意的良好信誉。

一般来说,品牌就是质量的象征,欧美的品牌是以扎实著称,而日韩的品牌则物美价廉。但欧美车可能在油耗方面就没有日本车省油;而如果选择了日本车,那么在安全系数上又有可能比不上欧美车。

2)看技术的成熟性

一般上市时间比较长的车型在维修保养方面比较成熟,购买者能了解到一些用户的真实使用感受。但上市时间长的车型款式会落后一些。

3)看性价比

消费者在购车时,考虑的内容不仅是价格,还包括不同车型的综合价值比较。

操控性能方面要看各仪表操纵设置是否方便易触;动力性则要看它的起步是否有抖动,挡位是否清晰,挡位间距离长短、是否容易进入挡位等;行驶时要注意车内及发动机噪声,转向盘是否抖动,转向和挡位是否精确,踏板需要的力度大小等;舒适性能则首先要看车内密封情况,是否可以将噪声隔在车外。还要在驾驶中切实体验其悬架的减振效果,看悬架对路面的颠簸及发动机振动的吸收控制。

安全性能要观察制动系统,现在多数车型都有 ABS、EBD 系统的配置,安全气囊也是每个车型的必备,一般设置多是前排双气囊,加上后排的气囊,可以为车主提供更多的安全保障。另外,儿童安全锁、前后雾灯、后车窗除雾线和防夹电动窗是车辆必要的配置。

4）比较造型和外观

有时选车就是凭第一印象,觉得这款车够时尚,就有要买的冲动。外观主要看车型设计,除汽车外形、颜色外,可以对照生产商的资料看车长、车高、车内空间及行李舱空间等。

5）看内饰和配置

内饰需要看仪表盘的指针是否明确,中控台是否方便驾驶员触摸。有没有为乘员设计的人性化装置。另外还要看内饰做得是否精致。一般经济型轿车在内饰方面都做得比较精细,但是一些低端的越野车则在内饰方面不够精细。

6）售后服务

购车是消费的开始,维修服务在汽车整体使用价值中占据着很大比重。一旦汽车出现故障得不到及时维修,或因缺少汽车配件使汽车停驶,或延长汽车维修停厂时间,都会给车主造成经济损失。通常情况下,买车时需要选择可靠的品牌和具备实力的经销商。这样,既可确保维修水平,也可保证合理的工时费、合格的配件和便利的服务。

3. 新汽车提车检查

在经过了前期调查,付款购买了新车后,还要办理各项手续和对新车进行质量检查,主要包括以下几个方面:

(1)验车前带齐发票、出厂证、保修单和说明书。

(2)查对排气量、出厂年月、车架号、发动机号。

(3)绕汽车一周,仔细查看全车颜色是否一致;车身表面有无划痕、掉漆、开裂、起泡或锈蚀。用手摸一摸有无修补痕迹,不要让脏物或灰尘遮住残伤痕迹,以此检查是不是测试车。

(4)检查汽车有无冷却液等液体泄漏现象。检查机器各部位是否有漏油现象。通常可能漏油的部位是发动机的油底壳、变速器和后桥。主要观察这些部件的外壳是否有渗漏的油迹,或观察地面是否有滴油的痕迹。打开发动机罩检查蓄电池,散热器是否泄漏,各部分走线是否合理,有无混乱。

(5)检查前轮减振器运输保护套筒(黄色的)是否已解除。检查轮胎规格,备胎与其他四个轮胎规格是否相同。检查防盗螺栓的接头,如果不配套应更换。检查四个轮胎的气嘴螺母是否在。

(6)查看所有车灯是否正常,车门、车窗是否完整、前后风窗玻璃有无损伤。

(7)打开车门,检查车内座椅是否完整,座椅是否可以前、后调整;椅套是否整洁,真皮座椅是否有瑕疵;地面是否清洁、密封良好;车门把手开、关门是否灵活、安全、可靠。门窗密封条是否损坏。

(8)检查车窗玻璃操纵机构工作是否正常。检查自动车窗升降时,可在玻璃自动上升一半左右时,用手稍微用力下按玻璃,看玻璃是否会自动缩回。

(9)检查所有仪表显示是否正常。检查前照灯、制动灯、防雾灯等工作是否正常。

(10)起动发动机,首先听急速的声音,应是平稳且连续的,不应有金属敲击声和其他异响。下车观察排气管排烟是否正常,然后听一听慢加速的发动机声音是否连续和有无异响,最后听急加速的声音和发动机对加速踏板的反应是否准确和迅速。

4. 新汽车购车入户基本流程

新汽车购车入户基本流程如图 1-26 所示。

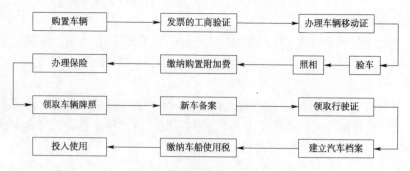

图 1-26　新汽车购车入户基本流程

车辆管理所办理注册登记内容如下：
（1）机动车登记编号、机动车登记证书编号。
（2）机动车所有人的姓名或者单位名称、身份证明名称及号码、住所地址及邮政编码和联系电话。
（3）机动车的类型、制造厂、品牌、型号、车辆识别代号（车架号码）、发动机号出厂日期、车身颜色。
（4）机动车的有关技术数据。
（5）机动车的使用性质。
（6）机动车获得方式。
（7）机动车来历凭证的名称、编号和进口机动车进口凭证的名称、编号。
（8）车辆购置税完税或者免税证明的名称、编号。
（9）机动车办理第三者责任强制保险的日期和保险公司的名称。
（10）机动车照片记录的机动车外形。
（11）注册登记的日期。
（12）法律、行政法规规定应当登记的其他事项。

如果出现下列情形之一的,不予办理注册登记：
（1）机动车所有人提交的证明、凭证无效的。
（2）机动车来历凭证涂改的,或者机动车来历凭证记载的机动车所有人与身份证明不符的。
（3）机动车所有人提交的证明、凭证与机动车不符的。
（4）机动车未经国家机动车产品主管部门许可生产、销售或者未经国家进口机动车主管部门许可进口的。
（5）机动车的有关技术数据与国家机动车产品主管部门公告的数据不符的。
（6）机动车达到国家规定的强制报废标准的。
（7）机动车属于被盗抢的。
（8）其他不符合法律、法规规定的情形。

二、二手车的选购

2005 年 10 月 1 日,由商务部、公安部、工商总局、税务总局联合发布的《二手车流通管理办法》正式实施。此办法总则的第二条,对二手车定义：二手车是指办理完注册登记手续到达国家制度报废标准之前进行交易并转移所有权的汽车(包括三轮汽车、低速载货车,即原农用车)、挂车和摩托车。

1. 二手车查验方法

一般而言,消费者在选购二手车时,除了要估算二手车价格,另外十分需要注意的就是二手车是否为事故车。具体的检查方法如下:

1)外观检查鉴别

二手车的第一步就是看外观,看该车的整体感觉,站在车辆四个角1m开外的地方,让视线与车辆腰线齐平。这样比较容易看出车辆漆面的状况,是否有色差,光泽度是否一致等。接下来还要查看车身各部件之间的接缝。主要检查接缝是否均匀、边角处理是否平滑。一般情况下,没有经过钣金修复的接缝处理都会比较匀称,不会存在忽粗忽细的情况,而且用手摸时,接缝边缘会很光滑,不会出现明显"割手"的感觉。

查看车辆前后灯具的色泽。一般情况下,经过几年时间的使用,灯具表面有一定程度的磨损或者老化,但整车所有外部灯具特别是塑料表面的老化程度大致都应相近。如果有特别新的灯具,就要怀疑这个部位是否发生过碰撞,配件是否进行了更换。如果某个灯具偏黄、老化特别严重,就要怀疑是不是副厂配件。

用卷尺对角测量前减振器上支架到前照灯的距离。在测量之前,并不需要知道其标准数据,只要两边测量出来的数据是一样的,或者误差在5mm之内,都算正常。查看散热器框架和后尾板及A、B、C柱是否完好,有无钣金切割痕迹,再观察散热器框梁、后尾板以及后备胎两侧的地板是否完好,有无明显的钣金或者切割焊接的痕迹。如有轻微钣金痕迹无大碍,但若有切割或者焊接痕迹,则有可能是事故车辆。

2)内饰检查

接通电源让车辆自检,之后再起动车辆。看仪表板上是否有故障灯异常,诸如ABS、SRS以及发动机故障警告灯,这些在自检时会亮起,但车辆起动后应该熄灭。如果这些灯常亮,就证明相应部件存在问题。

检查完各种警告灯之后,就要看该车的里程数,将里程数与车辆内饰的磨损情况相结合查看。判断车内饰磨损情况,可以通过观察诸如转向盘、安全带以及主驾驶座椅、加速踏板、制动踏板等处的磨损情况从而判断里程数是否真实,日常保养是否及时,由此判断车辆的使用状况。

3)发动机舱检查

打开发动机舱盖,先观察发动机舱的整体性。经过长时间使用的车辆,发动机舱内都会聚积不少灰尘,这属于正常情况。但如果发现某一部位明显比其他地方更干净,则需要留心这个地方是不是修过。

4)底盘检查

将车辆架起,看底盘是否受损。其中主要观察纵梁、横梁是否有异样,发动机、变速器以及散热器等是否漏油、渗水。

2. 二手车交易流程

购买二手车最重要的环节就是办理过户手续。以下几种情况不允许办理过户手续:

(1)没有办理"交强险"的车辆。

（2）未经批准擅自改装、改型及变更载质量、乘员人数的。

（3）违章、肇事未处理结案的或公安机关对车辆有质疑的。

（4）未参加定期检验或检验不合格的。

（5）走私、海关监管、盗窃的汽车。

（6）人民法院通知冻结或抵押未满的。

（7）营转非到达报废年限的或在1年时间内达到报废年限的。

1）二手车的合法手续检查

（1）汽车来历凭证。汽车来历凭证是由国家工商行政管理机关验证盖章的旧汽车交易发票。除此之外，还有因经济赔偿、财产分割等所有权转移，由人民法院出具的具有法律效力的判决书、裁决书和调解书。

（2）机动车行驶证。

（3）机动车登记证书。车辆登记证书是车辆必要的产权凭证，2002年之前购买的汽车大部分部没有登记证书，在车辆交易的时候需要补办登记证书。在二手车交易完成之后，在车辆登记证书里会详细记录原车主和现车主的详细信息，车辆目前的所属状态，确保交易双方和车辆管理部门了解车辆产权变更情况。

（4）汽车号牌。

（5）车辆购置税和车船使用税。在车辆产权变更中，需要对车辆的购置税和车船使用税进行查验。车辆的购置附加税必须缴纳，车船使用税必须缴纳至车辆交易的当年。

2）二手车过户流程

开交易税发票→机动车辆拓钢印→机动车辆查档→检测站验车，收回原牌照→内部审查办理过户→附加费证过户及保险过户。

二手车交易税发票是由国家规定的，在进行二手车交易时，应当由二手车交易市场经营者按规定向买方开具税务机关监制的统一发票，作为二手车转移登记的凭证，同时交纳相对应的交易税，交易税的多少根据过户机动车的排量以及购买年份决定，从400元到1000元不等。

机动车在进行查档和验车时都要核对机动车的车辆识别代号是否属实，因此准确地找出机动车车辆识别代号的所在位置，清晰地拓印是非常重要的。

审查《机动车注册、转移、注销登记/转入申请表》、现机动车所有人身份证明、所有权转移的证明或者凭证、登记证书、行驶证和机动车查验记录表，属于机动车超过检验有效期的，还应当审查交通事故责任强制保险凭证。

对涉及机动车的交通安全违法行为和交通事故处理情况进行核查；与被盗抢机动车信息系统比对，核查是否抵押或法院查封。符合规定的，录入登记信息，向现机动车所有人出具受理凭证。

第二章 汽车户籍管理和保险

第一节 汽车户籍管理

一、概述

　　车辆包括各种机动车和非机动车。汽车是当今交通运输中重要的交通工具,其管理在整个车辆管理中占有重要的地位。车辆管理就是依据道路管理交通法规、规章、国家有关的政策和技术标准,运用行政和技术手段进行监督和管理。其管理的基本方法就是实行车辆牌照制度,包括对车辆进行注册登记、核发牌照和安全技术检验等几个方面。

　　车辆的牌证管理是全世界都采用的车辆管理的基本方法。在我国,由公安机关交通管理部门负责对属于民用的车辆核发车辆号牌和行驶证。直辖市公安机关交通管理部门的车辆管理所,设行政辖区的市或者相当于同级的公安机关交通管理部门的车辆管理所,负责办理本行政辖区内的业务。警用车辆由省级公安机关交通管理部门办理。

　　属于军队编制单位的装备车辆(即:列入武器装备实力的车辆,列入后勤装备实力的车辆,军队事业单位车辆编制数内用于生活勤务保障的车辆,经总部、大单位批准配发的专业用车及自购定编使用的车辆,军队保留的保障性企业和担负军事保障任务的军地联合办事机构限额使用军车号牌的车辆),其号牌由总后勤部军事交通运输部统一制作,由军队车辆管理机关具体负责。

　　属于人民武装警察部队编制单位的装备车辆,使用人民武装警察部队车辆号牌和行驶证的,由人民武装警察部队负责。军队及武警的企业化单位(工厂、马场、农场等)和未列入军队、武装警备实力的车辆,使用民用车辆号牌和行驶证,由地方车辆管理机关负责。

　　汽车号牌是指在固定规格材料面上印制车辆所在省份、车辆序号等的揭示牌,是汽车取得合法行驶权的标志。

　　行驶证是记录该车车型、车号、厂牌车型、核定的载货和载人数量、空车质量、车主单位名称、主管机关和发证机关名称,车长、车宽、车高、车厢(箱)面积、栏板高度、轴距、轮胎数量及尺寸、使用性质、发动机和车型号码等有关事项的证件。

　　无论地方车辆管理机关或是军队、武警车辆管理机关核发的车辆号牌和行驶证,在全国范围内都有效。

二、车辆登记

　　1. 车辆的注册登记

　　(1)初次申领机动车号牌、行驶证的,机动车所有人应当向住所地的车辆管理所申请注册登记。

（2）机动车所有人应当到机动车安全技术检验机构对机动车进行安全技术检验,取得机动车安全技术检验合格证明后申请注册登记。但经海关进口的机动车和国务院机动车产品主管部门认定免予安全技术检验的机动车除外。

免予安全技术检验的机动车有下列情形之一的,应当进行安全技术检验:

①国产机动车出厂后两年内未申请注册登记的;

②经海关进口的机动车进口后两年内未申请注册登记的;

③申请注册登记前发生交通事故的。

专用校车办理注册登记前,应当按照专用校车国家安全技术标准进行安全技术检验。

（3）申请注册登记的机动车所有人应当填写申请表,交验机动车,并提交以下证明、凭证:

①机动车所有人的身份证明;

②购车发票等机动车来历证明;

③机动车整车出厂合格证明或者进口机动车进口凭证;

④车辆购置税完税证明或者免税凭证;

⑤机动车交通事故责任强制保险凭证;

⑥车船税纳税或者免税证明;

⑦法律、行政法规规定应当在机动车注册登记时提交的其他证明、凭证。

不属于经海关进口的机动车和国务院机动车产品主管部门规定免予安全技术检验的机动车,还应当提交机动车安全技术检验合格证明。

车辆管理所应当自受理申请之日起二日内,确认机动车,核对车辆识别代号拓印膜,审查提交的证明、凭证,核发机动车登记证书、号牌、行驶证和检验合格标志。

（4）车辆管理所办理消防车、救护车、工程救险车注册登记时,应当对车辆的使用性质、标志图案、标志灯具和警报器进行审查。

车辆管理所办理全挂汽车列车和半挂汽车列车注册登记时,应当对牵引车和挂车分别核发机动车登记证书、号牌和行驶证。

（5）有下列情形之一的,不予办理注册登记:

①机动车所有人提交的证明、凭证无效的;

②机动车来历证明被涂改或者机动车来历证明记载的机动车所有人与身份证明不符的;

③机动车所有人提交的证明、凭证与机动车不符的;

④机动车未经国务院机动车产品主管部门许可生产或者未经国家进口机动车主管部门许可进口的;

⑤机动车的有关技术数据与国务院机动车产品主管部门公告的数据不符的;

⑥机动车的型号、发动机号码、车辆识别代号或者有关技术数据不符合国家安全技术标准的;

⑦机动车达到国家规定的强制报废标准的;

⑧机动车被人民法院、人民检察院、行政执法部门依法查封、扣押的;

⑨机动车属于被盗抢的；
⑩其他不符合法律、行政法规规定的情形。

2．车辆的变更登记

（1）已注册登记的机动车有下列情形之一的，机动车所有人应当向登记地车辆管理所申请变更登记：

①改变车身颜色的；
②更换发动机的；
③更换车身或者车架的；
④因质量问题更换整车的；
⑤营运机动车改为非营运机动车或者非营运机动车改为营运机动车等使用性质改变的；
⑥机动车所有人的住所迁出或者迁入车辆管理所管辖区域的。

机动车所有人为两人以上，需要将登记的所有人姓名变更为其他所有人姓名的，可以向登记地车辆管理所申请变更登记。

（2）申请变更登记的，机动车所有人应当填写申请表，交验机动车，并提交以下证明、凭证：

①机动车所有人的身份证明；
②机动车登记证书；
③机动车行驶证；
④属于更换发动机、车身或者车架的，还应当提交机动车安全技术检验合格证明；
⑤属于因质量问题更换整车的，还应当提交机动车安全技术检验合格证明，但经海关进口的机动车和国务院机动车产品主管部门认定免予安全技术检验的机动车除外。

车辆管理所应当自受理之日起一日内，确认机动车，审查提交的证明、凭证，在机动车登记证书上签注变更事项，收回行驶证，重新核发行驶证。

（3）车辆管理所办理机动车变更登记时，需要改变机动车号牌号码的，收回号牌、行驶证，确定新的机动车号牌号码，重新核发号牌、行驶证和检验合格标志。

（4）机动车所有人的住所迁出车辆管理所管辖区域的，车辆管理所应当自受理之日起三日内，在机动车登记证书上签注变更事项，收回号牌、行驶证，核发有效期为三十日的临时行驶车号牌，将机动车档案交机动车所有人。机动车所有人应当在临时行驶车号牌的有效期限内到住所地车辆管理所申请机动车转入。

申请机动车转入的，机动车所有人应当填写申请表，提交身份证明、机动车登记证书、机动车档案，并交验机动车。机动车在转入时已超过检验有效期的，应当在转入地进行安全技术检验并提交机动车安全技术检验合格证明和交通事故责任强制保险凭证。车辆管理所应当自受理之日起三日内，确认机动车，核对车辆识别代号拓印膜，审查相关证明、凭证和机动车档案，在机动车登记证书上签注转入信息，核发号牌、行驶证和检验合格标志。

（5）机动车所有人为两人以上，需要将登记的所有人姓名变更为其他所有人姓名的，应当提交机动车登记证书、行驶证、变更前和变更后机动车所有人的身份证明和共同所有的公证证明，但属于夫妻双方共同所有的，可以提供《结婚证》或者证明夫妻关系的《居民户口簿》。

（6）有下列情形之一的，不予办理变更登记：

①改变机动车品牌、型号和发动机型号的，但经国务院机动车产品主管部门许可选装的发动机除外；

②改变已登记的机动车外形和有关技术数据的，但法律、法规和国家强制性标准另有规定的除外。

（7）有下列情形之一，在不影响安全和识别号牌的情况下，机动车所有人不需要办理变更登记：

①小型、微型载客汽车加装前后防撞装置；

②货运机动车加装防风罩、水箱、工具箱、备胎架等；

③增加机动车车内装饰。

（8）已注册登记的机动车，机动车所有人住所在车辆管理所管辖区域内迁移或者机动车所有人姓名（单位名称）、联系方式变更的，应当向登记地车辆管理所备案。

①机动车所有人住所在车辆管理所管辖区域内迁移、机动车所有人姓名（单位名称）变更的，机动车所有人应当提交身份证明、机动车登记证书、行驶证和相关变更证明。车辆管理所应当自受理之日起一日内，在机动车登记证书上签注备案事项，重新核发行驶证。

②机动车所有人联系方式变更的，机动车所有人应当提交身份证明和行驶证。车辆管理所应当自受理之日起一日内办理备案。

机动车所有人的身份证明名称或者号码变更的，可以向登记地车辆管理所申请备案。机动车所有人应当提交身份证明、机动车登记证书。车辆管理所应当自受理之日起一日内，在机动车登记证书上签注备案事项。

发动机号码、车辆识别代号因磨损、锈蚀、事故等原因辨认不清或者损坏的，可以向登记地车辆管理所申请备案。机动车所有人应当提交身份证明、机动车登记证书、行驶证。车辆管理所应当自受理之日起一日内，在发动机、车身或者车架上打刻原发动机号码或者原车辆识别代号，在机动车登记证书上签注备案事项。

3．车辆的转移登记

（1）已注册登记的机动车所有权发生转移的，现机动车所有人应当自机动车交付之日起三十日内向登记地车辆管理所申请转移登记。

机动车所有人申请转移登记前，应当将涉及该车的道路交通安全违法行为和交通事故处理完毕。

（2）申请转移登记的，现机动车所有人应当填写申请表，交验机动车，并提交以下证明、凭证：

①现机动车所有人的身份证明；

②机动车所有权转移的证明、凭证；

③机动车登记证书；

④机动车行驶证；

⑤属于海关监管的机动车，还应当提交《中华人民共和国海关监管车辆解除监管证明书》或者海关批准的转让证明；

⑥属于超过检验有效期的机动车,还应当提交机动车安全技术检验合格证明和交通事故责任强制保险凭证。

现机动车所有人住所在车辆管理所管辖区域内的,车辆管理所应当自受理申请之日起一日内,确认机动车,核对车辆识别代号拓印膜,审查提交的证明、凭证,收回号牌、行驶证,确定新的机动车号牌号码,在机动车登记证书上签注转移事项,重新核发号牌、行驶证和检验合格标志。

(3)有下列情形之一的,不予办理转移登记:

①机动车与该车档案记载内容不一致的;

②属于海关监管的机动车,海关未解除监管或者批准转让的;

③机动车在抵押登记、质押备案期间的。

(4)被人民法院、人民检察院和行政执法部门依法没收并拍卖,或者被仲裁机构依法仲裁裁决,或者被人民法院调解、裁定、判决机动车所有权转移时,原机动车所有人未向现机动车所有人提供机动车登记证书、号牌或者行驶证的,现机动车所有人在办理转移登记时,应当提交人民法院出具的未得到机动车登记证书、号牌或者行驶证的《协助执行通知书》,或者人民检察院、行政执法部门出具的未得到机动车登记证书、号牌或者行驶证的证明。车辆管理所应当公告原机动车登记证书、号牌或者行驶证作废,并在办理转移登记的同时,补发机动车登记证书。

4. 车辆的抵押登记

(1)机动车所有人将机动车作为抵押物抵押的,应当向登记地车辆管理所申请抵押登记;抵押权消灭的,应当向登记地车辆管理所申请解除抵押登记。

(2)申请抵押登记的,机动车所有人应当填写申请表,由机动车所有人和抵押权人共同申请,并提交下列证明、凭证:

①机动车所有人和抵押权人的身份证明;

②机动车登记证书;

③机动车所有人和抵押权人依法订立的主合同和抵押合同。

车辆管理所应当自受理之日起一日内,审查提交的证明、凭证,在机动车登记证书上签注抵押登记的内容和日期。

(3)申请解除抵押登记的,机动车所有人应当填写申请表,由机动车所有人和抵押权人共同申请,并提交下列证明、凭证:

①机动车所有人和抵押权人的身份证明;

②机动车登记证书。

人民法院调解、裁定、判决解除抵押的,机动车所有人或者抵押权人应当填写申请表,提交机动车登记证书、人民法院出具的已经生效的《调解书》《裁定书》或者《判决书》,以及相应的《协助执行通知书》。

车辆管理所应当自受理之日起一日内,审查提交的证明、凭证,在机动车登记证书上签注解除抵押登记的内容和日期。

(4)机动车抵押登记日期、解除抵押登记日期可以供公众查询。

5. 车辆的注销登记

(1)已达到国家强制报废标准的机动车,机动车所有人向机动车回收企业交售机动车时,应当填写申请表,提交机动车登记证书、号牌和行驶证。机动车回收企业应当确认机动车并解体,向机动车所有人出具《报废机动车回收证明》。报废的校车、大型客、货车及其他营运车辆应当在车辆管理所的监督下解体。

机动车回收企业应当在机动车解体后七日内将申请表、机动车登记证书、号牌、行驶证和《报废机动车回收证明》副本提交车辆管理所,申请注销登记。

车辆管理所应当自受理之日起一日内,审查提交的证明、凭证,收回机动车登记证书、号牌、行驶证,并出具注销证明。

(2)机动车有下列情形之一的,机动车所有人应当向登记地车辆管理所申请注销登记:

①机动车灭失的;

②机动车因故不在我国境内使用的;

③因质量问题退车的。

(3)已注册登记的机动车有下列情形之一的,登记地车辆管理所应当办理注销登记:

①机动车登记被依法撤销的;

②达到国家强制报废标准的机动车被依法收缴并强制报废的。

(4)因车辆损坏无法驶回登记地的,机动车所有人可以向车辆所在地机动车回收企业交售报废机动车。交售机动车时应当填写申请表,提交机动车登记证书、号牌和行驶证。机动车回收企业应当确认机动车并解体,向机动车所有人出具《报废机动车回收证明》。报废的校车、大型客、货车及其他营运车辆应当在报废地车辆管理所的监督下解体。

机动车回收企业应当在机动车解体后七日内将申请表、机动车登记证书、号牌、行驶证和《报废机动车回收证明》副本提交报废地车辆管理所,申请注销登记。

报废地车辆管理所应当自受理之日起一日内,审查提交的证明、凭证,收回机动车登记证书、号牌、行驶证,并通过计算机登记系统将机动车报废信息传递给登记地车辆管理所。

登记地车辆管理所应当自接到机动车报废信息之日起一日内办理注销登记,并出具注销证明。

(5)已注册登记的机动车有下列情形之一的,车辆管理所应当公告机动车登记证书、号牌、行驶证作废:

①达到国家强制报废标准,机动车所有人逾期不办理注销登记的;

②机动车登记被依法撤销后,未收缴机动车登记证书、号牌、行驶证的;

③达到国家强制报废标准的机动车被依法收缴并强制报废的;

④机动车所有人办理注销登记时未交回机动车登记证书、号牌、行驶证的。

6. 校车标牌核发

(1)学校或者校车服务提供者申请校车使用许可,应当按照《校车安全管理条例》向县级或者设区的市级人民政府教育行政部门提出申请。公安机关交通管理部门收到教育行政部门送来的征求意见材料后,应当在一日内通知申请人交验机动车。

(2)县级或者设区的市级公安机关交通管理部门应当自申请人交验机动车之日起二日内确认机动车,查验校车标志灯、停车指示标志、卫星定位装置以及逃生锤、干粉灭火器、急救箱等安全设备,审核行驶线路、开行时间和停靠站点。属于专用校车的,还应当查验校车外观标识。审查以下证明、凭证:

①机动车所有人的身份证明；

②机动车行驶证；

③校车安全技术检验合格证明；

④包括行驶线路、开行时间和停靠站点的校车运行方案；

⑤校车驾驶人的机动车驾驶证。

公安机关交通管理部门应当自收到教育行政部门征求意见材料之日起三日内向教育行政部门回复意见，但申请人未按规定交验机动车的除外。

(3)学校或者校车服务提供者按照《校车安全管理条例》取得校车使用许可后，应当向县级或者设区的市级公安机关交通管理部门领取校车标牌。领取时应当填写表格，并提交以下证明、凭证：

①机动车所有人的身份证明；

②校车驾驶人的机动车驾驶证；

③机动车行驶证；

④县级或者设区的市级人民政府批准的校车使用许可；

⑤县级或者设区的市级人民政府批准的包括行驶线路、开行时间和停靠站点的校车运行方案。

公安机关交通管理部门应当在收到领取表之日起三日内核发校车标牌。对属于专用校车的，应当核对行驶证上记载的校车类型和核载人数；对不属于专用校车的，应当在行驶证副页上签注校车类型和核载人数。

(4)校车标牌应当记载本车的号牌号码、机动车所有人、驾驶人、行驶线路、开行时间、停靠站点、发牌单位、有效期限等信息。校车标牌分前后两块，分别放置于前风窗玻璃右下角和后风窗玻璃适当位置。

校车标牌有效期的截止日期与校车安全技术检验有效期的截止日期一致，但不得超过校车使用许可有效期。

(5)专用校车应当自注册登记之日起每半年进行一次安全技术检验，非专用校车应当自取得校车标牌后每半年进行一次安全技术检验。

学校或者校车服务提供者应当在校车检验有效期满前一个月内向公安机关交通管理部门申请检验合格标志。

公安机关交通管理部门应当自受理之日起一日内，确认机动车，审查提交的证明、凭证，核发检验合格标志，换发校车标牌。

(6)已取得校车标牌的机动车达到报废标准或者不再作为校车使用的，学校或者校车服务提供者应当拆除校车标志灯、停车指示标志，消除校车外观标识，并将校车标牌交回核发的公安机关交通管理部门。

专用校车不得改变使用性质。

校车使用许可被吊销、注销或者撤销的，学校或者校车服务提供者应当拆除校车标志灯、停车指示标志，消除校车外观标识，并将校车标牌交回核发的公安机关交通管理部门。

(7)校车行驶线路、开行时间、停靠站点或者车辆、所有人、驾驶人发生变化的，经县级或者设区的市级人民政府批准后，应当按照本规定重新领取校车标牌。

(8)公安机关交通管理部门应当每月将校车标牌的发放、变更、收回等信息报本级人民政府备案,并通报教育行政部门。

学校或者校车服务提供者应当自取得校车标牌之日起,每月查询校车道路交通安全违法行为记录,及时到公安机关交通管理部门接受处理。核发校车标牌的公安机关交通管理部门应当每月汇总辖区内校车道路交通安全违法和交通事故等情况,通知学校或者校车服务提供者,并通报教育行政部门。

(9)校车标牌灭失、丢失或者损毁的,学校或者校车服务提供者应当向核发标牌的公安机关交通管理部门申请补领或者换领。申请时,应当提交机动车所有人的身份证明及机动车行驶证。公安机关交通管理部门应当自受理之日起三日内审核,补发或者换发校车标牌。

三、其他户籍规定

1. 机动车质押

申请办理机动车质押备案或者解除质押备案的,由机动车所有人和典当行共同申请,机动车所有人应当填写申请表,并提交以下证明、凭证:

(1)机动车所有人和典当行的身份证明;

(2)机动车登记证书。

车辆管理所应当自受理之日起一日内,审查提交的证明、凭证,在机动车登记证书上签注质押备案或者解除质押备案的内容和日期。

2. 机动车登记证书灭失、丢失或者损毁

机动车所有人应当向登记地车辆管理所申请补领、换领。申请时,机动车所有人应当填写申请表并提交身份证明,属于补领机动车登记证书的,还应当交验机动车。车辆管理所应当自受理之日起一日内,确认机动车,审查提交的证明、凭证,补发、换发机动车登记证书。

启用机动车登记证书前已注册登记的机动车未申领机动车登记证书的,机动车所有人可以向登记地车辆管理所申领机动车登记证书。但属于机动车所有人申请变更、转移或者抵押登记的,应当在申请前向车辆管理所申领机动车登记证书。申请时,机动车所有人应当填写申请表,交验机动车并提交身份证明。车辆管理所应当自受理之日起五日内,确认机动车,核对车辆识别代号拓印膜,审查提交的证明、凭证,核发机动车登记证书。

3. 机动车号牌、行驶证灭失、丢失或者损毁

机动车所有人应当向登记地车辆管理所申请补领、换领。申请时,机动车所有人应当填写申请表并提交身份证明。

车辆管理所应当审查提交的证明、凭证,收回未灭失、丢失或者损毁的号牌、行驶证,自受理之日起一日内补发、换发行驶证,自受理之日起十五日内补发、换发号牌,原机动车号牌号码不变。

补发、换发号牌期间应当核发有效期不超过十五日的临时行驶车号牌。

4. 临时号牌申领

(1)机动车具有下列情形之一,需要临时上道路行驶的,机动车所有人应当向车辆管理所申领临时行驶车号牌:

①未销售的;

②购买、调拨、赠予等方式获得机动车后尚未注册登记的；
③进行科研、定型试验的；
④因轴荷、总质量、外廓尺寸超出国家标准不予办理注册登记的特型机动车。

(2)机动车所有人申领临时行驶车号牌应当提交以下证明、凭证：
①机动车所有人的身份证明；
②机动车交通事故责任强制保险凭证；
③属于(1)中第①、④项规定情形的，还应当提交机动车整车出厂合格证明或者进口机动车进口凭证；
④属于(1)中第②项规定情形的，还应当提交机动车来历证明，以及机动车整车出厂合格证明或者进口机动车进口凭证；
⑤属于(1)中第③项规定情形的，还应当提交书面申请和机动车安全技术检验合格证明。

车辆管理所应当自受理之日起一日内，审查提交的证明、凭证，属于(1)中第①、②项规定情形，需要在本行政辖区内临时行驶的，核发有效期不超过十五日的临时行驶车号牌；需要跨行政辖区临时行驶的，核发有效期不超过三十日的临时行驶车号牌。属于(1)中第③、④项规定情形的，核发有效期不超过九十日的临时行驶车号牌。

因号牌制作的原因，无法在规定时限内核发号牌的，车辆管理所应当核发有效期不超过十五日的临时行驶车号牌。

对具有(1)中第①、②项规定情形之一，机动车所有人需要多次申领临时行驶车号牌的，车辆管理所核发临时行驶车号牌不得超过三次。

(3)机动车登记错误。机动车所有人发现登记内容有错误的，应当及时要求车辆管理所更正。车辆管理所应当自受理之日起五日内予以确认。确属登记错误的，在机动车登记证书上更正相关内容，换发行驶证。需要改变机动车号牌号码的，应当收回号牌、行驶证，确定新的机动车号牌号码，重新核发号牌、行驶证和检验合格标志。

(4)机动车被盗抢。已注册登记的机动车被盗抢的，车辆管理所应当根据刑侦部门提供的情况，在计算机登记系统内记录，停止办理该车的各项登记和业务。被盗抢机动车返还后，车辆管理所应当恢复办理该车的各项登记和业务。

机动车在被盗抢期间，发动机号码、车辆识别代号或者车身颜色被改变的，车辆管理所应当凭有关技术鉴定证明办理变更备案。

(5)机动车检验合格标志灭失、丢失或者损毁。机动车所有人应当持行驶证向机动车登记地或者检验合格标志核发地车辆管理所申请补领或者换领。车辆管理所应当自受理之日起一日内补发或者换发。

(6)办理机动车转移登记或者注销登记后，原机动车所有人申请办理新购机动车注册登记时，可以向车辆管理所申请使用原机动车号牌号码。

申请使用原机动车号牌号码应当符合下列条件：
①在办理转移登记或者注销登记后六个月内提出申请；
②机动车所有人拥有原机动车三年以上；
③涉及原机动车的道路交通安全违法行为和交通事故处理完毕。

(7)确定机动车号牌号码采用计算机自动选取和由机动车所有人按照机动车号牌标准规定自行编排的方式。

(8)机动车所有人可以委托代理人代理申请各项机动车登记和业务,但申请补领机动车登记证书的除外。对机动车所有人因死亡、出境、重病、伤残或者不可抗力等原因不能到场申请补领机动车登记证书的,可以凭相关证明委托代理人代理申领。

代理人申请机动车登记和业务时,应当提交代理人的身份证明和机动车所有人的书面委托。

第二节 汽车保险

一、汽车保险的含义

汽车保险属于财产保险的一种,它是以机动车辆本身及机动车辆的第三者责任为保险标的的一种运输工具保险。它能够切实保障汽车的被保险人和交通事故受害者在车辆发生保险责任事故,造成车辆本身损失及第三者人身伤亡和财产损坏或损失时,得到经济补偿,最大限度地减少所造成的损失。

汽车保险具有保险的所有特征,其保险对象为汽车及其责任。从其保障的范围看,它既属财产保险,又属责任保险。

汽车保险包括以下几层含义:

(1)它是一种商业保险行为。保险人按照等价交换关系建立的汽车保险是以盈利为目的的,简而言之,保险公司要从它所开展的汽车保险业务上赚到钱,因此汽车保险属于一种商业行为。

(2)它是一种合同行为。投保人与保险人要以各类汽车及其责任为保险标的签订书面的具有法律效力的保险合同,比如要缮制保险单,否则汽车保险没有存在的法律基础。

(3)它是一种权利义务行为。在投保人与保险人所共同签订的保险合同(如汽车保险单)中,明确规定了双方的权利与义务,并确定了违约责任,要求双方在履行合同时共同遵守。

(4)它是一种以合同约定的保险事故发生为条件的损失补偿或保险金给付的保险行为。正是这种损失补偿或保险金给付行为,才成为人们转移车辆及相关责任风险的一种方法,才体现了保险保障经济生活安定的互助共济的特点。

二、汽车保险的特点

1. 保险对象具有广泛性和差异性的特点

对汽车保险的被保险人和保险标的而言,汽车保险的对象具有广泛性和差异性的特点。

1)被保险人方面

被保险人的广泛性具体体现为当汽车日益成为人们的交通工具,企业和个人更加广泛地拥有汽车,尤其是私人拥有车辆数量的不断增加,使车辆逐步成为人们生活的必需品,使得汽车与每一个人的生活息息相关。而正是因为汽车拥有者的广泛性,必然存在差异性,不同类型的企业,不同类型的家庭,不同的个人,不同的风险倾向均是这种个性的体现。

2)保险标的方面

广泛性是汽车已经成为现代社会的标志,人们的生产和生活已经无法离开汽车,汽车从纯粹的生产工具逐步成为生产和生活工具。与此同时,汽车的差异性逐步体现。首先,汽车的类型逐年增多,从以生产用车为主,逐步发展到以生活用车为主,同类车辆的车型品种繁多,性能各异;其次,生产厂家也从国产到进口,从整车进口到进口零部件组装,从合资建厂生产到独资生产;第三,汽车的价格也根据车型、产地、品牌、功能的不同差异较大,从几万元到几十万元,甚至几百万元不等。

2. 标的具有可流动性的特点

由于汽车保险标的具有流动性,就对汽车保险的市场营销、核保、出单、检验、理赔提出了更高的要求。一是由于保险标的的可流动性,导致其风险概率增大,增加了经营的不确定性,因此,保险人在研究条款和费率的同时,更应注重研究核保和核赔技术以及风险的防范工作;二是由于车辆保险标的具有流动性,核保时加大了"验标承保"的难度,因此,保险人对于承保风险的实际控制能力较差,只能依赖于投保人的诚信,为此,保险人更应注重防范道德风险和完善监控机制;三是由于保险标的可流动性、风险的不确定性,在发生保险责任事故时给检验和理赔工作增加了一定的难度,为此,保险人应建立和完善保险事故查勘检验的实务规程,还应建设和完善查勘检验的内外部代理网络。

3. 具有出险频率高的特点

根据联合国的统计数据显示,全世界每年因交通事故死亡的人数超过100万人,这一点从日常生活中每天都会发生大量的交通事故中也可以得到印证。

影响汽车风险通常有几个方面的因素。一是汽车本身的因素:汽车作为运输工具其功能本身就是通过位移实现的,而这种动态就是风险的主要根源;二是外部环境因素:主要体现在汽车的使用环境上,即行驶和停放环境,尤其是汽车行驶的道路环境状况对汽车的风险影响最大;三是使用因素:使用因素对于风险的影响主要包括机动车车况风险、汽车用途风险、车辆驾驶人员风险。

4. 条款和费率的管理具有刚性特点

由于汽车保险业务的特殊性,在其发展过程中始终存在着如何加强管理,确保其健康发展的问题。之所以特别需要强调对汽车保险的管理,其原因有二:一是汽车保险涉及一个庞大和广泛的消费群体,其中大部分是单一和弱小的消费者,国家从公众利益的角度出发,必须加强对于汽车保险业务的监督和管理,使消费者的利益得到切实和有效的保护;二是由于汽车保险业务占财产保险业务领域一个相当大的比例,汽车保险业务发展和管理的情况将对财产保险,甚至整个保险业带来较大的影响。所以,其始终是财产保险市场中竞争的焦点。在保险管理模式上,围绕着管理的刚性问题一直存在着争议。一方面加大管理的刚性固然可以对稳定市场,维护被保险人利益方面具有积极的意义,但另一方面刚性管理对于保险价格的市场调节以及促进保险人通过加强经营管理,提高产品和服务质量均产生了一定的消极制约作用。

三、汽车保险的种类

汽车保险因保险标的及内容不同而赋予不同的名称。汽车保险的设计随各国国情与社会需要的不同而不同。随着汽车保险业的发展,其保险标的除了最初的汽车以外,已经扩大到所有的机动车,但世界上许多国家至今仍沿用汽车保险的名称。

1. 按照保障的责任范围

根据保障的责任范围,目前我国车险行业产品体系实际上可分为交强险和新商业车险两大类。

1)交强险

机动车辆交通事故责任强制保险(简称交强险)是国家法律规定的强制实行的保险制度。《机动车交通事故责任强制保险条例》中规定:交强险是由保险公司对被保险机动车发生道路交通事故造成受害人(不包括本车人员和被保险人)的人身伤亡、财产损失,在责任限额内予以赔偿的强制性责任保险。

2004年5月1日,我国《道路交通安全法》第十七条规定,实行机动车辆第三者责任强制保险制度,并设立道路交通事故社会救助基金。但《道路交通安全法》只是对机动车辆强制责任保险做了原则性的规定,与之配套施行的《机动车第三者责任强制保险条例》自2006年7月1日起施行,于是我国也正式完全施行了强制汽车责任保险制度。目前,世界大多数国家或地区都实施了强制汽车责任保险制度。

2)新商业车险

新商业车险是汽车所有人自愿投保的汽车保险。

2. 按照承保条件

新商业车险可分为基本险和附加险,基本险包括车辆损失险和第三者责任险,保险人按承保险别分别承担相应保险责任;附加险必须在投保相应的基本险后方可投保。

1)基本险

指保单条款中载明可以单独投保的险别,主险所承担的是机动车辆可能发生的、相对普遍的一种危险。

(1)车辆损失保险。指保险车辆遭受保险责任范围内的自然灾害或意外事故,造成保险车辆本身损失,保险人依照保险合同的规定给予赔偿。主要针对保险车辆因自然灾害或意外事故所致保险车辆毁灭损失予以赔偿。

目前在世界上的大多数国家,车损险都不是强制性保险,投保与否取决于汽车所有者或使用者的个人意愿。但国外有些保险公司也设计了一种综合汽车保险:车损险和第三者责任险放在一起,顾客需同时购买的方式,其特点是保费较高,但便于保险管理和降低成本。针对一些损失频率很高的危险事故,有时会被列为独立险种。如美国和日本的车辆损失险,包括碰撞损失险和汽车综合损失险(非碰撞损失险),全车盗抢包括在汽车综合损失险内。我国将全车盗抢险作车损失险的附加险单独列出。

我国的汽车损失险是机动车辆保险的基本险种之一,由用户任意选择投保。

(2)第三者责任保险。指被保险人允许的合格驾驶员在使用保险车辆过程中发生意外事故,致使第三者遭受人身伤亡或财产的直接损毁,依法应当由被保险人支付赔偿金额,保险人依照保险合同的规定给予赔偿。它的主要职能是实行经济补偿,保障车辆所有者及受害人的经济利益。此类保险有利于协调因交通事故引发的损害赔偿纠纷及各类矛盾,有利于减轻事故调解工作的压力,从而起到维护社会安定、稳定人民生活的积极作用。

在机动车辆保险中,有三方面的关系人,即:保险人(保险公司)为第一人;被保险人或致害人(车辆驾驶员等)为第二人;遭受人身伤害或财产损失的其他受害人为第三人。由于第三人损害对象又有人身伤亡或财产损失等各种情况,所以汽车第三者责任保险又可分为机动车伤害责任保险和机动车财产损失责任保险。根据对第三者责任保险要求程度的不同,第三者责任保险又可分为强制第三者责任保险及自愿第三者责任保险。

汽车责任险有代替被保险人承担经济赔偿责任的特点,是为无辜的受害者提供经济保障的一种有效手段。对于以"过失主义"为基础的汽车保险制度,一般遵循"无过失就无责任,无损害就无赔偿"的原则,所以当被保险人负有过失责任,或者第三者有由过失直接造成的损害发生时,保险人才能依据保险合同予以赔偿。

(3) 交通事故责任强制保险与第三者责任险的区别是:

①赔偿原则不同。根据《道路交通安全法》的规定,对机动车发生交通事故造成人身伤亡、财产损失的,由保险公司在交强险责任限额范围内予以赔偿。而商业三者险中,保险公司是根据投保人或被保险人在交通事故中应负的责任来确定赔偿责任。

②保障范围不同。除个别事项外,交强险的赔偿范围几乎涵盖了所有道路交通责任风险。而商业三责险中,保险公司不同程度地规定有免赔额、免赔率或责任免除事项。

③性质不同。交强险具有强制性而三者险是自愿的。机动车的所有人或管理人都应当投保交强险,同时,保险公司不能拒绝承保、不得拖延承保和不得随意解除合同。

④责任限额不同。交强险实行分项责任限额,且责任限额固定;而三者险责任限额分为不同档次,由投保人自由选择。

2) 附加险

指用以扩大主险中所规定的权利和义务的补充条款,它是主险责任的扩展,不能单独投保。

目前,车辆损失险的附加险种有:全车盗抢险;玻璃单独破碎险;车辆停驶损失险;自燃损失险;新增加设备损失险;车身划痕损失险;沿海气象灾害险等。三者责任险的附加险种有:车上货物责任险;车上人员责任险;无过失责任险;车载货物掉落责任险;交通事故精神损害赔偿险;他人肇事逃逸责任险等。

2003年后保险公司自行制订条款费率,出现了车上责任险条款、可选免赔额特约条款、里程变额特约条款、价值损失特约条款、换件特约条款、指定部位赔偿特约条款、救援费用特约条款、代步车特约条款、基本险不计免赔特约条款、附加险不计免赔特约条款、法律服务特约条款、指定行驶区域特约条款等。

3. 按照实施的形式

商业车险可以分为自愿保险和强制保险。

自愿保险是指投保人和保险人在自愿、平等和互利的基础上,经协商一致而订立机动车辆保险合同。在这种保险形式下,投保人对于是否投保有决定权。投保人决定投保后,可以自主选择保险人,并和保险人自由协商确定保险的险种和金额等内容。车辆损失保险主要采用自愿保险的形式,是指保险双方当事人在平等自愿的基础上,通过相互协商而签订保险合同,确定双方权利、义务关系的保险方式。其特点是公民和法人等投保方代表既可以自由决定是否投保,也有权选择保险品种、保险金额和保险期限等;保险人有权选择优良业务,即是否承保、承保多少和承保那些项目和险种等。

强制保险又称为法定保险,是依据国家的法律规定发生效力或者必须投保的保险。强制保险只能基于法律的特别规定而开办,投保人有投保的义务,保险人有接受投保的义务。机动车辆第三者责任保险在我国《道路交通安全法》中已经规定为强制保险。

4. 按照机动车辆的常见类型

机动车辆保险划分汽车保险、拖拉机保险和摩托车保险及特种专用车辆保险等。

(1)汽车保险是指以各种汽车及其相关的责任、费用和利益作为保险对象的一种保险,包括车辆损失险、汽车第三者责任险和附加险等。

(2)拖拉机保险包括拖拉机车辆损失险、拖拉机第三者责任险及驾驶员意外伤害险等。

(3)摩托车保险包括摩托车车辆损失险、摩托车第三者责任险等。

(4)特种专用车辆保险是指以特种车辆或专用车辆作为保险对象的保险,包括车辆损失险、第三者责任险等险种。根据特种车的具体情况,也可由承保和投保双方协商特约险。

5. 按照保险期限

车险分为一年期保险和短期保险。我国机动车辆保险一般都是一年期保险,但为适应特殊需求也可开办短期保险,执行相应的短期费率或条款,例如提车险就是短期保险。

四、汽车保险的费率及模式

1. 汽车保险费率

(1)保险费率:依照保险金额计算保险费的比例,通常以千分率(‰)来表示。

(2)保险金额:简称保额,保险合同双方当事人约定的保险人于保险事故发生后应赔偿(给付)保险金的限额,它是保险人据以计算保险费的基础。

(3)保险费:简称保费,是投保人参加保险时所交付给保险人的费用。

2. 汽车保险费率模式

通常保险人在经营汽车保险的过程中将风险因子分为两类:一是与汽车相关的风险因子,主要包括汽车的种类、使用的情况和行驶的区域等。二是与驾驶人相关的风险因子,主要包括驾驶人的性格、年龄、婚姻状况、职业等。由此各国汽车保险的费率模式基本上可以划分为两大类,即从车费率模式和从人费率模式。

1)从车费率模式

以被保险车辆的风险因子为主作为确定保险费率主要因素的费率确定模式。目前,我国采用的汽车保险的费率模式属于从车费率模式,影响费率的主要因素是与被保险车辆有关的风险因子。

现行的汽车保险费率体系中影响费率的主要变量为车辆的使用性质、车辆生产地和车辆的种类:

(1)根据车辆的使用性质划分:营业性车辆与非营业性车辆。

(2)根据车辆的生产地划分:进口车辆与国产车辆。

(3)根据车辆的种类划分:车辆种类与吨位。

除了上述的三个主要的从车因素外,现行的汽车保险费率还将车辆行驶的区域作为汽车保险的风险因子,即按照车辆使用的不同地区,适用不同的费率,如在深圳和大连采用专门的费率。

从车费率模式具有体系简单,易于操作的特点,同时,由于我国在一定的历史时期被保险的车辆绝大多数是"公车",驾驶人与车辆不存在必然的联系,也就不具备采用从人费率模式的条件。随着经济的发展和人民生活水平的提高,汽车逐渐进入家庭,2003年各保险公司制定并执行的汽车保险条款,已开始向从人费率模式方面转变。

从车费率模式的缺陷是显而易见的,因为在汽车使用过程中,对于风险的影响起到决定因素的是与车辆驾驶人有关的风险因子。尤其是对汽车保险特有的无赔偿优待与被保险车辆联系,而不是与驾驶人联系,显然不利于调动驾驶人的主观能动性,其本身也与设立无赔偿优待制度的初衷相违背。

2)从人费率模式

以驾驶被保险车辆人员的风险因子为主作为确定保险费率主要因素的费率确定模式。目前,大多数国家采用从人费率模式,影响费率的主要因素是与被保险车辆驾驶人有关的风险因子。

各国采用的从人费率模式考虑的风险因子也不尽相同,主要有驾驶人的年龄、性别、驾驶年限和安全行驶记录等。

(1)根据驾驶人的年龄划分:通常将驾驶人按年龄划分为三组,第一组是初学驾驶,性格不稳定、缺乏责任感的年轻人;第二组是具有一定驾驶经验,生理和心理条件均较为成熟,有家庭和社会责任感的中年人;第三组是与第二组情况基本相同,但年龄较大、反应较为迟钝的老年人。通常认为第一组驾驶人为高风险人群,第三组驾驶人为次高风险人群,第二组驾驶人为低风险人群。至于三组人群的年龄段划分是根据各国的不同情况确定的。

(2)根据驾驶人的性格划分:男性与女性。研究表明女性群体的驾驶倾向较为谨慎,为此,相对于男性她们为低风险人群。

(3)根据驾驶人的驾龄划分:驾龄的长短可以从一个侧面反映驾驶人员的驾驶经验,通常认为从初次领取驾驶证后的1~3年内为事故多发期。

(4)根据安全记录划分:安全记录可以反映驾驶人的驾驶心理素质和对待风险的态度,经常发生交通事故的驾驶人可能存在某一方面的缺陷。

从以上对比和分析可以看出从人费率相对于从车费率具有更科学和合理的特征,所以,我国正在积极探索,逐步将从车费率的模式过渡到从人费率的模式。

五、汽车投保的基本要求及投保步骤

1. 汽车投保的基本要求

(1)对营业车辆的要求:不得单独投保第三者责任险(注:由于营业车辆风险因素较高,保险公司一般不接受营业车辆单车投保第三者责任险等险种);不得承保不计免赔特约险;外地牌照车不保;使用年限达五年以上的车辆,或四年以上的出租汽车,原则上不予承保;第三者责任险最高赔偿限额:客车50万元,出租车20万元,货车20万元。

(2)对非营业车辆要求:非营业车辆不得承保土方车及环卫清运。

(3)对各类新车要求:须提供发动机号及车辆识别代号才能承保全车盗抢险;承保全车盗抢险时,须在保单"特别约定"栏中加注:"全车盗抢险保险责任从本车取得正式牌照号码

后生效";取得正式牌照号码后,必须在48小时内以批单形式通知保险公司。

(4)有关验车承保的规定:凡新车购置价(含购置费)超过40万元的进口车辆,在承保前应由投保人填写《机动车辆保险申报单》;对投保第三者责任险最高赔偿限额大于等于100万元的车辆,在承保前须填写"承保验车单"并拍照存档;续保日期与前一保险期限衔接,或中途投保车辆损失险或全车盗抢险的车辆,均须验车。检验时除了对被验车辆拍照外,还须填写《机动车辆保险申报单》并附在投保单后面;验车人必须在"车辆检验情况"一栏中注明对车辆状况的评价,并对车况存在的问题进行文字说明。

2．汽车投保的步骤

(1)选择保险公司,先了解现在经营机动车辆保险业务的各家保险公司的服务情况,并考虑自己家或单位附近是否有正式的保险公司营业机构,从而确定一家信得过而对投保人来说又方便的保险公司。

(2)仔细阅读机动车辆保险条款,尤其对于条款中的责任免除条款和义务条款要认真研究,同时对于条款中不理解的条文要记下来,以便投保时向保险业务人员咨询。

(3)选择投保险种。根据对条款的初步了解和自身的情况,选择适合自己的投保险种;对于私家车而言,一般投保机动车车辆损失险、第三者责任险以及附加全车盗抢险、玻璃单独被碎险、自燃损失险、车上责任险和不计免赔特约险等几个险种较为合适,这种选择可以得到较为全面的保险保障。

(4)填制保险单。携带行车执照、购车发票、车主身份证等证件,并把要投保的车辆开到保险公司(网上投保、电话投保除外);在保险公司业务人员详细介绍了机动车辆保险条款和建议投保的险种后,如果对条款中还有不理解的地方可以向保险公司业务人员仔细咨询;已经完全清楚后,请认真填写《机动车辆保险投保单》,并将有关情况向保险公司如实告知。

(5)交付保险费。保险公司业务人员对投保单及投保车辆核对无误并出具保单正本后,首先要核对一下保险单正本上的内容是否准确,其次检查保险单证是否填写齐全,理赔报案电话、地址是否清晰、明确,最后要履行一项重要的义务就是交纳保险费。

(6)领取保险单证。投保人(被保险人)拿到保险单证后,应审核保险单证是否有误。保险单证与行车执照要随身携带,以备随时使用,同时将保险单正本妥善保管。

投保人(被保险人)特别注意的事情是,车辆上完保险以后,赶快去领牌照,只有领了牌照,保险合同才能生效。

六、汽车投保的方案选择

汽车保险的投保金额和投保险种的结构,即构成保险合同的承保范围和保险责任,直接影响事故发生后保险赔付的金额。所以,保单的设计显得尤为重要。各车主可根据自己用车的需要,选择相应的汽车保险的险种。费率系数分为12项,它们包括车龄系数、车型系数、主驾人性别、年龄系数、是否指定驾驶员、无赔优待、投保方式、承保数量、所在地区以及车损险设置不同绝对免赔下的保费调整系数等。

在车龄、车型、车主性别、年龄、所在地区等几项费率系数不作变动的情况下,车主可通过对部分费率系数的选择实现基准保费的调整,从而达到车辆的最大保障和最合理保费的最佳组合。

针对险种的保险方案,根据目前我国各公司的保险条款及费率规章,在汽车保险的诸多险种中,机动车交通事故责任强制保险按规定任何车辆都必须投保。其他的险种则在很大程度上依赖于车主的经济情况,根据自己的经济实力与实际需求有选择地进行投保。以下是特别推荐的5个机动车辆保险方案。

1. 最低保障方案

(1)险种组合:机动车交通事故责任强制保险+第三者责任险。

(2)保障范围:只对第三者的损失负赔偿责任。

(3)适用对象:急于上牌照或通过年检的个人。

(4)特点:适用于那些怀有侥幸心理,认为上保险没用的人或急于拿保险单去上牌照或验车的人。其优点是可以用来应付上牌照或验车;缺点是一旦撞车或撞人,对方的损失能得到保险公司的一些赔偿,但是自己车的损失只能自己负担。

2. 基本保障方案

(1)险种组合:机动车交通事故责任强制保险+车辆损失险+第三者责任险。

(2)保障范围:只投保基本险,不含任何附加险。

(3)特点:适用部分认为事故后修车费用很高的车主,他们认为意外事故发生率比较高,为自己的车和第三者的人身伤亡和财产损毁寻求保障,此组合为很多车主青睐。其优点是必要性最高;缺点是并非最佳组合,最好加入不计免赔特约险。

(4)适用对象:有一定经济压力的个人或单位。

3. 经济保险方案

(1)险种组合:机动车交通事故责任强制保险+车辆损失险+第三者责任险+不计免赔特约险+全车盗抢险。

(2)适用对象:个人,是精打细算的最佳选择。

(3)特点:投保最必要、最有价值的险种。其优点在于投保最有价值的险种,保险性价比最高;人们最关心的丢失和100%赔付等大风险都有保障,保费不高但包含了比较实用的不计免赔特约险。当然,这仍不是最完善的保险方案。

4. 最佳保障方案

(1)险种组合:机动车交通事故责任强制保险+车辆损失险+第三者责任险+车上责任险+风窗玻璃险+不计免赔特约险+全车盗抢险。

(2)特点:在经济投保方案的基础上,加入了车上责任险+风窗玻璃险,使乘客及车辆易损部分得到安全保障。其优点是投保价值大的险种,不花冤枉钱,物有所值。

(3)适用对象:一般公司或个人。

5. 完全保障方案

(1)险种组合:机动车交通事故责任强制保险+车辆损失险+第三者责任险+车上责任险+风窗玻璃险+不免赔特约险+新增加设备损失险+自燃损失险+全车盗抢险。

(2)特点:保全险,居安思危方才有备无患。能保的险种全部投保,从容上路,不必担心交通所带来的种种风险。其优点是几乎与汽车有关的全部事故损失都能得到赔偿,投保的人员不必为少保某一个险种而得不到赔偿,承担投保决策失误的损失;缺点是保全险保费较高,某些险种出险的几率非常小。

(3)适用对象:机关、事业单位、大公司。

第三章 汽车使用条件及性能指标

第一节 汽车使用条件

一、道路条件

道路条件是指由道路状况决定的并影响汽车使用的因素。汽车结构、汽车运行工况、汽车技术状况都与汽车运行的道路条件密切相关。

汽车运输对道路的要求：在充分发挥汽车速度特性的情况下，保证车辆安全行驶；满足该地区对此道路所要求的最大通行能力；车辆通过方便，乘客有舒适感；车辆通过道路的运行材料消耗量最低，零件损坏最小。

道路条件对汽车运行速度、行驶平顺性及装载质量利用程度的主要影响来自道路等级和道路养护水平。道路养护水平的两个评定指标是"好路率"和"养护质量综合值"。好路率和养护质量综合值与路面平整度有很大关系，因此直接影响汽车的行驶速度、行驶平顺性和汽车总成使用寿命。公路养护质量分为优、良、次和差四个等级。评定项目包括路面平整性、路拱适度性、行车顺适性、路肩整洁性、边坡稳定性和标志完善鲜明性等。

汽车在良好路面上行驶，可获得较高的车速和良好的燃料经济性；汽车在崎岖不平的道路上行驶，平均技术速度低，需要频繁地进行换挡和制动操作，加剧了零件的磨损，增加了油耗和驾驶人的工作强度；路面不平也使零部件冲击载荷增加，加剧汽车行走系统的损伤和轮胎磨损。

道路条件直接影响汽车的运行油耗、维修费用和大修里程。

二、气候条件

汽车是全天候载运工具，可能在春夏秋冬、风沙雨雪、晴阴昼夜、酷暑严寒、潮湿腐蚀等各种气候条件下从事运输工作。因此，汽车运用的气候条件是非常复杂的。气候条件对汽车运用的主要影响因素是大气温度、大气湿度、大气压力、风速和太阳辐射热等。

1. 温度条件

我国幅员辽阔，各地气候条件差异很大，有高原寒冷和干燥地区、北方寒冷和干燥地区、南方高温和潮湿地区等。大多数地区一年四季温度和湿度差别很大。例如，东北北部地区最低气温可达 -40℃，南方炎热地区夏季气温高达 40℃，而西北、西南地区的气候条件变化又极为复杂。

大气温度对汽车，特别对发动机的热工况影响很大。汽车各总成在最佳热工况区工作时的工作效率最佳。如发动机在最佳热工况区的冷却液温度为 80~90℃，在这一热工况区

运行时,发动机热效率最高,燃油经济性最好,零件磨损最小。

1)北方寒冷地区

在冬季严寒季节使用的汽车,车辆各总成和机件的工作状况明显变差,技术性能急剧下降。低温条件下,汽油的蒸发性能降低,混合气形成困难;机油黏度增大,起动时曲轴旋转阻力矩增加;蓄电池的电解液向极板的渗透能力下降,储能和电压下降。因此,汽车发动机在低温条件下起动困难,燃油消耗增加。同时,由于润滑油的黏度增加,使车辆起步加速阻力增大,油耗增多。低温时,润滑油黏度增大,流动性差,机油泵不能及时将润滑油压入曲轴轴颈的工作表面,导致曲轴和轴瓦的严重磨损;同时,底盘主要总成(变速器、减速器和差速器等)也因润滑油黏度大而增加了机件的运动阻力,从而加剧了底盘传动系统总成和零部件的磨损。低温也容易使散热器、缸体冻裂,使车辆上的金属、塑料、橡胶等制品变脆,以至于因脆裂、折断和收缩而失效。严寒时,由于路面冻结和积雪,容易产生车轮侧滑和空转打滑等现象,制动距离增长,且风窗玻璃容易积霜、冻结,因此,汽车操作困难并容易发生交通事故。

2)南方炎热地区

汽车在炎热地区使用时,由于气温过高,发动机散热性能变差,发动机易过热,不正常燃烧倾向增大,工作效率低,燃料消耗增加;高温还会使汽车电气系统、燃料供给系过热,引发故障,如蓄电池电解液蒸发过快所引起的故障和高温导致的燃料供给系统气阻等,从而影响发动机的正常工作。高温使机油黏度降低,机油压力减小,并加速机油氧化变质过程,导致机件磨损严重;高温也可能造成润滑脂溶化,被热空气从密封不良的缝隙挤出,使相应摩擦副的磨损加剧;高温也会逐渐烘干里程表、刮水器等机件中的润滑脂,增加机件磨损,导致故障。高温还会使制动液黏度下降或蒸发气化,导致气阻,影响汽车的制动安全性,同时加速非金属零件的老化及变形,引起轮胎爆胎。另外,高温还影响驾驶人的工作条件,影响行车安全。

2. 湿度条件

在气候干燥、风沙大的地区,汽车及其各总成的运动副因风沙侵入,磨料磨损严重而加剧了零件磨损速率;而在气候潮湿和雨季较长的地区及沿海地区,如果发动机、驾驶室、车厢的防水和泄水不良,将引起相关零件锈蚀,并易于因潮湿漏电而使电气系统工作不可靠。另外,大气湿度过高,还会降低发动机汽缸的充气效率,降低发动机的动力性和燃料经济性。

3. 大气压力

在高原地区,空气稀薄,大气压力低,水的沸点下降,昼夜温差大,从而使发动机的混合气过浓,真空点火提前调节器失效,冷却液易沸腾,气压制动系统的气压不足。

4. 其他条件

气候因素中的风、降水(雨和雪等)、雾、气温、湿度、气压和太阳辐射等因素作用于人的神经系统、皮肤等感觉器官,在人体内引起一系列不良反应;降水、能见度等因素的变化还会对车辆运行、道路条件和交通环境直接产生不良影响。这些因素通过对交通系统中人、车、路三要素的相互协调关系发生作用,诱发系统中错误的发生,造成交通事故。对于公路交通而言,恶劣的天气条件更是不可抗拒的自然现象。

各类气象条件有其自身的特点,汽车使用者应充分了解其特征和对交通安全的影响,提高判断和应变能力,预防事故发生,减轻事故程度,提高汽车运用的安全性。

影响车辆运行、道路条件和交通环境的气象因素见表3-1。

气象因素对汽车运行的影响　　　　　　　　　　　　表3-1

气象因素	对车辆运行的影响	对道路条件的影响	对交通环境的影响
风速	增加车辆侧向受力	吹落物成为路面障碍	通行能力降低
降水	制动距离增加； 车辆甩尾增加	路面摩擦力下降； 覆盖道路标线	速度差异性增加； 车速降低
能见度	制动距离不足； 车速控制困难； 增加超车危险	影响标志标线认读； 影响线形、出入口辨别	增加延迟； 交通阻塞

应当根据气候条件合理选用或改造汽车，以提高车辆对气候的适应程度。

三、运输条件

1．货物运输条件

1）货物类别

货物是指从接受承运起到送交收货人止的所有商品或物资。通常，根据汽车运输过程中的货物装卸方法、运输和保管条件以及运输批量对货物进行分类。

（1）按装卸方法分类。按装卸方法，货物可分为堆积、计件和罐装三类。

对没有包装的，可以散装、散堆的货物（如煤炭、砂、土、碎石等），按体积或质量计量的货物宜于采用自卸汽车运输；对可计件、有包装，并按质量计量装运的货物，如桶装、箱装、袋装的包装货物及无包装货物，可采用普通栏板式货车、箱式货车及保温箱式货车运输；对于无包装的液体货物，通常采用自卸罐车运输。

（2）按运输和保管条件分类。按运输和保管条件，货物可分为普通货物和特种货物。

前者指在运输过程中无特殊要求，可用普通车厢（箱）和集装箱运输的货物；后者指在运输过程中，必须采取特别措施，才能完好无损完成运输的货物。

特种货物包括长大、笨重、危险和易腐的货物。长大、笨重货物是指单件长度在6m及其以上的货物，或高度超过2.7m的货物，或宽度超过2.5m的货物，或质量超过4t的货物；危险货物是指在运输和保管过程中，可能使人致残或破坏车辆、建筑物和道路的货物；易腐货物是指在运输和保管过程中，需维持一定温度的货物。

运输特殊货物，需要选用大型或专用汽车。但是，汽车总体尺寸受国家标准限制《道路车辆外廓尺寸、轴荷及质量限值》（GB 1589—2016）。

2）货物运输量

在汽车运输中，完成或需要完成的货物运输数量称为货运量，通常以吨（t）为计量单位。货物的数量和运输距离的乘积称为货物周转量，以复合指标吨公里（t·km）为计量单位。货运量和货物周转量统称为货物运输量。

按托运批量，货物运输可分为零担货物运输和整车货物运输两类。凡是一次托运货物3t以上的大批货物为整车货物，不足3t的小批货物为零担货物。需要较长时间和较多车辆才能运完的货物为大宗货物，而短时间内或少数车辆即能全部运完的货物为小宗货物。

货物运输量对汽车运输的效率和成本有很大影响。因为运输组织方式不同，在相同条件下,大批量货物运输的运输效率高、运输成本低;而小批量零担货物运输的运输效率较低、运输成本较高。因此,应尽可能地组织大宗货物运输。同时,一般大批量货物和小批量货物的时效性不同,对货运速度和质量的要求也不同。显然,小批量货物适宜使用轻型汽车运输,而大宗货物采用大型车辆运输时技术经济效益高。所以,运输行业应配备不同吨位的车辆,才能合理地组织运输,提高运输经济效益。

3) 货物运距

货物运距是货物由装货点至卸货点间的运输距离,一般以公里(km)作为计量单位。货物运距是重要的运输条件之一,对车辆的运用效率有很大影响,并对车辆的结构和性能提出不同的要求。当运距较短时,要求车辆结构能很好地适应货物装卸的要求,以缩短车辆的货物装卸作业时间,提高车辆短运距的生产率。

长途运输车辆的运输生产率随着车辆的速度性能的提高和载质量的增大而显著增加(图3-1、图3-2)。因此,随着运距的增加,适用于选用大吨位车辆运输。但汽车的最大轴重受到国家法规的限制。

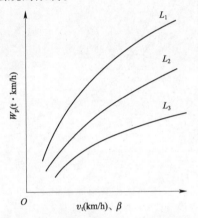 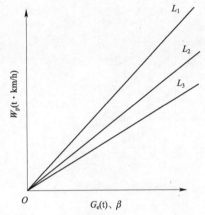

图3-1 汽车运输生产率 W_p 与汽车技术速度 v_t 和行程利用率的关系

L_1、L_2、L_3-货物运距,且 $L_1 > L_2 > L_3$

图3-2 汽车运输生产率 W_p 与汽车载质量 G_e 和行程利用率 β 的关系

L_1、L_2、L_3-货物运距,且 $L_1 > L_2 > L_3$

4) 货物装卸条件

货物的装卸条件决定了汽车装卸作业的停歇时间、装卸货的劳动量和费用,从而影响汽车的运输生产率及运输成本。运距越短,装卸条件对运输效率的影响越明显(图3-3)。装卸条件受货物类别、运输量、装卸点的稳定性、机械化程度以及装卸机械的类型等诸多因素的影响。

不同类别和运输量的货物要求相应的装卸机械,也决定了运输车辆的结构特点。例如,运输土、砂石、煤炭等堆积货物时,要考虑货物从铲斗卸入车厢时对汽车系统及机构的冲击载荷,并使汽车的装载质量和车厢容积与铲斗容积有较好的一致性,才能获得最高的装卸、运输生产率。带自装卸机构的汽车可缩短汽车装卸作业时间,但载质量比相同吨位的汽车小。因此,只有在短距离运输时,自装卸汽车才能发挥其优越性(图3-4)。

5) 货运类型和组织特点

货物运输有多种类型,如短途货运、长途货运、城市货运、城间货运、营运货运、自用货运,分散货运、集中货运等。

自用货运指用本单位拥有的车辆完成本单位的货运任务。

分散货运指在同一汽车运输服务区内的若干汽车货运企业或有车单位各自独立地调度车辆,分散地从事货运工作。显然,以这种方式组织货物运输,车辆的利用率低,里程、载质量利用率低,从而降低了汽车运输生产率,增加了运输成本。

集中货运指汽车运输服务区内的车辆或完成某项货运任务的有关企业或单位的车辆,集中由一个机构统一调度来组织货运工作。集中货运可以提高车辆的载质量利用率和时间利用率,从而提高了运输生产率,降低了运输成本。

货运组织特点主要取决于所选用的货物运输路线。由于货运任务的性质和特点不同,道路条件不同,以及所用车辆类型不同,即使在相同收发货点间完成同样的货运任务,也可以采用多种不同的运行路线方案而产生不同的运输效益。

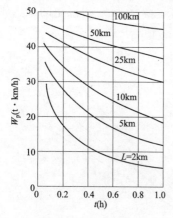
图 3-3 载质量 4t 货车运输生产率 W_p 与每次装卸货停歇时间 t 的关系
L-运距

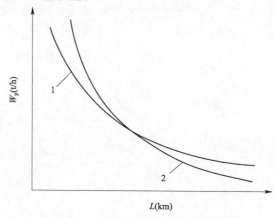
图 3-4 不同车辆的运输生产率 W_p 与运距 L 的关系
1-普通汽车;2-自卸汽车

6)运输到达期限

运输到达期限是汽车运输必须完成的时间指标。市内运输道路条件好,一般要求到达期限很短;城乡运输多为农产品流转服务,季节性强,时间要求紧迫;城间运输的特点是定期性、运距长、行驶速度快。运输到达期限是选择运输车辆和确定运输组织方式的重要影响因素。

2. 旅客运输条件

旅客运输分为市内客运和公路客运,各种客运应配备不同结构的客车。

1)市区公共汽车

通常采用车厢式多站位车身,座位与站立位置之比为 1∶2。为方便乘客上下车,公共汽车通道较宽,车门数目多,车厢地板较低。有的客车为方便残疾人轮椅上下车,车门踏板采用可自动升降结构。为了适应乘客高峰满载的需要,市区公共汽车要求有较高的动力性;同时,为适应城市道路交通复杂的特点,还要求汽车操纵方便。

2)城间客车

要求有较高的行驶速度和乘坐舒适性。客车座位通常宽大舒适,且椅背倾斜角度可调,车门数少,辅助设施较齐全。为了适应旅游的需要,高级旅游客车还配备卫生间、微型酒吧,并在汽车两侧下部设有较大空间的行李舱。目前,越来越舒适和环保的高档客车投入到城间客运,改变了多年来公路客运客车档次低、运行效率普遍较差的状况。

四、道路交通控制设施条件

道路交通控制设施是道路交通安全、畅通的必要条件。

道路交通控制设施分为交通信号和交通安全设施。交通信号是指指挥车辆、行人前进、停止或转弯的特定信号,包括用光色、手势表示的信号和用标志标线表示出的指挥、引导意图,其作用是对道路上车辆、行人合理地分配通行权。道路交通安全设施是保证行车安全、防止交通事故、减轻交通事故后果的重要手段,包括安全护栏、隔离设施、防眩设施和诱导设施等。

第二节 汽车使用性能指标

汽车使用性能指在一定使用条件下汽车以最高效率工作的能力,是决定汽车运用效率的结构特性表征。它是汽车选型配备的主要依据,也是汽车运用的先决条件。

汽车运用条件复杂,运输任务繁杂,所选用车型和性能应适应使用条件,满足使用要求,以获得最佳工作效率。

目前,我国采用的汽车使用性能指标主要有:汽车容量、汽车动力性、燃料经济性、制动性、通过性(机动性)、操纵轻便性、行驶平顺性和乘坐舒适性等。

一、汽车容量

汽车容量是指汽车一次允许运载的最大货物量或乘客人数。汽车容量与汽车的装载质量、车厢(箱)尺寸、货物的密度、座位数和站立乘客的地板面积等有关。

载客汽车乘坐人数的核定方法有几种,其中一种方法是按坐垫宽和供站立乘客用的地板面积核定,坐垫宽度每400mm核定1人;按站立乘客用的地板面积计算,城市公共汽车为$0.125m^2$核定1人,其他允许有站立乘客的客车为$0.15m^2$核定1人。

载货汽车的容量常用单位载货量和装载质量利用系数评价。

单位载货量也叫比装载质量。

装载质量利用系数决定了该车型装载何种货物才能装满车箱,才能利用汽车的全部装载能力。分别表示为:

$$单位载货量 = \frac{额定载货量(t)}{货箱容积(m^3)}$$

$$装载质量利用系数 = \frac{货物容积质量(t/m^3) \times 车箱容积(m^3)}{装载质量(t)}$$

汽车的容量(载货汽车)向大型和小型两个方向发展,这样可以适应大宗货物和短途小批量不同货物的不同需要。大吨位的汽车具有较好的经济效果。但一般来说汽车的装载质量越大,越不适于装载容积质量轻的货物,特别是散装货物。为了充分利用车辆的装载质量,装载容积质量轻的货物时,可在保证货物完整的条件下,采用适当措施增加装货的高度。表3-2为几种常见国产普通载货汽车的货箱尺寸和单位装载质量。在实际运输生产中,可以根据运送的货物类型选择合适的车型。

单位载货量和装载质量利用系数表征了汽车结构对各种货物需要的适应能力。

几种常见国产普通载货汽车货箱尺寸和单位装载质量   表3-2

车 型	额定装载量(kg)	货箱尺寸(mm) (长×宽×高)	单位装载质量(kg/m³)
北京福田 BJ1018VOJ31	365	2420×1480×340	300
北京福田 BJ1043V8JE6-3	1490	4250×1810×360	538
解放 CA1083P9K2L	3901	4200×2300×400	1009
东风 EQ1092F	5000	4052×2294×550	763
东风 EQ1208G19D1	12000	7200×2294×550	1321
解放 CA1282P21 K2LT4	14900	9200×2300×800	880

二、汽车质量利用

汽车的质量利用表征了汽车整备质量与装载质量之间的关系。汽车的质量利用常用汽车整备质量利用系数来评价。汽车整备质量利用系数表示为:

$$汽车整备质量利用系数 = \frac{汽车装载质量}{汽车整备质量}$$

整备质量利用系数不仅反映设计、制造水平,而且也反映其使用经济性,因而是汽车技术进步的主要标志之一。汽车整备质量利用系数轻型汽车一般在1.1左右,中型车在1.35左右,重型车在1.3~1.7之间。随着汽车技术的不断提高,汽车整备质量利用系数也在逐步提高。表3-3为几种国产汽车的整备质量利用系数。

几种国产汽车的整备质量利用系数   表3-3

产品型号	额定装载质量(kg)	整备质量(kg)	整备质量利用系数
解放 CA1091	5000	4250	1.17
解放 CA1085PK2I4	8000	5300	1.51
解放 CA1196P1K2L11T1	18000	11500	1.56
解放 CA1203P1K2 L11 T4	28000	11800	2.37
东风 EQ1042G51D3A	2800	2520	1.11
东风 EQ1090	4084	5000	1.22
东风 EQ1208G19D1	8700	12000	1.38
红岩 CQ1313TMG426	12805	18000	1.41
福田 BJ1088VDPHK	9345	6460	1.45
福田 BJ1108VEPHN	12825	6980	1.84

整备质量利用系数与汽车的部件、总成、结构的完善程度以及轻型材料的使用率有关。

从汽车结构来讲,平头汽车的整备质量利用系数一般比长头汽车的高,由货车变形的自卸汽车,整备质量利用系数一般比基本型汽车的低。通常利用整备质量利用系数评价汽车质量利用的优劣,整备质量利用系数越高,该车型的结构和制造水平越高。

汽车质量的大小影响到滚动阻力、爬坡阻力与加速阻力,因此汽车质量与其燃油消耗有着极为密切的关系,在运输生产过程中,汽车整备质量高将引起非生产性油耗增加,所以追求高的汽车整备质量利用系数也是汽车节能的必然要求。

实例:东风 EQ1092 型载货汽车的整备质量为 4100kg,最大设计装载质量为 5000kg,则:

$$汽车的整备质量利用系数 = \frac{5000}{4100} = 1.22$$

汽车整备质量每减少 100kg,可节省燃油 0.2 ~ 0.3 L/100km。为进一步节省燃油,在 21 世纪,汽车质量轻量化将继续发展,其主要途径是扩大超轻高强度钢板、铝合金、镁合金、塑料和陶瓷等材料的应用。

三、汽车动力性指标

汽车动力性是指汽车在良好路面上直线行驶时,由汽车受到的纵向外力决定的、所能达到的平均行驶速度。表示汽车以最大可能平均行驶速度运送货物或乘客的能力。汽车最基本的功能是运输,其运输效率决定于在各种使用条件下的平均速度,主要取决于汽车的动力性。因此,在汽车各种使用性能中,动力性是最重要、最基本的性能。

1. 汽车动力性指标

汽车的动力性可以由汽车的最高车速 v_{amax}(km/h)、汽车的加速时间 t_j(s)和汽车的最大爬坡度 i_{max}(%)评价。

1) 汽车的最高车速

汽车的最高车速 v_{amax},指汽车在水平良好的路面(混凝土或沥青路)上所能达到的最高行驶速度。

显然,道路和载荷情况对汽车的最高车速有重要影响,其道路条件应为干燥、清洁、平直的水泥或沥青路面;各国对载荷条件的规定不同,我国规定为满载,并要求装载均匀。

2) 汽车的加速能力

汽车加速能力对汽车的平均行驶速度有重要影响。

汽车的加速能力可以由加速时所能达到的加速度或加速过程所经历的时间评价。由于加速时间直观,容易测试,故得到广泛应用。

汽车的加速时间 t_j 分为原地起步加速时间 t_{jq} 和超车加速时间 t_{je},分别表示汽车起步和超车时的加速能力。原地起步加速时间指,汽车由第 1 挡或第 2 挡起步,并以最大的加速强度(包括选择恰当的换挡时机)逐步换至最高挡后,行驶到某一预定的距离或达到某一车速所需要的时间。其预定距离通常为 400m,其预定车速通常为 100km/h。超车加速时间是指用最高挡或次高挡由某一较低车速全力加速至某一高速所需的时间。超车加速的速度范围尚无统一规定,采用较多的是:低速为 30km/h 或 40km/h,而高速为 80% v_{amax} 或某一高速。

超车时,汽车与被超车辆并行,容易发生交通事故。所以,超车加速能力强弱决定了汽车超车过程中的并行行程,对超车安全有重要影响。汽车的加速能力也可用汽车的加速曲线即车速—时间关系曲线全面反映(图3-5)。

3)汽车的爬坡能力

汽车的爬坡能力用最大爬坡度评价。汽车的最大爬坡度 i_{max} 指满载时汽车以1挡在良好路面上所能通过的最大坡度。轿车最高车速大,加速时间短,通常在城市道路及较好公路条件下行驶,一般不强调爬坡能力;但轿车1挡的加速能力大,故爬坡能力也强。货车行驶的道路相对复杂,所以必须具有足够的爬坡能力,一般 i_{max} 在30%左右,即坡度角 α 为16.7°左右。而越野汽车要在恶劣路段或无路条件下行驶,因而爬坡能力是一个很重要的指标,其最大爬坡度可达60%左右,即坡度角为31°左右。

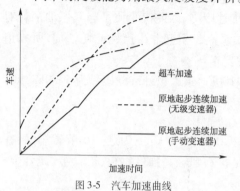

图3-5 汽车加速曲线

2. 影响汽车动力性的主要因素

为了提高汽车的动力性,使汽车具有合理的动力性参数,必须对影响汽车动力性的各种因素进行分析,找到提高汽车动力性的措施。在此,将决定和影响汽车动力特性的因素大致分为下列几方面。

1)发动机参数对汽车动力性的影响

发动机的最大功率、最大转矩和外特性曲线形状对汽车动力性影响最大。

发动机功率越大,汽车的动力性越好。设计中发动机最大功率的选择必须保证汽车预期的最高车速。最高车速越高,要求的发动机功率越大,其后备功率也大,加速和爬坡能力必然较好。但发动机功率过大,一方面发动机功率过大会导致发动机尺寸、质量及制造成本增大,特别是运行时的燃料经济性显著降低。另一方面,汽车驱动力的提高受到附着条件的限制,过分地增大发动机功率也无益。通常用发动机比功率(即发动机最大功率与汽车总重力之比)衡量汽车发动机功率匹配。发动机比功率大小对汽车动力性和燃料经济性等有很大影响,是选择汽车发动机功率的重要依据之一。

发动机的最大转矩大,在传动系统传动比一定时,最大动力因数较大,汽车的加速和上坡能力较强。

发动机外特性曲线的形状也会影响到汽车的动力性。如图3-6所示,两台发动机的外特性曲线的最大功率和对应的转速相等,但其形状不同。假定汽车的总质量、空气动力特性、传动比均为已知,为了便于比较,并假定总阻力功率曲线与两台发动机功率曲线交于最大功率点,由图3-6可见,外特性曲线1的后备功率较大,使汽车具有较大的加速能力和上坡能力,因而动力性能较好。同时还可使汽车具有较低的稳定车速,换挡次数减少,因而有利于提高汽车的平均行驶车速。

又如某发动机,为满足增压与排放要求,牺牲了低速性能,在低速段($n < 1500 \text{r/min}$)转矩 T_{tq} 急剧下降,如图3-7中曲线1。由于我国道路条件多变、汽车超载现象较

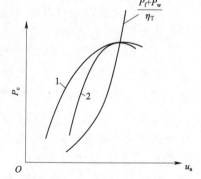

图3-6 发动机外特性不同时的汽车功率平衡图

为严重。装有该发动机的汽车反映出其低速加速、爬坡性能较差，在丘陵地区情况更糟。在对其发动机进行改进后，发动机转矩曲线如图 3-7 中曲线 2，汽车各挡跟车能力增强、减少了换挡次数、熄火的可能性也下降了。

2）底盘参数对汽车动力性的影响

（1）传动效率 η_T。

传动损失功率可表示为 $P_t = P_e - P_e \cdot \eta_T$，在发动机功率 P_e 一定的情况下，传动效率越高，传动损失功率越小，发动机有效功率将更多地转变为驱动力，汽车动力性越好。目前可采用提高加工精度、在润滑油中加入减磨添加剂和选用黏度适当且受温度影响小的润滑油等措施，来提高传动效率。

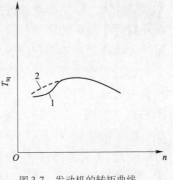

图 3-7　发动机的转矩曲线

（2）主减速器传动比 i_0。

变速器处于直接挡时，主减速器传动比将直接影响汽车动力性。对于变速器无超速挡的汽车，主减速器传动比将决定汽车最高车速和汽车在良好路面上克服行驶阻力的能力。

图 3-8 表示其他条件相同而主减速器传动比不同时的功率平衡图，其中 $i_0' > i_0'' > i_0'''$。分析该功率平衡图可知，当汽车以最高车速行驶消耗的功率等于发动机的最大功率时，即采用 i_0'' 的汽车可以得到最大的最高车速。在其他条件不变，无论使主减速器传动比增大或减小，都使汽车行驶的最高车速降低。在这些情况下，$(P_f + P_W)/\eta_T - u_a$ 曲线与发动机外特性曲线不能相交于发动机输出最大功率处，不能利用最大功率来提高汽车车速。

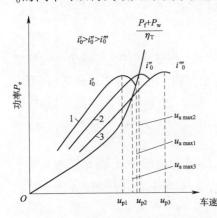

图 3-8　主减速器传动比不同时的功率平衡图
1-传动比为 i_0' 时发动机功率曲线；2-传动比为 i_0'' 时发动机功率曲线；3-传动比为 i_0''' 时发动机功率曲线

从图 3-8 还可看出，采用 i_0' 汽车的后备功率大于 i_0'' 或 i_0''' 的汽车，表明 i_0' 汽车具有更好的加速性和爬坡能力。三者中采用 i_0''' 的汽车无论最高车速还是后备功率均为最小，动力性严重恶化。可见，一般情况下，提高主传动比 i_0 可改善汽车的动力性，但 i_0 过大，使传动系统速比与发动机外特性匹配失调，反而将导致动力性的下降。因此，综合考虑主减速器对汽车动力性影响时，选择主减速器传动比应接近 i_0'' 或稍大些。

（3）变速器传动比及挡数对汽车动力性的影响。

汽车以最低挡（1 挡）行驶时，必须保证具有最大的驱动力，使汽车具有克服最大行驶阻力的能力。如其他条件相同，1 挡的传动比直接影响汽车起步加速性能和最大爬坡能力。

现代大多数汽车仍然保持变速器的最小传动比为 1，一些变速器设有传动比小于 1 的挡位，称为超速挡，利用超速挡的目的主要是提高汽车行驶在良好道路上的最高车速和高速行驶时的汽车燃料经济性。

变速器挡数增多，增加了发动机发挥最大功率附近高功率的机会，提高了汽车加速能力和爬坡能力。挡位的增加，使得汽车在加速或行驶阻力改变的过程中，发动机的转速和功率就在接近于最大功率的较狭小范围内改变着，因而就可以提高汽车的动力性，因此无级变速可使发动机后备功率利用程度最高，加速性和爬坡能力也相应提高。

由液力变矩器和行星齿轮变速器组成的液压式自动变速器，由于机械式变速器的传动比仅可取几个有限的挡位，所以液力变矩器和机械变速器联合工作时(总速比为二者速比的乘积)，只能在一定挡位之间实现自动无级变速。当阻力变化过大时，还需通过驾驶员操作或电控手段换挡以实现功率平衡。自动变速器的其他优点是：无需切断发动机动力就可以进行变速，不会错挡，操作轻便，安全性高；低速时驱动力大，坡道起步能力强，最大爬坡能力大；发动机转矩传递平稳，起步冲击小，可缓和动力传动系统的振动。它的缺点是：最高车速略有下降，燃油消耗率也有所上升，购车成本较大。目前高级轿车较多采用，并有向中级轿车上推广的趋势。

(4) 使用先进的自动变速器。

通过使用金属带式或金属链式无级自动变速器(Continu-ously Variable Transmission，CVT)或电控机械式自动变速器(Automated Mechanical Transmission，AMT)对发动机的运行状态进行控制，对换挡时刻进行调节，从而提高汽车的动力性。特别是使用近年来出现的双离合器式自动变速器，即DCT(Dual Clutch Transmission)。它能在换挡过程中不间断地传递发动机的动力，因此可进一步提高汽车的动力性。

此外，汽车的牵引力控制系统TCS(Traction Control System)，或称防滑调节系统ASR(Anti-Slip Regulation)也可以提高汽车的动力性能。

3) 空气阻力系数对汽车动力性的影响

空气阻力系数C_D、迎风面积A及车速决定了汽车空气阻力的大小。空气阻力在汽车低速行驶时，对汽车动力性影响较小；而在汽车高速行驶时，空气阻力和车速平方成正比，因而其在汽车行驶阻力总值中占很大比例，对汽车动力性影响较大。所以改善汽车流线形状，减少空气阻力，对高速行驶汽车提高动力性是非常必要的。

4) 汽车质量对汽车动力性的影响

汽车质量对汽车动力性影响很大，因除空气阻力外，其他行驶阻力都与汽车总质量成正比。其他条件相同，动力因数与汽车总质量成反比。因此，随汽车总质量的增加(汽车使用中装载变化很大，常出现这种现象)，其动力性变差，汽车行驶的平均速度显著下降。如果能减轻汽车的质量，可成比例地减小汽车行驶的滚动阻力、上坡阻力和加速阻力，使汽车动力性得到改善，且使其燃料经济性变好。

5) 轮胎尺寸与形式对汽车动力性的影响

汽车的驱动力与滚动阻力以及附着力都受轮胎的尺寸与形式的影响，故轮胎的选用对汽车的动力性影响较大。

当其他条件相同时，驱动力与轮胎半径成反比，而汽车的行驶速度与轮胎半径成正比。这就是说，轮胎半径对与动力性有关的驱动力和车速是矛盾的。现在，良好路面上行驶的汽车，轮胎尺寸有减小的趋势。首先，汽车在良好的路面行驶时，附着力较大，允许用小直径的轮胎，可得到较大的驱动力。车速的提高可以用减小主减速器传动比来解决。轮胎尺寸和主减速器传动比减小，使汽车重心高度降低，从而提高了汽车行驶稳定性，为汽车高速化提供了有利条件。软路面上行驶的汽车,车速不高,要求轮胎半径大一些,主要是为增加轮胎与路面间的附着系数。

轮胎形式、花纹和气压对汽车动力性也有影响。为提高汽车动力性应尽量减少汽车轮胎的滚动阻力,同时增加道路与轮胎间的附着力。根据这一原则,硬路面上行驶的汽车,用子午线胎,小而浅的花纹,较高的轮胎气压,这对提高汽车的动力性有一定作用;在软路面上行驶的汽车用大而深的花纹、较低的轮胎气压,这对提高汽车动力性和通过性有良好的作用。

6) 使用因素对汽车动力性的影响

使用因素对汽车动力性影响的主要有发动机技术状况、汽车底盘技术状况、驾驶技术和汽车行驶条件等。

发动机的技术状况是保证汽车动力性的关键。需要正确维护和调整的有:混合气的浓度、点火时间、润滑油的选择和更换、冷却液的温度和气门间隙等。只有保持发动机应有的输出功率和转矩,才能保证汽车的动力性不下降。

汽车底盘的技术状况直接影响传动系的机械效率。传动系统各部轴承预紧度、制动器、离合器和前轮定位角调整不当,润滑油品种、质量、数量和温度不当,都会增加传动系统的功率损失,使机械效率下降,影响汽车动力性的正常发挥。

行驶条件主要指道路条件、气候条件及海拔高度等。道路的附着系数大、滚动阻力系数小、弯道少,汽车的动力性就好。另外,风、雨、雪、高温、严寒等气候条件均不利于汽车的动力性。在高原地区行驶的汽车,由于海拔高,气压低,使发动机充气量下降,从而导致发动机有效功率下降。试验证明:在海拔4 000m的高原地区,发动机功率比原来降低40%~45%。

提高驾驶技术有利于发挥汽车的动力性。如加速时能适时迅速地换挡,可减少加速时间。换挡熟练、合理冲坡,有助于提高汽车的爬坡能力。

四、汽车燃油经济性指标

1. 燃油经济性指标

汽车的燃油经济性常用汽车在一定工况下行驶某一单位行程的燃油消耗量或汽车在一定工况下完成某一单位运输工作量的燃油消耗量评价。

燃油经济性的评价指标有:百公里燃油消耗量(L/100km),即行驶100km所消耗燃油的升数;百吨公里(千人公里)燃油消耗量(L/100t·km 或 L/1000p·km),即完成100t·km(或1000p·km)运输工作量所消耗燃油的升数。

汽车的燃油经济性也可用消耗某一单位量燃油所能行驶的里程作为评价指标。例如,在美国,汽车燃油经济性指标为MPG(或 mile/usgal),即每加仑燃油所能行驶的英里数。其数值越大,汽车的燃油经济性越好。其换算关系为:1usgal = 3.79L;1mile = 1.61km。

2. 汽车结构对燃料经济性的影响

汽车在平坦道路上等速行驶时的燃料消耗方程式为:

$$Q_L = \frac{b_e}{36000\eta_T\gamma} \cdot \left(Gf + \frac{C_D A v^2}{21.15}\right)$$

式中:Q_L——汽车百公里油耗;

b_e——发动机油耗率;

η_T——传动效率;

γ——燃料密度;

G——汽车重力;

f——滚动阻力系数;

C_D——空气阻力系数;

A——迎风面积;

v——汽车速度。

根据汽车燃料消耗方程式,可以知道影响汽车的燃料经济性因素主要有三个方面:发动机的有效燃油消耗率、汽车的行驶阻力和传动系统的传动效率。因此,要提高汽车燃料经济性,必须在结构和使用两方面采取具体措施,来降低发动机有效燃油消耗率、减小汽车的行驶阻力和提高传动系统的传动效率。

影响汽车燃料经济性的主要结构因素见图3-9。

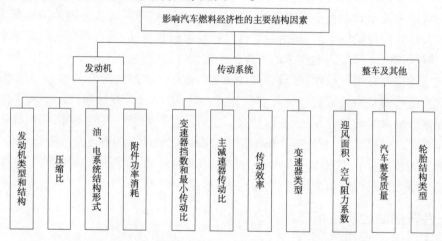

图3-9 影响汽车燃料经济性的主要结构因素

1)影响燃油经济性的发动机结构因素

发动机的热效率直接影响发动机的有效燃油消耗率,影响汽车的燃油消耗量,凡是对发动机的燃烧过程和热功转换效率有影响的因素,都对汽车燃油经济性有重要影响。

(1)发动机种类。

与汽油机相比,柴油机的热效率高、有效燃油消耗率较低。现代柴油机的燃油消耗率比汽油机低20%~40%,排气污染较汽油机小。因此,广泛装用柴油机是改善汽车燃油经济性的主要途径之一。

(2)发动机的压缩比。

汽油机的热效率η与压缩比ε的关系为:

$$\eta = 1 - \varepsilon^{1-K}$$

式中:K——绝热指数。

增大压缩比,热效率提高,发动机燃油消耗率降低。汽油机压缩比的提高主要受爆燃的限制,同时压缩比提高到一定程度后,不仅对发动机的功率和效率的提高无明显效果,还会

增大排气中 NO_x 的浓度。

改进燃烧室和进气系统,提高发动机结构的爆燃极限;使用爆燃传感器,自动延迟产生爆燃时的点火提前角;采用掺水燃烧抗爆技术;开发高辛烷值汽油等都是提高压缩比的措施。

(3)改善发动机燃烧过程。

改进燃烧室形状,采用稀薄混合气分层燃烧技术,利用电控燃油喷射系统精确控制供油量等措施,可改善汽油机的燃烧过程,能显著提高燃油经济性,又可降低排放污染。

燃用稀混合气提高发动机燃油经济性的机理是:汽油分子有更多的机会与空气中的氧分子接触,以便完全燃烧;同时,稀混合气燃烧后最高温度和压力降低,缸壁传热损失较少,还可以增大压缩比,提高热效率。但若混合气过稀,燃烧缓慢,发热量及热效率下降;同时,混合气过稀,发动机工作对混合气及分配的均匀性更加敏感,个别缸失火的概率增大。

燃用稀混合气的主要技术措施有:加快燃烧速度;提高点火能量,适当增大点火提前角,延长火花持续时间;清除火花塞附近的废气;汽油充分雾化等。

当前采取的主要措施是快速燃烧技术。快速燃烧技术的实现,主要依靠燃烧室及进气道的设计,例如:火花塞位置的选择、提高进气速度、形成挤压紊流及燃烧紊流等。

为了燃用稀混合气,还可采用分层充气技术,即在火花塞附近的局部区域供给浓混合气,在其他区域供给稀混合气。当浓混合气点燃形成火焰后,在由其产生的高温和强涡流影响下,使稀混合气点燃,并使火焰得以传播。

使用稀薄燃烧技术的汽油发动机,其混合气空燃比可达 20∶1 以上,甚至高达 26∶1。

(4)改善进、排气系统。

改善进、排气系统的目的是降低进气阻力和排气干扰,提高充气效率。进气管应有足够流通截面,表面光洁,连接处平整,气流转折少且截面突变小,以减少气流的局部阻力。进气门处局部阻力最大,采用多气门结构,可以增大进气充量。同时,进气管断面的形状和尺寸,对燃油的雾化、蒸发和分配影响很大。断面过大,气流速度低,燃油易沉积于管壁,蒸发速率慢,各缸混合气分配不均匀,油耗增大。

(5)选择合理的配气相位。

配气相位是否合理对于充气系数的变化特性、换气损失、燃烧室扫气作用、排气温度以及净化程度有很大影响。

合理的配气相位与发动机常用工作区相关。配气相位的持续角较宽时,发动机在高速时充气特性好,而低速时充气特性差;持续角窄时,则反之。适当的排气相位角,可充分利用气流的惯性以及排气系统压力波动进行充气。采用电液控制的可变配气相位控制技术,可使配气相位在各种工况下都处于最佳状态。

(6)负荷率。

若转速一定,当发动机负荷率较高时,其有效燃油消耗率较低。汽车在水平良好道路上以正常速度行驶时,一般只用到发动机最大功率的20%左右,大部分时间都在较低负荷率下工作。因此,在保证动力性的前提下,不宜装用功率过大的发动机,以提高功率利用率。

2)影响汽车燃料经济性的底盘结构因素

(1)传动系统的影响。

汽车传动系统的挡位数、传动比、传动效率对燃油经济性有很大影响。

①变速器挡位数。在水平良好道路上，使用最高挡行驶，可以使发动机处于中等转速、较高负荷工况下工作，有利于降低燃油消耗。变速器挡位数较多时，可根据行驶阻力的变化选择合适的挡位，使发动机处于经济运行工况的机会增多。

挡位无限的无级变速器，可以使发动机工作特性与汽车行驶工况达到最佳匹配，在任何情况下都能使发动机工作在最经济工况下。然而，目前在汽车上广泛使用液力自动变速器，由于其液力变扭器的传动效率较低，因此使燃油经济性受到影响。但装有自动变速器的车辆操作简单、起步平稳、乘坐舒适性好。

②超速挡的应用。为改善汽车在水平良好道路上行驶时的燃油经济性，在不改变主减速器传动比的情况下，在变速器中增设传动比小于1的超速挡，可以提高发动机的负荷率，降低百公里油耗量。

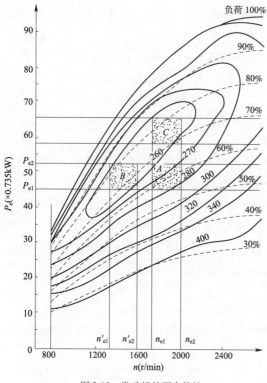

图3-10 发动机的万有特性

③主减速器传动比的影响。选择较小的主减速器传动比，在相同的车速和道路条件下，可以提高汽车的负荷率，有利于降低燃油消耗。但若主减速器传动比过小，因动力性不足，会导致汽车经常以较低挡行驶，使最小传动比挡位的利用率降低，反而使燃油消耗率增大。

④传动比与发动机的匹配。为判断传动比与发动机匹配是否合理，可以在一定使用条件下，把发动机的常用工况区与发动机万有特性图画在同一坐标系上，考察常用工况区与最低油耗区接近(重叠)情况，如图3-10所示。经运行工况调查，可知常用的车速和挡位，从中可确定相应的转速范围为 $n_{e1} \sim n_{e2}$，相应的功率范围为 $P_{e1} \sim P_{e2}$，则可在万有特性图上表示出常用工况区 A。若 A 区偏离万有特性最低油耗区，可进行调整，使常用工况位于最佳工况区 B 区或 C 区。

⑤传动系统的机械效率。传动系统效率越高，则传动过程中的功率损失越小，汽车的燃油经济性越好。

(2)行驶系统车轮的影响。

汽车车轮装用子午线胎，提高轮胎气压，是减小滚动阻力的主要途径。

试验表明：滚动阻力减少10%，油耗可降低2%。大型货车装用子午线轮胎后，滚动阻力可减少15%～30%，节油5%～8%。采用轮胎制造新技术，可使轮胎滚动阻力系数由0.016降至0.008。提高轮胎气压，可以使轮胎的变形减小，因此滚动阻力降低。但轮胎气压提高后，又带来舒适性降低、悬架动载荷增大等问题。

3）车身的影响

汽车车身形状和尺寸影响汽车行驶时的空气阻力,优化车身设计,降低空气阻力,可以提高汽车的燃油经济性。

空气阻力的大小取决于汽车迎面面积 A 和空气阻力系数 C_D。汽车迎面面积取决于汽车乘坐或完成运输任务所要求的外形尺寸。因而,减小空气阻力主要应从降低空气阻力系数着手,其主要措施有:

(1)选择合理的车身外形。

(2)对所有暴露部分进行空气动力学优选。

(3)在车身上加装各种导流装置。

4）汽车总质量的影响

汽车行驶时,除空气阻力外,汽车的滚动阻力、坡度阻力和加速阻力都与汽车总质量成正比。因此,减轻汽车整备质量,是降低油耗最有效的方法之一,其主要措施有:

(1)用优化设计的方法充分利用材料的强度,提高结构的刚度。

(2)采用高强度轻材料,如采用高强度低合金钢、铝合金、镁合金、塑料和各种纤维强化材料等制造汽车零件。

(3)改进汽车结构,如轿车采用前轮驱动、高可靠性轮胎(可以去掉备胎)、少片或单片钢板弹簧、承载式车身、空冷式发动机、二冲程发动机、绝热发动机,以及各种零件的薄壁化、复合化、小型化等;减小车身尺寸。

(4)尽量减少零件数量。

(5)取消某些附加设备及器材,大量应用质量轻的电子产品。

五、汽车制动性指标

1. 汽车制动性指标

汽车制动性指汽车能在行驶时迅速停车且维持方向稳定,并能在下长坡时控制车速及能在一定坡道上驻车的能力。汽车的制动性可以用制动效能、制动效能的恒定性和制动时汽车的方向稳定性三方面的指标评价。

(1)汽车的制动效能指汽车迅速降低车速直至停车的能力。评价汽车制动效能的指标是制动距离、制动力和制动减速度。

(2)制动效能的恒定性主要指制动器的抗热衰退能力,一般用连续制动时制动效能的保持程度来衡量。

制动过程实质上是把汽车行驶的动能通过制动器吸收转换为热能,所以造成制动器温度升高,摩擦副摩擦系数下降,摩擦力矩下降,制动力降低,难以保持在冷状态时的制动效能。因此,制动器温度升高后尽量减少冷态时制动效能的降低,已成为设计制动器时要考虑的主要问题之一。

另外,如何在使用过程中正确应对不可避免的热衰退的发生也成为汽车应用人员要掌握的主要问题。

汽车涉水后,由于制动器摩擦副被水浸湿,制动效能也会下降,这种现象称为制动器的水衰退。与鼓式制动器相比,盘式制动器暴露在外,被水浸湿后容易干燥,抗水衰退能力也就比较强。在使用中,汽车涉水后,踩几次制动踏板,有意提高制动器温度,使水分迅速蒸发,对缓解制动器的水衰退非常有效。

(3)制动时汽车的方向稳定性即制动时汽车不发生跑偏、侧滑及失去转向能力的性能。

在汽车制动时,驾驶人员期望按直线方向减速停车,但有时会出现汽车自动向左或向右偏驶的现象。制动时汽车自动偏驶的现象称为制动跑偏。制动时引起汽车跑偏的原因主要是左、右车轮的制动器制动力不等。

①在汽车制动时,如果左、右车轮的制动器制动力不等,就会引起汽车跑偏,跑偏的方向总是制动力较大的一侧。

②左右制动器制动力的差值越大,制动时间(或制动距离)越长,跑偏的程度越严重。

③左、右轮制动器制动力不等时,更容易引起制动跑偏。

制动侧滑是指制动时,汽车的某一轴车轮或全部车轮发生横向滑动的现象。制动侧滑影响汽车的操纵稳定性,尤其是高速行驶的汽车,如果后轴车轮侧滑会引起汽车剧烈的回转运动,严重时会使汽车调头甚至翻车。

车轮侧滑是由于侧向力超过了侧向附着力。在汽车制动时,随车轮滑移率的增大,侧向附着系数减小,侧滑的可能性增大。当车轮被抱死拖滑(滑移率为100%)时,侧向附着系数几乎为零,稍有侧向力就会引起侧滑。

失去转向能力是指汽车在弯道上制动时,转动转向盘也无法使汽车转向沿预定弯道制动停车的现象。

汽车转向行驶时,由于转向轮偏转,使车轴对转向轮的推力产生侧向分力,若侧向分力超过转向轮上的侧向附着力,就会引起转向轮侧滑,从而使汽车不能沿预定的方向行驶。汽车制动时,由于车轮滑移率的增大,侧向附着系数减小,因此汽车的转向能力下降;当转向轮抱死拖滑(滑移率为100%)时,侧向附着系数几乎为零,汽车将完全丧失转向能力。

2. 汽车制动性的影响因素

汽车制动性与汽车结构和使用条件有着密切联系,下面从结构措施与使用措施两方面来分析提高制动性的措施。

1)结构措施

提高汽车制动性的结构措施可分三个方面:通过提高制动力来提高制动效能;通过改进摩擦材料和制动器的结构来提高制动效能的恒定性;通过合理分配前、后轮制动器制动力来提高制动时的方向稳定性。

(1)增大制动器的制动力矩。足够的制动力矩是产生最大的地面制动力的保障,否则有大的附着力也无法利用。为增大制动器的制动力矩,在制动器结构上可采取的具体措施有:

选用摩擦系数较大的摩擦副材料,适当增大制动鼓(或制动盘)直径,适当增大制动气压或液压,保证摩擦片与制动鼓接合面大且均匀,使摩擦片半径略大于制动鼓半径等。

(2)提高制动器的抗热衰退性。制动效能的恒定性主要是指制动器的抗热衰退性。合理选择制动器的结构形式和摩擦副材料,是提高制动器抗热衰退性的主要措施。

(3)采用制动压力调节装置。采用普通制动系统(不装 ABS)的汽车,在不同路面上制动时,不可能都达到理想的制动状态。为提高汽车制动时的方向稳定性,应尽量防止后轮抱死侧滑的可能性,并尽量保持转向轮的转向能力,这就要求汽车前、后轮制动器制动力的实际分配曲线应总在理想分配曲线下方,而且实际分配曲线 β 线越接近理想分配曲线 I 线越好,某载货汽车的 β 和 I 曲线如图3-11所示。为此,在现代汽车的制动系统中装有各种压力调节装置,根据需要调节实际的前后制动器制动力分配比值,以实现上述目的。

制动系统常用的压力调节装置有限压阀、比例阀、感载限压阀、感载比例阀。

(4)采用防抱死制动系统。汽车制动过程中,车轮抱死是导致侧滑和失去转向能力的主要原因,而且车轮抱死使纵向附着系数也不能取得最大值,因此,制动时防止车轮抱死并控制车轮的滑移率,是提高汽车制动性的重要措施。在汽车紧急制动时,为防止车轮抱死,目前广泛应用防抱死制动系统,即 ABS(Anti-Lock Brake System)。

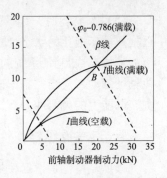

图3-11 某载货汽车的 β 和 I 曲线

ABS的功用就是在汽车制动过程中,根据车轮滑移率的变化,自动增大或减小制动系统的压力,使车轮滑移率始终保持在20%左右,以便获得最大纵向附着系数,提高汽车的制动效能。同时,也可在制动中保持较高的侧向附着系数,防止汽车侧滑或失去转向能力,提高汽车制动时的方向稳定性。

2)使用措施

(1)合理装载。在行驶速度一定时,汽车的行驶惯性随载质量的增加而增大,因此制动距离会增长。试验证明:载质量为3t的汽车,载质量每增加1t,制动距离约增长1m。此外,在汽车装载质量和装载方式不同时,由于汽车重心位置的变化,也会影响汽车制动时的方向稳定性。因此,在汽车使用中,应禁止超载,并保证装载均匀。

(2)控制行驶速度。由制动距离的计算公式(3-1)可知,制动距离随制动初速度的提高而增长。此外,随制动初速度的提高,制动器需要将更多的汽车惯性能量通过摩擦转化为热量,由于摩擦副的温度升高使制动器的热衰退增加,也会导致制动效能下降。因此,在汽车行驶中,应根据道路条件和行驶环境等适当控制车速,严禁超速。

$$S = \frac{1}{3.6}\left(t_2' + \frac{t_2''}{2}\right)v_{a0} + \frac{v_{a0}^2}{25.92 j_{\max}} \tag{3-1}$$

式中:S——制动距离,m;

t_2'、t_2''——制动器起作用时间,s;

v_{a0}——制动起始车速,m/s;

$j_{\max}$——汽车最大减速度,m/s^2。

(3)充分利用发动机辅助制动。发动机的内部摩擦和泵气损失可用来消耗汽车行驶的惯性能量,起到制动的作用。发动机辅助制动通常在减速制动或下坡需保持车速不变时使用。汽车下长坡利用发动机辅助制动时,变速器一般应挂入较低的挡位。但应注意:在紧急制动时,应脱开发动机与传动系统的连接(如踩下离合器或挂空挡),否则发动机旋转质量的惯性力会消耗部分制动力,反而对制动不利。

(4)改善道路条件。道路的附着系数不仅限制汽车最大地面制动力,而且在附着系数小的路面上制动时,汽车也容易发生侧滑或失去转向能力。因此,改善道路条件,提高其附着系数,是保证汽车制动效能充分发挥和提高制动时方向稳定性的有效措施。

(5)提高驾驶技术。驾驶技术对汽车制动性有很大影响。制动过程中,若能保持车轮接近抱死而未抱死的状态,便可获得最佳的制动效果。此外,在紧急制动时,驾驶人踩制动踏板的动作越快,制动系统的协调时间越短,可缩短制动距离。尤其在滑溜路面上,采用发动机辅助制动并适当控制车速等,尽量少踩制动,避免紧急制动,则可减小汽车制动侧滑或失去转向能力的可能性。

六、汽车操纵轻便性指标

操纵轻便性是指驾驶员操作过程中具有较小的劳动强度,包括操纵力、操作频度等。《机动车运行安全技术条件》(GB 7258—2012)对一定条件下施加在转向盘外缘的最大切向力、行车制动在产生最大作用时的踏板力、驻车制动施加于操纵装置的力均有规定。

操纵轻便性决定驾驶人工作条件,对减轻疲劳,保证行车安全具有重要作用。其主要评价指标为操纵力、操作次数、座位与调整参数及视野参数。

(1)提高汽车动力性,完善传动系统的结构。通过对发动机和传动系统的改进和优化,提高汽车的动力性,从而提高汽车的通过能力和克服各种行驶阻力的能力。在机械变速器上装用同步器,用自动变速器取代机械变速器,均可在相同的使用条件下,有效减少离合器和变速器的操纵次数,从而减轻驾驶人的疲劳强度。

(2)用液压或气压传动取代机械传动。用液压传动或气压传动代替机械传动,不仅可减少传动损失,而且在转向、制动和离合器传动机构中采用的液压或气压传动装置,均有助力作用,使驾驶人能轻松完成各项操纵作业。

(3)电控技术的应用。随着电子控制技术在汽车上的广泛应用,对提高汽车的操纵轻便性也起到了积极作用。例如,巡航控制系统、电控节气门系统的应用,使驾驶人在长途行驶中,只要道路条件和交通条件许可,即可通过简单的操纵使汽车进入巡航控制模式,驾驶人只需控制汽车的行驶方向,而不需操纵加速踏板和制动踏板,汽车就能以设定的车速自动行驶。此外,ABS系统在汽车上的应用,不仅提高了汽车的制动性,同时由于相同条件下的制动距离和制动时间缩短,也减轻了驾驶人制动操纵的疲劳强度。

七、汽车行驶平顺性和乘坐舒适性

汽车的行驶平顺性是指汽车行驶过程中,保证乘员不会因车身振动而引起不舒服和疲劳的感觉以及保持所运货物完整无损的性能。由于行驶平顺性主要根据乘员的舒适程度评价,因此又称为乘坐舒适性。

汽车行驶平顺性的评价方法,通常是根据人体对振动的生理反应及振动对保持货物完整性的影响来制订的,并用振动的物理量,如频率、振幅、加速度、加速度变化率等作为行驶平顺性的评价指标。影响汽车行驶平顺性的因素较多。

1. 悬架结构

改善平顺性的基本措施是:减小悬架刚度,降低固有频率,以减小因路面不平所引起乘员承受的加速度值。为此,需要采用软弹簧及较低轮胎气压,但悬架刚度也不宜过小。否则,会使非悬架质量高频振动幅值加大,影响操纵稳定性;还会引起紧急制动时汽车"点头"现象和转弯时车身侧倾等不良现象。

对于载荷变化较大的公共汽车和载货汽车,为满足不同载荷对悬架刚度的不同需要,常采用非线性悬架,即变刚度悬架。载荷较小时,悬架刚度较小,以避免振动频率过高而使平顺性变差;当载荷较大时,悬架刚度急剧增大,使汽车的侧倾和纵向角振动减轻。

前、后悬架的固有频率应避开激振频率,以避免出现"共振"现象。另外,由于来自路面的激振先作用于前轮,然后才作用到后轮,因此为减轻由此引起的纵向角振动,前悬架的固有频率应略低于后悬架,亦即前悬架刚度应略低于后悬架刚度。

2. 悬架阻尼

悬架系统的阻尼主要来自减振器、钢板弹簧片之间的摩擦以及轮胎变形时橡胶分子间的摩擦。其作用是迅速衰减车身振动,减小传递给乘员和货物的振动加速度,缩短振动时间,改善行驶平顺性;同时还能改善车轮与道路间的接触状况,防止车轮跳离地面,提高操纵稳定性。在使用中,应防止减振器失效及弹簧片生锈卡滞,影响汽车行驶的平顺性。

3. 轮胎

轮胎对行驶平顺性的影响主要取决于轮胎的径向刚度,适当减小轮胎径向刚度,可以改善行驶平顺性。比如,采用子午线轮胎时,由于径向刚度减小,轮胎的静挠度增加40%以上,其行驶平顺性得到改善。但轮胎刚度过低,会增大侧偏,影响汽车的操纵稳定性。在使用中,通过动平衡试验消除轮胎的动不平衡,也是保证行驶平顺性的必要措施。

4. 座椅

座椅的布置对平顺性有较大的影响。接近车身中部的座位振幅较小,前、后两端的座位振幅较大。在相同频率下,在不同座位上的乘员感受到的振动加速度就不一致。所以,轿车的座位均布置在前后轴轴距之内。载货汽车和公共汽车,为了减小前后方向的振幅,应尽量缩小座位在高度方向上与重心间的距离。

坐垫具有一定减振作用。应适当选择坐垫的刚度和阻尼,以使人—座椅系统的固有频率避开人体最敏感的频率范围(4~8Hz),同时应使阻尼系数达到0.2以上。

5. 非悬架质量

非悬架质量的大小直接影响到传递至车身上的冲击力,因而对汽车的平顺性有较大影响。非悬架质量越小,则冲击力越小;反之,将加大。非悬架质量对行驶平顺性的影响,常用非悬架质量与悬架质量之比 m/M 来评价,此比值越小,行驶平顺性越好。现代轿车的 m/M 一般在10.5%~4.5%之间。

八、通过性

在一定载质量下,汽车能以足够高的平均车速通过各种恶劣路段及无路地带和克服各种障碍的能力,称为汽车的通过性。

1. 汽车通过性指标

汽车通过性可分为轮廓通过性和牵引支承通过性。前者是表征车辆通过坎坷不平路段和障碍(如陡坡、侧坡、台阶、壕沟等)的能力;后者是指车辆能顺利通过松软土壤、沙漠、雪地、冰面、沼泽等地面的能力。

轮廓通过性主要取决于汽车通过性的几何参数,主要包括最小离地间隙、接近角、离去角、纵向通过角、最小转弯半径等,如图3-12所示。

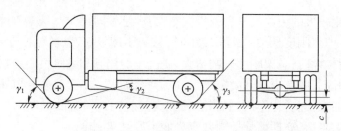

图 3-12　汽车通过性的几何参数
γ_1-接近角；γ_2-纵向通过角；γ_3-离去角；c-最小离地间隙

牵引支承通过性的主要评价指标包括最大单位驱动力、附着质量、附着质量系数及车辆接地比压等。

2. 提高通过性的结构措施

1）改善影响汽车通过性的结构因素

影响汽车通过性的结构因素很多，但主要是与驱动力和结构参数有关的结构因素。

（1）合理选择汽车的结构参数。在汽车设计时，必须合理选择汽车的结构参数，如汽车的轴距、总高、总宽、车轮半径等，以保证汽车具有足够大的最小离地间隙、接近角、离去角、纵向通过角和足够小的最小转弯半径、最大通道宽度，从而提高汽车的通过性。

（2）提高最大动力因数。在结构上，可选用动力性好的发动机、适当增大传动系统的传动比等措施，来提高汽车的最大动力因数，以提高汽车克服行驶阻力的能力，从而提高汽车的通过性。

（3）采用液力传动。在汽车上装用液力变矩器或液力耦合器，可以提高汽车在松软路面上的通过能力。与装用机械传动装置相比，在汽车起步时，采用液力传动可使驱动轮的转矩增加缓慢且平稳，驱动轮对路面产生的冲击减轻，可避免因土壤表层被破坏而导致附着系数下降，也可避免因土壤被破坏而导致的车轮下陷，从而使附着力提高、滚动阻力减小，汽车的通过性提高。

此外，采用机械传动的汽车在坏路面上行驶时，由于车速低，惯性力小，常因换挡时动力中断而停车，重新起步又因驱动轮对路面冲击大而比较困难。而采用液力传动的汽车，不需换挡就可自动变速、变转矩，可在较长时间内以低速稳定行驶，避免上述问题的发生，从而使汽车的通过性提高。

（4）改进差速器结构。汽车转弯行驶时，为保证左右驱动车轮能以不同的角速度旋转，在汽车传动系统中安装差速器。由于普通齿轮式差速器具有在驱动轮间平均分配转矩的特性，当某一驱动车轮陷入附着系数较小的路面（如泥泞或冰雪路面）上时，为防止该驱动轮滑转，另一侧车轮驱动力也会受到同样小的附着力限制，因此会大大降低汽车的通过性。

当左右驱动轮不等速运转时，差速器中机件间的摩擦作用，可使左右驱动轮得到不等的转矩。设传给差速器的转矩为 M，差速器的内摩擦力矩为 M_r，当一侧驱动轮由于附着系数较小而滑转时，另一侧位于较好路面上的驱动轮旋转较慢，得到的转矩 M_1 为：

$$M_1 = \frac{1}{2}(M + M_r)$$

可见，由于差速器的内摩擦，可使不滑转的车轮得到较大的转矩，对提高汽车的通过性是有益的。但一般齿轮式差速器内摩擦是很小的，为了增加差速器的内摩擦，越野汽车常采用高摩擦式差速器,以提高汽车通过性。

采用差速器强制锁止装置,当左右驱动轮上的附着系数相差较大时,可使附着系数较大一侧的车轮获得更大的转矩,从而提高汽车的通过性。

(5)采用驱动防滑技术。目前,在美国通用、德国宝马、日本丰田等公司的高级轿车上,装用了电脑控制的驱动防滑(ASR)系统,或称牵引控制(TC)系统。ASR系统是继防抱死制动系统(ABS)之后应用于车轮防滑的电子控制系统,其功用是防止汽车在起步、加速时和在滑溜路面上行驶时的驱动轮滑转。

驱动轮的滑转,会使驱动轮上的附着系数下降。纵向附着系数下降,会使最大的地面驱动力减小,导致汽车的起步性能、加速性能和在滑溜路面的通过性能下降。而横向附着系数下降,又会降低汽车在起步、加速或在滑溜路面上行驶时的操纵稳定性,因此,采用ASR系统控制驱动轮滑转,可提高汽车的通过性和操纵稳定性。

2)提高通过性的使用措施

(1)控制车速。行驶车速较高或车速变化时,会加重轮胎对路面的冲击,在松软路面上行驶就存在土壤遭破坏,使附着系数下降、滚动阻力增加的可能。因此,在坏路面上行驶时,以较低的车速匀速行驶,可提高汽车的通过性。

(2)正确选用轮胎。轮胎花纹对附着系数有很大影响。正确地选择轮胎花纹,对提高汽车在一定类型地面上的通过性有很大作用。越野汽车的轮胎具有宽而深的花纹,当汽车在湿路面上行驶时,由于只有花纹的凸起部分与地面接触,使轮胎对地面有较高的单位压力,足以挤出水层;而在松软地面上行驶时,轮胎下陷,嵌入土壤的花纹凸起的数目增加,与地面接触面积及土壤剪切面积都增加,因而,同样能保证有较好的附着性能。

在表面滑溜泥泞而底层坚实的道路上,选用带防滑钉的轮胎或在轮胎上套防滑链,相当于在轮胎上增加了一层高而稀的花纹,可有效提高汽车的通过性。在松软路面上选用径向刚度较小的轮胎,可减小轮胎的接地压强,增大接地面积,使汽车的通过性提高。

(3)适当调整轮胎气压。在松软路面上行驶的汽车,应相应降低轮胎的气压,以增大轮胎的接地面积,减小轮胎的接地压强,有利于提高汽车的通过性。但降低轮胎气压,在硬路面上行驶时,轮胎变形引起的滚动阻力会增大,而且会因轮胎变形过大而降低其使用寿命。

为提高汽车通过松软路面的能力,在硬路面上行驶时又不致引起过大的滚动阻力和影响轮胎寿命,可装用轮胎的中央充气系统,使驾驶人能根据道路情况,随时调节轮胎气压。

(4)正确驾驶。正确的驾驶方法也可提高汽车通过性。在通过沙地、泥泞、雪地等松软地面时,应该用低速挡,以保证车辆有较大的驱动力和较低的行驶速度。在行驶中应尽量避免换挡、加速或制动,并保持直线行驶,因为转弯时将引起前后轮辙不重合,增加滚动阻力。

车轮表面的泥土,会使附着系数降低。遇到这种情况,驾驶员适当提高车速,将车轮上的泥土甩掉。当汽车传动系统装有差速锁时,应在进入有可能使车轮滑转的路面前,就将差速器锁住。因为车轮一旦滑转后,土壤表面就会被破坏,附着系数下降,车轮也会下陷,再锁住差速器,其作用也会降低。

此外,为了提高越野汽车的涉水能力,应注意发动机的分电器总成、火花塞、曲轴箱通气口等的密封问题,并尽量提高空气滤清器和排气管口的位置。

九、汽车其他使用性能

1. 机动性

一般将车辆的机动性包括在通过性之中,车辆的机动性是指车辆在最小面积内活动的能力。它决定了驾驶员为装卸货物而移动车辆,或者在停车场地和维修车间内移动车辆时所需的场地面积、车道宽度以及驾驶员的劳动强度。机动性还影响车辆能够通过狭窄弯曲地带或绕开不可越过的障碍物的能力。评定车辆机动性的指标是最小转弯直径 R、通道宽度 A 和内轮差,如图 3-13 所示。

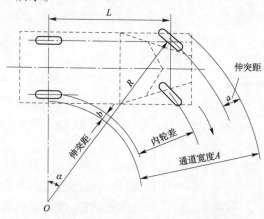

图 3-13 汽车转向时的转弯直径、通道宽度和内轮差

2. 可靠性

汽车的可靠性指汽车在规定条件下和规定时间内,完成规定功能的能力。评价汽车可靠性的常用指标:平均首次故障里程、平均故障间隔里程、故障率和当量故障率。

3. 耐久性

汽车的耐久性指在规定的使用和维修条件下,达到某种技术或经济指标极限时完成规定功能的能力。汽车的耐久性一般用汽车从投入使用到进入极限状况时的总行程或使用延续期表示。汽车耐久性的评价指标主要有:第一次大修前的平均行程、大修平均间隔里程。

第四章 汽车运行材料的使用

汽车运行材料是指汽车运行过程中使用的燃料、润滑材料、轮胎、冷却液、制动液等消耗材料。这些材料的合理使用对汽车正常工作和保持良好技术状况,延长汽车使用寿命,均有直接影响。同时,汽车运行材料的消耗费用占汽车平均成本的40%左右,合理使用并节约汽车运行材料,对提高汽车使用经济性,降低成本有重要作用。

第一节 汽车燃料的使用

目前,绝大部分汽车仍然以汽油或者柴油作为燃料,汽油用于点燃式内燃机,而柴油则用于压燃式内燃机。燃油对发动机的使用性能有很大影响。若所选用的燃油达不到发动机的要求,发动机就不能正常工作,使动力性下降,燃油消耗增加;反之,若对燃油要求过高,就会使燃油的成本增大,从而造成不必要的浪费。

一、车用汽油

车用汽油的使用性能应满足点燃式内燃机的工作需要,即在短时间内由液体状态蒸发成气体状态,并与空气均匀混合,形成良好的可燃混合气,平稳迅速燃烧,对外做功。同时,不发生气阻、爆燃、腐蚀机件等现象。

1. 汽油的性能及其评价指标

汽油的主要性能指标有:蒸发性、抗爆性、安定性、腐蚀性等。

1) 蒸发性及其评价指标

汽油由液态转化为气态的性能称为汽油的蒸发性。汽油蒸发性不好,则混合气形成不良;但是,如果汽油的蒸发性太好又会使汽油机燃油供给系产生气阻,阻碍汽油流动,并导致使用中蒸发损失增加。因此,汽油应具有适当的蒸发性。

对汽油的蒸发性影响最大的是馏程和饱和蒸气压。

(1) 馏程。

馏程是指石油产品馏程测定仪上对100mL油品蒸馏时,从初馏点到终馏点的温度范围。对汽油、柴油,是以一定馏出量(百分比)的回收温度等表示馏程的。汽油馏程以初馏点、10%馏出温度、50%馏出温度、90%馏出温度、终馏点和残留量表示。

①初馏点。对100mL汽油在规定条件下蒸馏时,得到第一滴汽油时的温度,叫作初馏点。

②10%馏出温度。对100mL汽油在规定条件下蒸馏时,得到10%(10mL)汽油馏分的温度,叫作10%馏出温度。

10%馏出温度表示汽油中含有轻质馏分的多少,对汽油机冬季起动的难易和夏季是否发生"气阻"有很大的影响。10%馏出温度过高时,汽油中所含轻质馏分少,蒸发性差,冬季或冷车不易起动;反之,则蒸发性强,易产生气阻。

国家有关标准规定各牌号汽油的10%馏出温度不得高于70℃。但10%的馏出温度也不能过低,否则,在夏季将使汽油机燃料供给系统内产生"气阻"的倾向增大,使汽油机功率下降,甚至中断供油。国家标准中未规定汽油10%馏出温度的下限,而是通过饱和蒸汽压来控制。通常,10%馏出温度不宜低于60～65℃。

汽油10%馏出温度与汽油机可能启动的最低气温的关系见表4-1。

表4-1 汽油10%馏出温度与汽油机可能起动的最低气温

可能启动的最低温度(℃)	-29	-18	-7	-5	0	5	10	15	20
10%馏出温度(℃)	36	53	71	88	98	107	115	112	128

③50%馏出温度。对100mL汽油在规定条件下蒸馏时,得到50%(50mL)汽油馏分的温度,叫作50%馏出温度。

50%馏出温度表示汽油的平均蒸发性。

50%馏出温度低时对汽油机的加速性、工作稳定性及起动后迅速升温(暖车)有利。50%蒸发温度过高时,当汽油机由低速骤然变为高速时,节气门突然开大,由于汽油蒸发量少,使可燃混合气变稀,汽油机不能发出需要的功率,导致运转不平稳,汽油机加速时间长,并在加速时车辆出现抖动现象。所以,国家有关标准中规定各牌号汽油50%馏出温度不高于120℃。

④90%馏出温度。对100mL汽油在规定条件下蒸馏时,得到90%(90mL)汽油馏分的温度,叫作90%馏出温度。

90%馏出温度反映汽油中所含不易蒸发的重质馏分的多少。

90%馏出温度低,则汽油燃烧较完全。90%馏出温度高,因含重质成分过多,汽油在点火爆发前处于未蒸发状态的数量多,在沿汽缸壁下流的同时,冲洗掉汽缸壁上的润滑油膜,稀释润滑油,导致汽缸、活塞等零件以及其他配合副机械磨损加剧。同时也造成混合气燃烧不完全,尾气排放污染增加,耗油量增加,汽油机工作不稳定。国家有关标准中规定各牌号汽油90%馏出温度不高于190℃。

⑤终馏点。对100mL汽油在规定条件下蒸馏时,蒸馏结束时的温度,叫作终馏点。它的影响与90%馏出温度一样。国家有关标准中规定各牌号汽油90%馏出温度不高于205℃。

⑥残留量。对100mL汽油在规定条件下蒸馏时,在蒸馏烧瓶内所测得残留物质占试油的体积分数,叫作残留量。

残留量表示汽油中最不易蒸发的重质成分和储存过程中生成胶状物的含量,残留量多会使燃烧室积炭增加,化油器量孔及喷孔结胶严重,影响汽油机正常工作。因此残留物应严格限制。残留量的多少用体积分数来表示,国家标准规定车用汽油残留量(V/V)应不大于1.5%或2%。

测定馏程的标准有《石油产品常压蒸馏特性测定法》(GB/T 6536—2010)和《石油产品馏程测定法》(GB 255—1977),分别用于不同规格的汽油。

(2)饱和蒸气压

饱和蒸气压是指在一定温度下,与同种物质液态处于平衡状态的蒸气所产生的压强。发动机燃料饱和蒸气压的测定,国内外普遍采用雷德法。发动机燃料与其蒸气的体积比为1:4以及在38℃时所测出的汽油蒸气的最大压力,叫作雷德饱和蒸气压。馏程是反映汽油馏分本身的蒸发性,而饱和蒸气压除反映汽油馏分本身的蒸发性外,还考虑到大气压强和环境温度的影响。汽油饱和蒸气压越高,汽油含轻馏分越多,低温下汽油机越容易起动,蒸发性越好。大气压强越低或环境温度越高,汽油饱和蒸气压也随之提高。但饱和蒸气压不能过高,过高则易产生供油系统"气阻",影响汽油机的正常工作,甚至中断供油,同时汽油储存在油罐、油箱中的蒸发损失也要增大。试验表明,汽油不产生"气阻"的最大饱和蒸气与气温的关系见表4-2。

各种气温条件下不致引起"气阻"的汽油最大饱和蒸气压　　表4-2

气温(℃)	10	16	22	28	33	38	44	49
最大饱和蒸气压(kPa)	93.3	84.0	76.0	69.3	56.0	48.7	41.3	36.7

饱和蒸气压的测定按《石油产品蒸气压的测定雷德法》(GB/T 8017—2012)或《发动机燃料饱和蒸气压测定法(雷德法)》(GB/T 257—1964)的规定进行。在国家标准中规定汽油饱和蒸气压,春夏季不得大于72kPa,秋季不得大于88kPa。

2)抗爆性及其评价指标

抗爆性指汽油在发动机中燃烧时,不发生爆燃的能力。汽油的抗爆性可用汽油的辛烷值评价。

辛烷值表示点燃式发动机燃料抗爆性的一个约定数。采用在规定条件下的标准发动机试验中与标准燃料进行比较来测定,以与被测定燃料具有相同抗爆性的标准燃料中异辛烷的体积百分数表示。

辛烷值测定有马达法辛烷值(Motor Octane Number,简称MON)和研究法辛烷值(Research Octane Number,简称RON)两种。试验方法不同时,测得的辛烷值也不同。汽油的辛烷值越高,其抗爆性越好,发动机的动力性和经济性就越好。

马达法辛烷值是在苛刻试验条件下所测得的辛烷值;研究法辛烷值是在缓和试验条件下测得的辛烷值。同一种汽油的马达法辛烷值都比研究法辛烷值低。从使用角度可认为,马达法辛烷值表示汽油机在重负荷、高转速运转条件下汽油的抗爆性。研究法辛烷值则表示汽油机在中负荷、低转速运转条件下汽油的抗爆性。测定研究法与马达法辛烷值的试验条件见表4-3。

测定研究法与马达法辛烷值的试验条件　　表4-3

试验条件	研究法	马达法
发动机转速(r/min)	600±6	900±9
曲轴箱机油黏度(100℃)(mm²/s)	9.3~12.5	
压力(kPa)	180~210	
温度(℃)	57~8.5	
冷却温度(℃)	100±1.5	
一次试验中温度变化量(℃)	±0.5	
吸入空气温度(℃)	51.7±1.1	38±1.4
吸入空气湿度(H₂O/空气)(g/kg)	3.5~7.0	
混合气温度(℃)	不控制	149±1.1
点火提前角上止点前(°)	13	
火花塞间隙(mm)	0.51±0.13	
燃料空气比	按爆燃最强调整	

我国原来用马达法辛烷值作为汽油的抗爆性指标,并以此划分汽油牌号,现在改用研究法辛烷值。为反映汽油的灵敏度,汽油规格标准采用了抗爆指数这一新指标。抗爆指数是汽油研究法辛烷值(RON)与马达法辛烷值(MON)之和的1/2,即:

$$抗爆指数(AKI) = \frac{1}{2}(RON + MON)$$

汽油辛烷值的测定一般按《汽油辛烷值测定法(马达法)》(GB/T 503—1995)和《汽油辛烷值测定法(研究法)》(GB/T 5487—2015)的规定进行。

3)安定性及其评价指标

安定性指在正常的储存与使用过程中,保持其性质不发生永久性变化的能力。安定性差的汽油易发生氧化反应,生成胶状与酸性物质,使辛烷值降低,酸值增加;在使用过程中,易生成燃烧室沉积物和进气门沉积物等,使燃油供给系统的油路、量孔、喷孔、喷油器等结胶堵塞,进气门黏着关闭不严。安定性的评价指标有:碘值、溴值、诱导期、储存安定性和实际胶质。

(1)碘值和溴值。碘值是指100g汽油和碘作用时所吸收的碘的克数;溴值是指100g汽油和溴作用时所吸收的溴的克数;碘值和溴值越小,燃料的不饱和烃含量越少,汽油的氧化安定性越好。

(2)诱导期。诱导期指在规定的加速氧化条件下,汽油处于稳定状态所经历的时间周期,以min表示。诱导期是评定汽油的抗氧化安定性的一项指标,用以表示汽油在储存期间产生氧化和形成胶质的倾向。

测定汽油诱导期的标准是《汽油氧化安定性测定 诱导期法》(GB/T 8018—2015)或《汽油诱导期测定法》(GB/T 256—1964),分别用于不同规格的汽油。

(3)储存安定性。储存安定性是指130mL汽油密封装入氧弹中,将氧弹在93℃的油浴或烘箱中保持16h,测定其吸氧量和生成胶质,用以表示汽油的储存安定性。

(4)实际胶质。实际胶质是指在规定的条件下,测得的汽油蒸发残渣中的正庚烷不溶物的含量,以mg/100mL表示。一般用来表征在使用过程中,在进气管道、化油器及进气阀上生成沉淀物的倾向的大小。实际胶质越大,汽车正常行驶里程越短。

实际胶质是判断汽油在使用过程中生成胶质的倾向,测定标准是《燃料胶质含量的测定 喷射蒸发法》(GB/T 8019—2008)或《发动机燃料实际胶质测定法》(GB/T 509—1988),分别用于不同规格的汽油。

4)腐蚀性及其评价指标

汽油的腐蚀性也称为防腐蚀性,若汽油具有腐蚀作用,就会腐蚀运输设备、储油容器和发动机零部件。在汽油中能引起腐蚀的物质是:硫及硫化物、有机酸、水溶性酸碱等。这些成分会使汽油与金属零部件发生接触时,有腐蚀作用。腐蚀性的评价指标有:硫含量、酸度、铜片腐蚀试验、水溶性酸或碱。

(1)硫含量。汽油中的硫含量是指存在于油品中的硫及其衍生物(硫化氢、硫醇、二硫化物)的含量,以质量百分比表示。

测定时按《石油产品硫含量测定法(燃灯法)》(GB/T 380—1977)的规定进行。

(2)酸度。汽油中有机酸的含量是用酸度的指标来限制的。所谓酸度,是指中和100mL

汽油中的有机酸所需氢氧化钾的毫克数,以 mgKOH/100mL 表示。

酸度测定的标准是《汽油、煤油、柴油酸度测定法》(GB/T 258—1977)。

(3)铜片腐蚀试验。铜片腐蚀试验是指在规定条件下测试油品对于铜的腐蚀趋向的试验,它用于检查汽油中是否含有游离硫化物和活性硫化物。

将一片已经磨光好的铜片浸没在一定量的试油中,并按不同的油品加热到指定的温度(燃油50℃,车辆齿轮油121℃),保持一定时间(多为3h)。待试验结束时,取出铜片,经洗涤后与腐蚀标准色板比较,确定腐蚀级别。腐蚀标准色级分为4级:1级为轻度变色;2级为中度变色;3级为深度变色;4级为腐蚀。

铜片腐蚀试验测定标准是《石油产品铜片腐蚀试验法》(GB/T 5096—1985)。

(4)水溶性酸或碱。水溶性酸或碱主要是油品中存在的无机酸、低分子有机酸和能溶于水的矿物碱等。

水溶性酸和碱的测定是按《石油产品水溶性酸及碱测定法》(GB 259—1988)进行。将 50mL 被测汽油和 50mL 中性蒸馏水注入分液漏斗中,并摇动 5min,然后澄清。待澄清后从分液漏斗下层(水层),分别放入两支 10mL 试管,然后一支试管中加入 3 滴甲基橙指示剂,若显红色或玫瑰色,说明汽油中含有水溶性酸;另一支试管中加入 3 滴酚酞指示剂,若显红色或玫瑰红色,说明汽油中含有水溶性碱。

5)清洁性及其评价指标

清洁性主要指汽油中是否含有机械杂质和水分。

机械杂质会堵塞燃油供给系统的量孔、喷孔和汽油喷射系统的喷油器,机械杂质进燃烧室会使燃烧室沉积物增加,加速汽缸壁、活塞环等的磨损。

水分对金属零件有锈蚀作用。水分混入汽油中,可破坏汽油的品质,加速汽油的氧化,并与汽油中的低分子有机酸生成酸性水溶液,腐蚀零件。

2. 汽油牌号

1)汽油牌号及标准

汽油的牌号中的数字就是汽油的辛烷值。汽油的辛烷值越高,价格越高;辛烷值过低,则会使发动机产生爆燃,影响汽车动力性、经济性,严重时会损坏发动机及其零部件。

我国 2000 年 1 月 1 日起禁止企业生产车用含铅汽油。最早的无铅汽油标准是《无铅车用汽油》(SH 0041—1993),该标准控制铅含量已达到 20 世纪 90 年代国际水平,但硫含量较美、日两国颁布的无铅汽油规格偏高。为适应汽车技术水平的发展和环保标准的要求,1999 年 7 月 1 日,我国颁布《车用无铅汽油》(GB 17930—1999),其中对含铅量、含硫量及烯烃含量提出了严格的要求,汽油铅含量不大于 0.005g/L、硫含量不大于 0.08%(m/m)、烯烃含量不大于 35%(V/V)。上述指标要求,从 2000 年 7 月 1 日至 2003 年在全国范围内,分地区、分阶段实施。车用无铅汽油的规格按研究法辛烷值(RON)分为 90 号、93 号和 95 号三个牌号。

基于我国日趋严格的机动车排放法规的要求,2006 年国家颁布了《车用汽油》(GB 17930—2006),以取代《车用无铅汽油》(GB 17930—1999)。该标准规定了由液体烃类和由液体烃类及改善使用性能的添加剂组成的车用汽油的要求和试验方法、取样及标志、包装、运输和储存。该标准车用汽油可以满足《轻型汽车污染物排放限值及测量方法(Ⅱ)》

（GB 18352.2—2001）及《轻型汽车污染物排放限值及测量方法（中国Ⅲ阶段）》（GB 18352.3—2005）的排放要求。

结合《轻型汽车污染物排放限值及测量方法（中国Ⅳ阶段）》（GB 18352.3—2005）的排放要求，2011年国家颁布了《车用汽油》（GB 17930—2011）标准，见表4-4。此标准自发布之日起实施，规定的技术要求过渡期至2013年12月31日。上述标准都规定，按研究法辛烷值将车用汽油分为90号、93号和97号三个牌号。其中97号汽油是一种抗爆性更好的优质汽油，可以应用于少数爆燃倾向严重的高压缩比的发动机。

车用汽油标准（GB 17930—2011） 表4-4

分析项目	质量指标			试验方法
	90	93	97	
抗爆性：				
研究法辛烷值（RON）	≥90	≥93	≥97	GB/T 5487
抗爆指数（RON+MON）/2	≥85	≥88	报告	GB/T 503、GB/T 5487
铅含量[①]（g/L）	≤0.005			GB/T 8020
馏程：				GB/T 6536
10%馏出温度（℃）	≤70			
50%馏出温度（℃）	≤120			
90%馏出温度（℃）	≤190			
终馏点（℃）	≤205			
残留量(%)（V/V）	≤2			
蒸气压[②]（kPa）：				GB/T 8017
从11月1日至4月30日	≤42~85			
从5月1日至10月31日	≤40~68			
溶剂洗胶质含量（mg/100mL）	≤5			GB/T 8019
诱导期（min）	≥480			GB/T 8018
硫含量[③]（mg/kg）	≤50			SH/T 0689
硫醇（满足下列要求之一）				
博士试验	通过			SH/T 0174
硫醇硫含量（m/m）(%)	≤0.001			GB/T 1792
铜片腐蚀（50℃，3h）（级）	≤1			GB/T 5096
水溶性酸或碱	无			GB/T 259
机械杂质及水分	无			目测[④]
苯含量[⑤]（V/V）(%)	≤1.0			SH/T 0713
芳烃含量[⑥]（V/V）(%)	≤40			GB/T 11132
烯烃含量[⑥]（V/V）(%)	≤28			GB/T 11132
氧含量（m/m）(%)	≤2.7			SH/T 0663

续上表

分析项目	质量指标			试验方法
	90	93	97	
甲醇含量①(m/m)(%)	≤0.3			SH/T 0663
锰含量⑦(g/L)	≤0.008			SH/T 0711
铁含量①(g/L)	≤0.01			SH/T 0712

注：①车用汽油中不得加入甲醇以及含铅或含铁的添加剂。
②允许采用 SH/T 0794，有异议时，以 GB/T 8017 测定结果为准。
③允许采用 GB/T 11140、SH/T 0253。有异议时，以 SH/T 0689 测定结果为准。
④将试样注入100mL 玻璃量筒中观察，应当透明，没有悬浮和沉降的机械杂质及水分。在有异议时，以 GB/T 511 和 GB/T 260 方法测定结果为准。
⑤允许采用 SH/T 0693，有异议时，以 SH/T 0713 测定结果为准。
⑥对于 97 号车用汽油，在烯烃、芳烃总含量控制不变的前提下，可允许芳烃的最大值为42%（体积分数）。允许采用 SH/T 0741，有异议时，以 GB/T 11132 测定结果为准。
⑦锰含量是指汽油中以甲基环戊二烯三羰基锰形式存在的总锰含量，不得加入其他类型的含锰添加剂。

国家质量监督检验检疫总局和国家标准化管理委员会于2013年12月18日发布并实施了《车用汽油》(GB 17930—2013)。该标准自发布之日起实施，实行逐步引入的过渡期要求。表4-4 为 GB 17930—2011 规定的车用汽油(Ⅳ)技术要求，过渡期至2013年12月31日，自2014年1月1日起 GB 17930—2006 中规定的车用汽油(Ⅲ)技术要求废止；表4-5 规定的车用汽油(Ⅴ)技术要求过渡期至2017年12月31日，自2018年1月1日起，GB 17930—2011 车用汽油(Ⅳ)技术要求废止。

车用汽油(Ⅴ)按研究法辛烷值分为89号、92号、95号和98号四个牌号。相应的技术要求和试验方法见表4-5、表4-6。

车用汽油(Ⅴ)的技术要求和试验方法　　表4-5

项　目	质量指标			试验方法
	89号	92号	95号	
抗爆性：				
研究法辛烷值(RON)	≥89	≥92	≥95	GB/T 5487
抗爆指数(RON+MON)/2	≥84	≥87	≥90	GB/T 503、GB/T 5487
铅含量①(g/L)	≤0.005			GB/T 8020
馏程：				GB/T 6536
10%蒸发温度(℃)	≤70			
50%蒸发温度(℃)	≤120			
90%蒸发温度(℃)	≤190			
终馏点(℃)	≤205			
残留量(体积分数)(%)	≤2			
蒸气压②(kPa)：				GB/T 8017
11月1日至4月30日	45~85			
5月1日至10月31日	40~65③			

续上表

项　目	质量指标 89号	质量指标 92号	质量指标 95号	试验方法
胶质含量(mg/100mL) 　未洗胶质含量(加入清净剂前) 　溶剂洗胶质含量		≤30 ≤5		GB/T 8019
诱导期(min)		≥480		GB/T 8018
硫含量④(mg/kg)		≤10		SH/T 0689
硫醇(满足下列指标之一,即判断为合格): 　博士试验 　硫醇硫含量(质量分数)(%)		通过 ≤0.001		SH/T 0174 GB/T 1792
铜片腐蚀(50℃,3h)/级		≤1		GB/T 5096
水溶性酸或碱		无		GB/T 259
机械杂质及水分		无		目测⑤
苯含量⑤(体积分数)(%)		≤1.0		SH/T 0713
芳烃含量⑥(体积分数)(%)		≤40		GB/T 11132
烯烃含量⑦(体积分数)(%)		≤24		GB/T 11132
氧含量(质量分数)(%)		≤2.7		SH/T 0663
甲醇含量①(质量分数)(%)		≤0.3		SH/T 0663
锰含量①(g/L)		≤0.002		SH/T 0711
铁含量①(g/L)		≤0.01		SH/T 0712
密度⑧(20℃)(kg/m³)		720~775		GB/T 1884、GB/T 1885

注:①车用汽油中,不得人为加入甲醇以及含铅、含铁和含锰的添加剂。

②也可采用 SH/T 0794,在有异议时,以 GB/T 8017 测定结果为准。

③广东、广西和海南全年执行此项要求。

④也可采用 GB/T 11140、SH/T 0253、ASTM D7039,在有异议时,以 GB/T 0689 方法测定结果为准。

⑤将试样注入 100mL 玻璃量筒中观察,应当透明,没有悬浮和沉降的机械杂质和水分。在有异议时,以 GB/T 511 和 GB/T 260 方法测定结果为准。

⑥也可采用 SH/T 0693,在有异议时,以 SH/T 0713 方法测定结果为准。

⑦对于 95 号车用汽油,在烯烃、芳烃总含量控制不变的前提下,可允许芳烃的最大值为 42%(体积分数)。也可采用 NB/SH/T 0741,在有异议时,以 GB/T 11132 方法测定结果为准。

⑧密度允许用 SH/T 0604 方法测定,在有异议时,以 GB/T 1884、GB/T 1885 方法测定结果为准。

98 号车用汽油(V)的技术要求和试验方法　　　表4-6

项　目	质量指标	试验方法
抗爆性: 　研究法辛烷值(RON) 　抗爆指数(RON+MON)/2	 ≥98 ≥93	 GB/T 5487 GB/T 503、GB/T 5487
铅含量①(g/L)	≤0.005	GB/T 8020

续上表

项　　目	质量指标	试验方法
馏程： 　10%蒸发温度(℃) 　50%蒸发温度(℃) 　90%蒸发温度(℃) 　终馏点(℃) 　残留量(体积分数)(%)	 ≤70 ≤120 ≤190 ≤205 ≤2	GB/T 6536
蒸汽压②(kPa) 　11月1日至4月30日 　5月1日至10月31日	 45～85 40～65③	GB/T 8017
胶质含量(mg/100mL) 　未洗胶质含量(加入清净剂前) 　溶剂洗胶质含量	 ≤30 ≤5	GB/T 8019
诱导期(min)	≥480	GB/T 8018
硫含量④(mg/kg)	≤10	SH/T 0689
硫醇(满足下列指标之一，即判断为合格)： 　博士试验 　硫醇硫含量(质量分数)(%)	 通过 ≤0.001	 SH/T 0174 GB/T 1792
铜片腐蚀(50℃,3h)/级	≤1	GB/T 5096
水溶性酸或碱	无	GB/T 259
机械杂质及水分	无	目测⑤
苯含量⑥(体积分数)(%)	≤1.0	SH/T 0713
芳烃含量⑦(体积分数)(%)	≤40	GB/T 11132
烯烃含量⑦(体积分数)(%)	≤24	GB/T 11132
氧含量(质量分数)(%)	≤2.7	SH/T 0663
甲醇含量①(质量分数)(%)	≤0.3	SH/T 0663
锰含量①(g/L)	≤0.002	SH/T 0711
铁含量①(g/L)	≤0.01	SH/T 0712
密度⑧(20℃)(kg/m³)	720～775	GB/T 1884、GB/T 1885

注：①车用汽油中，不得人为加入甲醇以及含铅、含铁和含锰的添加剂。
　　②也可采用 SH/T 0794，在有异议时，以 GB/T 8017 测定结果为准。
　　③广东、广西和海南全年执行此项要求。
　　④也可采用 GB/T 11140、SH/T 0253、ASTM D7039，在有异议时，以 SH/T 0689 方法测定结果为准。
　　⑤将试样注入 100mL 玻璃量筒中观察，应当透明，没有悬浮和沉降的机械杂质和水分。在有异议时，以 GB/T 511 和 GB/T 260 方法测定结果为准。
　　⑥也可采用 SH/T 0693，在有异议时，以 SH/T 0713 方法测定结果为准。
　　⑦对于 98 号车用汽油，在烯烃、芳烃总含量控制不变的前提下，可允许芳烃的最大值为 42%(体积分数)。也可采用 NB/SH/T 0741，在有异议时，以 GB/T 11132 方法测定结果为准。
　　⑧密度允许用 SH/T 0604 方法测定，在有异议时，以 GB/T 1884、GB/T 1885 方法测定结果为准。

2）乙醇汽油牌号及标准

国家质量技术监督局于2013年10月10日发布，2014年1月1日实施了《车用乙醇汽油（E10）》（GB 18351—2013）代替《车用乙醇汽油（E10）》（GB 18351—2010）。《车用乙醇汽油（E10）》（GB 18351—2013）中要求"车用乙醇汽油中所使用的添加剂应无公认的有害作用，并按推荐的适宜用量使用。车用乙醇汽油中不应含有任何可导致汽车无法正常运行的添加剂和污染物"。

乙醇汽油是指在不添加含氧化合物的液体烃类中加入一定量变性燃料乙醇及改善使用性能的添加剂后组成；乙醇加入量（V/V）为10%。变性燃料乙醇是指加入变性剂后不能饮用，只作燃料用的乙醇。

车用乙醇汽油（E10）按研究法辛烷值分为90号、93号和97号三个牌号。《车用乙醇汽油（E10）》（GB 18351—2013）的其他技术要求见表4-7。

车用乙醇汽油（E10）技术要求和试验方法　　　　表4-7

项 目	质量指标			试验方法
	90号	93号	97号	
抗爆性：				
研究法辛烷值（RON）	≥90	≥93	≥97	GB/T 5487
抗爆指数（RON+MON）/2	≥85	≥88	报告	GB/T 503、GB/T 5487
铅含量[①]（g/L）	≤0.005			GB/T 8020
馏程：				GB/T 6536
10%蒸发温度（℃）	≤70			
50%蒸发温度（℃）	≤120			
90%蒸发温度（℃）	≤190			
终馏点（℃）	≤205			
残留量（体积分数）（%）	≤2			
蒸汽压[②]（kPa）：				GB/T 8017
11月1日至4月30日	42~85			
5月1日至10月31日	40~68			
胶质含量（mg/100mL）				GB/T 8019
未洗胶质含量（加入清静剂前）	≤30			
溶剂洗胶质含量	≤5			
诱导期（min）	≥480			GB/T 8018
硫含量（质量分数）[③]（mg/kg）	≤50			SH/T 0689
硫醇（满足下列指标之一，即判断为合格）：				
博士试验	通过			SH/T 0174
硫醇硫含量（质量分数）（%）	≤0.001			GB/T 1792
铜片腐蚀（50℃，3h）/级	≤1			GB/T 5096
水溶性酸或碱	无			GB/T 259
机械杂质	无			目测[④]

续上表

项　　目	质量指标			试验方法
	90 号	93 号	97 号	
水分（质量分数）(%)	≤0.20			SH/T 0246
乙醇含量（体积分数）(%)	10.0±2.0			SH/T 0663
其他有机含氧化合物（质量分数）⑤(%)	≤0.5			SH/T 0663
苯含量（体积分数）⑥(%)	≤1.0			SH/T 0693
芳烃含量（体积分数）⑦(%)	≤40			GB/T 11132
烯烃含量（体积分数）⑦(%)	≤28			GB/T 11132
锰含量⑧(g/L)	≤0.008			SH/T 0711
铁含量①(g/L)	≤0.010			SH/T 0712

注：①车用乙醇汽油（E10）中，不得认为加入含铅或含铁的添加剂。
②允许采用 SH/T 0794 进行测定，在有异议时，以 GB/T 8017 测定结果为准。
③允许采用 GB/T 11140、SH/T 0253 进行测定，在有异议时，以 SH/T 0689 方法测定结果为准。
④将试样注入 100mL 玻璃量筒中观察，应当透明，没有悬浮和沉降的机械杂质及分层。在有异议时，以 GB/T 511 方法测定结果为准。
⑤不得人为加入。允许采用 SH/T 0720 进行测定。有异议时，以 SH/T 0663 测定结果为准。
⑥允许采用 SH/T 0713 进行测定。在有异议时，以 SH/T 0693 方法测定结果为准。
⑦对于 97 号车用乙醇汽油（E10），在烯烃、芳烃总含量控制不变的前提下，可允许芳烃的最大值为 42%（体积分数）。允许采用 NB/SH/T 0741 进行测定。在有异议时，以 GB/T 11132 方法测定结果为准。
⑧锰含量是指车用乙醇汽油（E10）中以甲基环戊二烯三羰基锰形式存在的总锰含量，不得加入其他类型的含锰添加剂。

3. 汽油的选用

汽油的选用应根据汽车使用说明书推荐的牌号，并结合汽车的使用条件，以发动机不发生爆燃为原则。在一般情况下，发动机的压缩比是选择汽油牌号的主要依据，二者的关系可参考表 4-8。在发动机不发生爆燃的条件下，应尽量选用低牌号汽油。若辛烷值过低，就会使发动机产生爆燃；如果辛烷值过高，不仅会造成经济上的浪费，还会因高辛烷值汽油着火慢，燃烧时间长，而使热功转换不充分，同时还会因排放废气温度过高而烧坏排气门或排气门座。

发动机压缩比与汽油牌号　　　　　　表 4-8

发动机压缩比	车用无铅汽油编号（RON）				
	90 号	93 号	95 号	97 号	98 号
7.5~8.0	√	√			
8.0~8.5		√	√		
8.5~9.0			√	√	
9.0~9.5				√	√
9.5~10.0					√

汽油选用时还应该注意以下几点：
（1）根据汽车使用说明书推荐的牌号，结合使用条件以不发生爆燃为原则。通常压缩比

越大,汽油的牌号越高。造成发动机爆燃的原因除与所使用汽油的抗爆性有关外,还与发动机结构及使用中的多种因素有关。当代汽车发动机的结构正在不断趋于完善,很多压缩比超过8.0的汽油发动机,使用90号汽油仍能正常工作。

(2)国产汽油实测辛烷值一般比标定值高一个多单位,因此对要求使用91(RON)号汽油的汽车[国外汽车所装用的汽油机压缩比大多在8~9之间,要求使用91(RON)号汽油]一般均可使用国产90(RON)号汽油。只有当90(RON)号汽油不能满足使用要求时,才应选用93(RON)或97(RON)号汽油。

(3)平原到高原,辛烷值可适当降低。汽车在海拔较高的地区使用时,因空气密度小,压缩终了的汽缸压力和温度均较低,不易发生爆燃,因此汽油的辛烷值可相应降低。当汽车从平原驶到高原时,若未换低牌号汽油,可把点火适当提前。

(4)大负荷、低转速下工作时,可选较高辛烷值汽油。

(5)根据季节选择汽油的蒸发性,冬季应选择蒸气压大的汽油,夏季应选择蒸气压较小的汽油。

(6)汽油中不能掺入煤油或柴油。煤油或柴油会严重影响汽油品质,使其蒸发性变差。部分汽车汽油发动机主要技术特性和要求的汽油牌号见表4-9。

部分汽车汽油发动机主要技术特性和要求的汽油牌号　　　　表4-9

汽车型号	发动机型号 结构特征	功率/转速 [kW(r/min)]	排量(L)	压缩比	无铅汽油牌号
北京 BJ2020SG	BY492QS	62.5/3800	2.45	9.2	90
上海桑塔纳2000	闭环电控多点喷射	72/5200	1.80	9.0	>90
奥迪200(C3V6FL)	v6,电控多点喷射	102/5500	2.598	9.0	93
奥迪 A6	配备三元催化转化器的电控多点喷射	140/6000	2.771	10.1	97
捷达 GT	EAl33 电控多点喷射	74/5800	1.595	8.5	90
红旗 CA7220E	CA488 电控多点喷射	73.5/5200	2.194	9.0	90
富康	JU5JP/K1.6L电控多点喷射	65/5600	1.587	9.6	90
雅阁(2.0)	F20B1	108/6000	2.0	9.1	93

二、车用柴油

柴油按照国家标准分为轻柴油、重柴油、军用柴油等,汽车用柴油机属高速柴油机,所用柴油为轻柴油。

柴油机可燃混合气在燃烧室内采用压燃的着火方式,可燃混合气的形成与燃烧过程与汽油机不同,较特殊的方面是低温流动性和燃烧性。

1. 柴油的使用性能及其指标

柴油是在活塞压缩行程上止点前,由高压油泵产生高压并通过喷油器喷入汽缸的高温高压空气中自行发火燃烧的。因此,要求柴油容易自燃发火,具有良好的低温流动性及适当的黏度和馏分组成。

1)低温流动性及其评价指标

柴油的低温流动性是指柴油在低温条件下具有一定的流动状态的性能。柴油中含有一部分为石蜡,通常在柴油中呈溶解状态存在。当温度降低时,石蜡开始结晶析出,形成石蜡结晶网络,这种网络延展到全部柴油中,使液体流动阻力增加,供油减少,严重时(−18~−20℃)甚至失去流动性,中断供油。评价柴油低温流动性的指标有凝点、浊点、冷凝点等。

(1)凝点。凝点指柴油在规定条件下冷却至失去流动能力的最高温度。柴油的凝点直接决定其使用的温度条件,据此划分轻柴油牌号。

我国凝点的测定标准是《石油产品凝点测定法》(GB 510—1983)。

(2)浊点。浊点指在规定条件下,柴油冷却至由于蜡晶体出现而呈雾状或浑浊时的温度。柴油达到浊点后虽未失去流动性,但在燃料供给系统中容易造成油路堵塞,使供油量减少。但浊点不是柴油使用的最低温度。

浊点的测定标准是《石油产品浊点测定法》(GB/T 6986—2014)。

(3)冷滤点。冷滤点指在规定条件下,20mL柴油开始不能通过过滤器时的最高温度。由于冷滤点测定的条件近似于使用条件,所以冷滤点与柴油的实际使用最低温度有良好的对应关系,可作为根据气温选用柴油牌号的依据。

柴油冷滤点的测定标准是《柴油和民用取暖油冷滤点测定法》(SH/T 0248—2006)。

柴油的密度和黏度都要比汽油大。因此,柴油的低温流动性决定柴油机燃料供给系统在寒冷气候下能否正常供油。通常改进柴油低温流动性有三条途径,即脱蜡、向柴油中调入二次加工馏分的煤油和向柴油中加流动性能改进剂。其中,添加流动性能改进剂是国内外目前常用的方法。

此外,柴油的低温流动性,还关系到柴油在低温下的储存、运输、倒装等作业。

2)燃烧性及其评价指标

柴油的燃烧性指柴油的发火性,即柴油自燃的能力。

当燃料热到一定程度,不用点火便能自行着火燃烧的温度称为燃料的自燃点。燃烧性良好的柴油,其自燃点低,在燃烧室内易于形成高密集度的过氧化物,成为着火中心,故着火延迟期短,整个燃烧过程发热均匀,气体压力升高率平缓,发动机运转平稳。

柴油燃烧性的评价指标是柴油的十六烷值。十六烷值高,燃烧性能好,其自燃点就越低。柴油喷入燃烧室,在高温高压下易于形成高密集的过氧化物,成为着火中心,使着火延迟期短,整个燃烧过程发热均匀,汽缸压力升高平缓,最高压力也较低。但十六烷值太高时,柴油低温流动性、雾化和蒸发性能均会变差。因此,通常要求柴油的十六烷值在40~60之间。

柴油的十六烷值应与柴油机的结构相适应。选择柴油十六烷值的主要依据是柴油机转速,转速越高,燃料在汽缸中燃烧的时间越短,同时对十六烷值的要求也越高。柴油机转速在1500~3000r/min,十六烷值范围最好是45~55。通常提高柴油十六烷值的方法,一是用硫酸或选择溶剂除去柴油中的芳香烃,二是添加十六烷值改进剂。

十六烷值的测定标准是《柴油十六烷值测定法》(GB/T 386—2010)。

3)雾化和蒸发性及其评价指标

柴油机喷油持续时间和混合气形成时间极为短促,柴油的雾化和蒸发性决定了混合气形成的速度和品质。若雾化和蒸发性差,可能产生发动机难以起动、油耗和排放污染物增加等;若柴油的雾化和蒸发性过强,则储存和运输中蒸发损失大,安全性差。

柴油机为了保证动力性和燃油经济性的要求,可燃混合气的形成过程必须在活塞位于压缩行程上止点附近迅速完成,喷油持续时间极为短促,只有15°~30°的曲轴转角,可燃混合气形成时间只有汽油机的1/30~1/20,在已定的燃烧室和喷油设备条件下,柴油的雾化和蒸发性决定了混合气形成的质量和速度。因此,要求柴油有较强的雾化和蒸发性。虽然馏分轻一些对柴油工作有许多好处,但馏分过轻的柴油往往十六烷值偏低,滞燃期长,而且蒸发速度快,使在滞燃期喷入汽缸的柴油全部参加燃烧,造成汽缸内压力迅速升高,易产生工作粗暴现象。

评定柴油雾化和蒸发性的主要指标是运动黏度、馏程、闪点和密度。

(1)运动黏度。运动黏度是表示液体在重力作用下流动时内摩擦力的量度。其值为相同温度下液体的动力黏度与其密度之比,在国际单位制中以 m^2/s 为单位。柴油规格中要求测定20℃的运动黏度。

运动黏度不仅影响柴油的流动性,更主要的是影响柴油的雾化质量。柴油通过喷油器的高压喷射,使喷入燃烧室的柴油被粉碎成数以百万计的细小雾粒,雾粒平均直径小,说明柴油被雾化得好。实践证明,运动黏度高会降低雾化的细度,使雾化质量变差;但运动黏度又不宜过小,否则喷入燃烧室内的喷柱射程短,喷柱锥角大,没有足够的贯穿深度,混合气的燃烧将在喷油器喷口处进行,由于局部缺乏氧气,导致燃烧不完全,柴油机功率下降。同时,黏度过小又会影响偶合件的可靠润滑,引起磨损加剧。

在柴油的规格中,对每种牌号的柴油,其运动黏度都规定了一个范围值。

运动黏度的测定标准是《石油产品运动黏度测定法和动力黏度计算法》(GB/T 265—1988)。

(2)柴油馏程。柴油馏程采用50%馏出温度、90%馏出温度和95%馏出温度。

50%馏出温度越低,说明柴油轻质馏分多,蒸发速度越快,雾化质量好,柴油机就越易起动。柴油50%馏出温度与起动时间的关系见表4-10。

柴油50%馏出温度与起动时间的关系　　　　表4-10

项　目	参　数				
柴油50%馏出温度(℃)	200	225	250	275	285
柴油机的起动时间(s)	8	10	27	60	90

90%馏出温度和95%馏出温度越低,说明柴油中重质馏分少,混合气雾化状态好,燃烧完全,不仅提高了柴油机的动力性,减少了机械磨损,还避免了柴油机过热,降低油耗。

柴油馏程的测定标准是《石油产品常压蒸馏特性测定法》(GB/T 6536—2010)。

(3)闪点。闪点是石油产品在规定条件下加热,其蒸气与周围空气形成的混合气接触火焰发生瞬间闪火时的最低温度。闪点低说明柴油中轻质馏分多,蒸发性好;但也不能过低,否则,轻馏分过多,蒸发过快,造成汽缸压力突然上升,引起柴油机工作粗暴,在使用中不安全。

闪点根据测定仪器的不同有开口闪点和闭口闪点两种。用规定的闭口杯闪点测定器所测得的闪点,叫作闭口闪点。闭口闪点用于低闪点的油品,如车用轻柴油。用规定的开口杯闪点测定器所测得的闪点,叫作开口闪点。开口闪点用于高闪点的油品,如发动机油、车辆齿轮油。

闪点的测定标准是《闪点的测定宾斯基—马丁闭口杯法》（GB/T 261—2008）。

(4)密度。柴油的密度过大将使雾化质量差，不能形成良好的混合气，使燃烧条件变差，排气冒黑烟。柴油的密度增大就意味着芳香烃含量多，将导致柴油机工作粗暴。

柴油密度的测定标准是《原油和液体石油产品密度实验室测定法（密度计法）》（GB/T 1884—2000）。

4) 安定性及其评价指标

柴油的安定性指柴油在储存、运输和使用过程中保持其外观颜色、组成和使用性能不变的能力。

柴油的安定性不好，就会氧化结胶，在燃烧室内生成积炭、胶状沉积物，附在活塞顶和气门上，甚至造成气门关闭不严。同时，还易使燃油滤清器堵塞，在喷油器针阀上生成漆状沉积物，造成针阀黏滞，形成积炭，使喷雾恶化，甚至中断供油，干扰正常燃烧，从而使排放污染增加。

影响柴油安定性的主要因素是柴油中所含的不安定组分，主要是二烯烃、烯烃等不饱和烃。柴油的馏分过重，环烷芳烃和胶质含量增加，安定性也会变差。直馏柴油的安定性很高，二次调和加工组分的柴油，因烯烃和芳烃含量多，所以安定性较差。

评定柴油安定性的指标是碘值、色度、氧化安定性、实际胶质和10%蒸余物残炭。

(1)碘值。碘值是评定柴油中不饱和烃的含量的指标。以100g试样所能吸收碘的克数表示碘值，再根据碘值的平均分子量计算出试样中不饱和烃的含量。

测定时，按《轻质石油产品碘值和不饱和烃含量测定法（碘—乙醇法）》（SH/T 0234—1992）的规定进行。

(2)色度。色度是根据柴油颜色的深浅（用色号表示），直观地反映其馏分的轻重和安定性的指标。

测定方法按《石油产品颜色测定法》（GB/T 6540—1986）的规定进行。标准色板从0.5到8.0共16个色号（每0.5为一个色号），颜色从浅到深。车用柴油要求色号不大于3.5号。

(3)氧化安定性。氧化安定性是指100mL柴油在规定条件下所形成总不溶物的毫克数，以mg/100mL表示。测定时按《馏分燃料油氧化安定性测定法（加速法）》（SH/T 0175—2004）的规定进行。

(4)实际胶质。实际胶质的概念和测定标准与汽油相同。

(5)10%蒸余物残炭。柴油在馏程试验中馏出90%以后的蒸余物作为试样，所测得的油品在裂解中所形成的残余物，用质量分数表示，叫作10%蒸余物残炭。测定时按《石油产品残炭测定法（康氏法）》（GB/T 268—1987）的规定进行。

10%蒸余物残炭与柴油的馏分和精制程度有关。馏分轻，精制程度深，则残炭值小，在柴油机燃烧室中生成积炭的倾向就小。国家有关标准中规定10%蒸余物残炭一般不大于0.3%。

5) 腐蚀性及其评价指标

柴油中的腐蚀性物质有硫、硫醇硫、有机酸、水溶性酸或碱。由于柴油属于中等馏分油，其中硫、硫醇硫的含量相对较多，对零件的腐蚀作用强，而且会促进发动机沉积物的形成。

（1）硫。柴油中的硫经燃烧后生成硫的氧化物，与水反应生成腐蚀性的酸性物质，在高温的工作条件下，加速了汽缸壁、排气管的腐蚀磨损。表4-11为不同硫含量对柴油机磨损的影响。

为不同硫含量对柴油机磨损的影响　　　　表4-11

试验方法	硫含量(m/m)(%)	活塞环失重(g)	汽缸上部磨损(μm)
500h 台架试验	0.12	0.12	12
	0.34	0.35	19
	0.57	0.66	40
26000km 汽车试验	0.12	1.37	76
	0.34	1.60	147
	0.57	3.20	343

（2）酸度。车用柴油酸度太高，会使喷油器结焦，高压油泵柱塞磨损加大，燃烧室积炭增加，发动机功率下降。

柴油的腐蚀性指标是硫含量、硫醇硫含量、酸度和铜片腐蚀试验等。评定柴油腐蚀性指标的测定标准与汽油的相同。

6）清洁性及其评价指标

柴油清洁性的评定项目是水分、灰分和机械杂质。

柴油机燃料供给系有许多精密偶件，若柴油中混入坚硬的杂质，就会堵塞油路并使件产生磨料磨损。

灰分是指不能燃烧的机械杂质和溶于燃料中的有机酸、无机酸和盐类经过煅烧后所剩余的物质。这些物质沉积在燃烧室中能起磨料作用，会加快汽缸壁与活塞环的磨损。所以国家有关标准对车用柴油规定灰分不大于0.01%。

柴油中含有水分过多时，不仅在冬季会结冰引起供油系统堵塞，还会加剧有机酸对金属的腐蚀；柴油中含有机械杂质，除引起供油系统堵塞外，还将加剧喷油泵柱塞、喷油器针阀与针阀座等精密偶件的磨损，甚至造成喷油泵柱塞和喷油器的针阀卡死。因此，柴油中应严格控制水分、机械杂质的存在。

2. 柴油牌号

轻柴油的牌号是按照凝点划分的。《车用柴油Ⅴ》(GB 19147—2013)按凝点将其分为5号、0号、-10号、-20号、-35号和-50号六个牌号。0号柴油表示其凝点不高于0℃，其余依此类推。

《车用柴油(Ⅴ)》(GB 19147—2013)，于2013年2月7日开始实施，车用柴油(Ⅴ)技术标准和试验方法见表4-12。

车用柴油(Ⅴ)技术标准和试验方法　　　　表4-12

项　目	5号	0号	-10号	-20号	-35号	-50号	试验方法
氧化安定性总不溶物(mg/100mL)	≤2.5						SH/T 0175
硫含量(mg/kg)	≤10						SH/T 0689
酸度(以KOH计)(mg/100mL)	≤7						GB/T 258

续上表

项目	5号	0号	-10号	-20号	-35号	-50号	试验方法
10%蒸余物残炭(质量分数)(%)			≤0.3				GB/T 268
灰分(质量分数)(%)			≤0.01				GB/T 508
铜片腐蚀(50℃,3h)(级)			≤1				GB/T 5096
水分(体积分数)(%)			≤痕迹				GB/T 260
机械杂质			无				GB/T 511
润滑性 校正磨痕直径(60℃)(μm)			≤460				SH/T 0765
多环芳烃含量(质量分数)(%)			≤11				SH/T 0606
运动黏度(20℃)(mm²/s)	3.0~8.0		2.5~8.0		1.8~7.0		GB/T 265
凝点(℃)	≤5	≤0	≤-10	≤-20	≤-35	≤-50	GB/T 510
冷滤点(℃)	≤8	≤4	≤-5	≤-14	≤-29	≤-44	SH/T 0248
闪点(闭口)(℃)	≥55		≥50		≥45		GB/T 261
十六烷值	≥51		≥49		≥47		GB/T 386
十六烷指数	≥46		≥46		≥43		SH/T 0694
馏程							GB/T 6536
50%回收温度(℃)			≤300				
90%回收温度(℃)			≤355				
95%回收温度(℃)			≤365				
密度(20℃)(kg/m³)	810~850			790~840			GB/T 1884 GB/T 1885
脂肪酸甲酯(体积分数)(%)			≤1.0				GB/T 23801

3. 柴油的选用

1) 柴油选用的原则

轻柴油的牌号应根据风险率为10%的最低气温进行选择。

各地区风险率为10%的最低气温,见表4-13。某月风险率为10%的最低气温值,表示该月中最低气温低于该值的概率为0.1。风险率为10%的最低气温不仅是选择柴油牌号的依据,也是选择发动机润滑油、车辆齿轮润滑油和制动液的依据。

选择轻柴油牌号时,一般应使最低使用温度等于或略高于轻柴油的冷滤点。应满足以下条件:

(1) 5号轻柴油:适用于风险率为10%的最低气温在8℃以上的地区使用。

(2) 0号轻柴油:适用于风险率为10%的最低气温在4℃以上的地区使用。

(3) -10号轻柴油:适用于风险率为10%的最低气温在-5℃以上的地区使用。

(4) -20号轻柴油:适用于风险率为10%的最低气温在-14℃以上的地区使用。

(5) -35号轻柴油:适用于风险率为10%的最低气温在-29℃以上的地区使用。

(6) -50号轻柴油:适用于风险率为10%的最低气温在-44℃以上的地区使用。

各地区一年内风险率为10%的最低气温(单位:℃)　　　　表4-13

地　区	1月	2月	3月	4月	5月	6月	7月	8月	9月	10月	11月	12月
河北省	-14	-13	-5	1	8	14	19	17	9	1	-6	-12
山西省	-17	-16	-8	-1	5	11	15	13	6	-2	-9	-16
内蒙古自治区	-43	-42	-35	-21	-7	1	1	1	-8	-19	-32	-41
黑龙江省	-44	-42	-35	-20	-6	1	7	1	-6	-20	-35	-43
吉林省	-29	-27	-17	-6	L	8	14	12	2	-6	-17	-26
辽宁省	-23	-21	-12	-1	6	12	18	15	6	2	-12	-20
山东省	-12	-12	-5	2	8	14	19	18	11	4	-4	-10
江苏省	-10	-9	-3	3	11	15	20	20	12	5	-2	-8
安徽省	-7	-7	-1	5	12	16	20	20	12	5	-2	-8
浙江省	-4	-3	1	6	13	17	22	21	15	8	2	-3
江西省	-2	-2	3	9	15	20	23	23	18	12	4	0
福建省	-1	-2	3	8	14	18	21	20	15	8	1	-3
台湾省	3	0	2	8	10	16	19	19	13	10	1	2
广东省	1	2	7	12	18	21	23	23	20	13	7	2
海南省	9	10	15	19	22	24	24	23	23	19	15	12
广西壮族自治区	3	3	8	12	18	21	23	23	19	15	9	4
湖南省	-2	-2	3	9	14	18	22	21	16	10	4	-1
湖北省	-6	-4	0	6	12	17	21	20	14	8	1	-4
河南省	-10	-9	-2	4	10	15	20	18	11	4	-3	-8
四川省	-21	-17	-11	-7	-2	L	2	1	0	-7	-14	-19
贵州省	-6	-6	-1	3	7	9	12	11	8	4	-1	-4
云南省	-9	-8	-6	-3	1	5	7	7	5	1	-5	-8
西藏自治区	-29	-25	-21	-15	-9	-3	-1	0	-6	-14	-22	-29
新疆维吾尔自治区	-40	-38	-28	-12	-5	-2	0	-2	-6	-14	-25	-34
青海省	-33	-30	-25	-18	-10	-6	-3	-4	-6	-16	-28	-33
甘肃省	-23	-23	-16	-9	-1	3	5	5	0	-8	-16	-22
陕西省	-17	-15	-6	-1	5	10	15	12	6	-1	-9	-15
宁夏回族自治区	-21	-20	-10	-4	2	6	9	8	3	-4	-12	-19

2)柴油选用的注意事项

(1)依据柴油使用地区月风险率10%的最低气温选用柴油牌号。

风险率10%的最低气温应高于柴油的冷滤点,柴油的冷滤点一般高于凝点4~6℃,柴油的凝点应比该最低气温低4~6℃。

(2)在气温允许的情况下尽量选用高牌号柴油。

(3)注意季节气温变化对燃油的影响。

(4)不同牌号的柴油可掺兑使用,以改变其凝点。

三、汽车新能源

开发和利用低排放的新能源汽车,已成为世界许多国家减少汽车对石油资源过度依赖,保证本国能源安全和实现汽车工业可持续发展的基本战略之一。汽车新能源包括压缩天然气(CNG)、液化天然气(LNG)、液化石油气(LPG)、甲醇、乙醇、二甲醚(DME)、电能、氢能等。

车用燃料的物理化学特性见表4-14。

车用燃料的主要物理化学特性　　　　　　　　表4-14

燃料种类 项目	柴油	汽油	甲醇	乙醇	LPG	CNG	DME
化学组成	$C_{15}H_{28}$	C_7H_{15}	CH_4O	C_2H_6O	C_3H_9	CH_4	C_2H_6O
分子量	208	99	32	46	45	16	46
C(m/m)(%)	86.1	84.9	37.5	52.2	80.0	75.0	52.2
H(m/m)(%)	13.9	15.1	12.5	13.0	20.0	25.0	13.0
O(m/m)(%)	0	0	50.0	34.8	0	—	34.8
液态密度(20℃)(kg/mL)	0.840	0.740	0.795	0.790	0.540	—	0.668
低热值(MJ/kg)	42.7	42.5	19.7	26.8	46.0	47.7	28.4
蒸发热(Kj/MJ)	~6.0	~8.0	56.4	33.8	8.6	—	14.4
研究法辛烷值	—	95	>110	>100	~100	~130	—
十六烷值	45~55	—	—	—	—	—	55~60

1. 天然气

天然气(Natural Gas,简称NG)是开采的以甲烷为主要成分的天然气体。按其存在形式分为压缩天然气(Compressed Natural Gas,简称CNG)和液化天然气(Liquefied Natural Gas,简称LNG)两种。压缩天然气是经压缩,压力在14.7MPa~24.5MPa范围内的天然气。液化天然气是经过净化处理、深度冷却后成液态的天然气。

1)天然气的特性

(1)低热值高。

(2)抗爆性好,研究法辛烷值(RON)为130。

(3)天然气与空气混合后具有很宽的着火极限,有利于发动机的稀燃技术。

(4)天然气汽车经过认真匹配后,可比不带后处理的汽油车排放的CO和HC低许多。

2)压缩天然气的技术指标

《车用压缩天然气》(GB 18047—2000),天然气的主要技术指标,见表4-15。

天然气的主要技术指标　　　　　　　　表4-15

项　目	技　术　指　标
高位发热量(MJ/m^3)	>31.4
总硫(以硫计)(mg/m^3)	≤200
硫化氢(mg/m^3)	≤15

续上表

项　　目	技术指标
二氧化碳	≤3.0%
氧气	≤0.5%
水露点(℃)	在汽车驾驶的湿度地理区域内,在高操作压力下,水露点不应高于-13℃;当最低气温低于-8℃,水露点应比最低气温低5℃

注:本标准中气体体积的标准参比条件是压力101.325kPa,温度20℃。

2. 液化石油气

液化石油气(Liquefied Petroleum Gas,简称LPG)是以丙烷为主要成分的气体,使用时又经过压缩成液态液化石油气分为油田液化石油气和炼厂液化石油气两大类。

1)液化石油气的特性

(1)低热值高。

(2)抗爆性好,研究法辛烷值(RON)在94~110之间。

(3)燃烧完全,积炭少。

(4)液化石油气汽车经过认真匹配后,可比不带后处理汽油车排放的CO低得多,HC和NO_x的排放量比天然气汽车高。

2)液化石油气的技术指标

《车用液化石油气》(GB 19159—2012)规定的主要技术指标见表4-16。

车用液化石油气的技术要求　　表4-16

项　　目	质量指标	试验方法
密度(15℃)(kg/m³)	报告	SH/T 0221
马达法辛烷值 MON	≥89.0	GB 19159—2012 附录A
二烯烃(包括1,3-丁二烯)摩尔分数(%)	≤0.5	SH/T 0614
硫化氢	无	SH/T 0125
铜片腐蚀(40℃,1 h)(级)	≤1	SH/T 0232
总硫含量(含赋臭剂)(mg/kg)	≤50	ASTMD 6667
蒸发残留物(mg/kg)	≤60	EN 15470
C5 及以上组分质量分数(%)	≤2.0	SH/T 0614
蒸气压(40℃,表压)(kPa)	≤1550	GB 19159—2012 附录B
最低蒸气压(表压)为150kPa 的温度(℃)		ISO 8973 和 GB 19159—2012 附录C
-10 号	≤-10	
-5 号	≤-5	
0 号	≤0	
10 号	≤10	
20 号	≤20	
游离水	通过	EN 15469
气味	体积浓度达到燃烧下限的20%时有明显异味	GB 19159—2012 附录E

3. 车用甲醇汽油

甲醇的分子式为 CH_3OH,是最简单的化工基础原料和清洁燃料,是一种可再生、可循环的绿色能源。甲醇燃料作为汽车替代燃料从 20 世纪 20 年代开始研究,到 20 世纪 80 年代已得到国际认可。其动力性、适应性、环保性、经济性等已为国内外能源界、化工界等广泛认同。

1)甲醇的性能

甲醇由天然气、煤等天然燃料制成,或来自化工副产品的液态燃料。

(1)抗爆性好,研究法辛烷值(RON)达 112。

(2)甲醇着火极限范围宽,且能在较稀的混合气状态下工作,可以实现稀燃技术。

(3)甲醇燃烧时微粒物排放极少,HC 排放量较少,NO_x 的排放量约为轻柴油的一半。

(4)甲醇的气化潜热大,使低温起动和低温运行性能恶化。

(5)甲醇的热值为汽油或柴油的一半。

(6)甲醇汽油对金属具有较强的电化学腐蚀能力。

(7)各种比例的甲醇汽油对发动机燃料系统的橡胶材料都有不同程度的腐蚀和溶胀作用。因此如要推广甲醇汽油,发动机燃料系统橡胶材料必须选择与汽油和甲醇汽油都有良好相容性的橡胶材料。

(8)沸点低,蒸气压高,容易产生气阻等。

2)车用甲醇汽油

《车用燃料甲醇》(GB/T 23510—2009)规定了车用燃料甲醇的要求、试验方法、检验规则以及标志等。《车用甲醇汽油(M85)》(GB/T 23799—2009)标准,规定了由 84% ~ 86%(体积分数)的甲醇与 14% ~ 16%(体积分数)车用汽油以及改善使用性能的添加剂调和而成的车用甲醇汽油(M85)的术语和定义、缩略语、要求和试验方法等。主要项目及指标见表 4-17。

车用燃料甲醇的技术指标 表 4-17

项 目	指 标
外观	无色透明液体,无可见杂质
密度(ρ_{20})/(g/cm³)	0.791 ~ 0.793
沸程(0℃,101.3kPa,在 64.0℃ ~ 65.5℃范围内,包括 64.6℃ ±0.1℃)(℃)	≤1.0
水,ω(%)	≤0.15
酸(以 HCOOH 计),ω(%)	≤0.003
无机氯含量(mg/L)	≤1.0
钠含量(mg/kg)	≤2
蒸发残渣,ω(%)	≤0.003

3)甲醇使用注意事项

(1)甲醇汽油与其他物质的相容性。物质相容性包括对金属的腐蚀性,对弹性体塑料的侵害,以及对油箱和管线的影响。随着温度升高,含氧化合物含量、含水量、锈蚀程度等均增加,物质相容性变差,所以,甲醇燃料对燃料系统和弹性体有侵害,应合理选择有关部件的材料。

(2)甲醇汽油的吸水性。甲醇汽油的吸水性比较强,当输送管线或油罐有水分存在时,甲醇会吸收水分,并与自身混溶。当甲醇汽油中的水分达到一定时,会使甲醇汽油分层或混油,从而影响品质。

4. 生物柴油

生物柴油是由动、植物油脂与醇(例如甲醇或乙醇)经酯交换反应制得的脂肪酸单酯。生物柴油的原料来源主要有油料作物、油料林木果实、油料水生植物以及动物油脂、废餐饮油等。常用的油料作物主要有大豆和油菜籽,油料林木果实主要是油棕和黄连木,油料水生植物主要指工程微藻等。这些动物和植物油脂与甲醇或乙醇等低碳醇在酸性或碱性催化剂作用下,在230~250℃的高温下进行转酯化反应,生成脂肪酸甲酯或乙酯,再经洗涤干燥即可形成生物柴油。生物柴油是一种用油菜籽等可再生植物油加工提取的新型燃料。

1)生物柴油的性能

与柴油相比,生物柴油具有下述性能:

(1)具有优良的环保特性。生物柴油中硫含量低,因而,氧化硫和硫化物的排放低;生物柴油中不含芳香族烷烃,因而,废气对人体的损害低于柴油;生物柴油含氧量高,与普通柴油相比,燃烧时排烟少,CO 的排放减少约 10%;生物柴油的生物降解性高。

(2)具有较好的发动机低温起动性能。

(3)具有较好的润滑性能,可延长喷油泵柱塞套筒的寿命。

(4)具有较好的安全性能。由于闪点高,生物柴油不属于危险品,便于运输、储存等。

2)生物柴油的标准

《柴油机燃料调和用生物柴油(BD100)》(GB/T 20828—2015)规定了生物柴油(BD100)的术语和定义、分类、技术要求、试验方法、检验规则以及标志、包装、运输、储存等。

生物柴油的生产标准评定项目包括相对密度、动态黏度、闪火点、硫含量、残留量、十六烷值、灰分、水分、总杂质、三酸甘油酯、游离甘油等。生物柴油标准的规范,推广了生物柴油在汽车工业中的正式应用。

3)生物柴油的应用

美国是最早研究生物柴油的国家,行车实验表明,生物柴油在使用中没有结胶现象,污染物排放量可降低 80% 以上,被列为重点发展的清洁能源之一。

我国在生物柴油应用方面也取得了很大的进展,交通运输部西部交通建设科技项目"道路运输新能源生物柴油应用技术研究"通过了项目的验收。

"道路运输新能源生物柴油应用技术研究"项目历经实验室研究和道路运行试验研究,优选出了 BDG25 生物柴油/柴油改性混合燃料配方,并完成了道路运输车辆燃用 BDG25 生物柴油/柴油改性混合燃料的经济性和使用可靠性研究;提出了 BDG25 生物柴油/柴油改性混合燃料的混配技术方案,和营运车辆燃用 BDG25 生物柴油/柴油改性混合燃料的应用技术方案等相关政策建议。

在实车道路运行试验中,公交客车燃用 BDG25 生物柴油/柴油改性混合燃料,每年可替代25%的石化柴油,烟度排放大幅度降低,燃料费用可节约5%以上。

四、汽车使用中的节油措施

1. 及时维护,提高汽车的技术状况

在使用过程中,汽车技术状况不断变化,及时进行技术维护和调整,不仅可以减车辆磨损,提高汽车动力性、经济性、可靠性,延长使用寿命,而且还可以降低燃油消耗。

1) 发动机技术状况对油耗的影响

曲轴、连杆机构以及配气机构的技术状况对汽车燃油消耗有较大影响。汽缸压缩压力大,混合气燃烧速度快,热损失少。而汽缸、活塞环及气门、气门导管等零件的磨损,会使汽缸压缩压力降低,曲轴箱窜气量增加,导致油耗增大。当上述摩擦副严重磨损时,油耗将增加4%~6%。

发动机点火系维护的要求是要保证其适时产生强烈的电火花。火花弱或点火正时失准,混合气则不能燃烧或燃烧速度降低,热量损失增多,进而耗油量增加。因此,应经常保持火花塞清洁,间隙合乎规定,且发动机点火提前角正确。

气门间隙过大或过小,都能使发动机耗油量增加并影响动力输出。气门间隙过小时,气门关闭不严,压缩和燃烧时缸内气体泄漏多,耗油量增大,功率下降;气门间隙过大,气门开启高度减小且开启时间缩短,发动机进气量减少,而废气在汽缸中残留的较多,同样使耗油量增加,功率随之降低。

润滑系正常工作对减小燃油和润滑油消耗,减少机械摩擦损失和提高发动机功率有重要意义。在满足发动机润滑效果的前提下,应选黏度较小的润滑油;应按时更换润滑油滤清器滤芯,保持滤清器的滤清效果;要经常保持润滑液位稍低于油尺的上标线,添加润滑油时,应掌握"勤加少加"的原则。加油过多会增加曲轴转动时的阻力,易引起润滑油窜进燃烧室烧掉,增加润滑油的消耗量,同时积炭增加;但加油过少,会造成润滑不良。

2) 底盘技术状况对油耗的影响

摩擦副间隙过大或过小,都使摩擦阻力增大,机件磨损加剧,耗油量增加。在维护修理时,必须保证主轴承、连杆轴承等松紧适度。

轮毂轴承间隙过小,会使滚动阻力增大,耗油量增加。间隙过大时,车轮歪斜,增大行驶阻力,因而增大了耗油量。前束不准确,转向轮滚动阻力增加,耗油量也会增加。

行车制动间隙的调整,应该保证既能可靠制动,又能可靠分离,没有放松拖滞现象。若间隙过小,阻滞力增加,增大燃油消耗量;若间隙过大,则制动不灵,影响安全。驻车制动间隙过小不仅增大耗油量,也易使制动盘烧坏。因此,应适时检查和调整制动间隙。

离合器踏板的自由行程太小,则离合器易打滑,产生摩擦而消耗功率,使耗油量增大,并加速零件磨损。如自由行程太大,则分离不良,换挡困难,变速器内有撞击声。

轮胎类型和气压是影响滚动阻力大小的主要因素。根据试验,轮胎气压比正常值降低50~100kPa(0.5~1.0bar),油耗增大5%~10%;子午线轮胎的滚动阻力比一般轮胎低30%,用其代替普通斜交轮胎可节油3%~8%。

经常检查变速器、差速器以及其他部位是否漏油,油面高度是否合乎规定,差速器通气塞是否良好。对经常涉水的车辆更要及时检查,如发现有水应及时换油。季节更替时,应及时更换油料牌号。如冬季使用夏用齿轮油,燃料消耗增加8%~10%。

2. 提高驾驶技术水平

驾驶技术是影响汽车油耗的重要因素。驾驶操作合理,可以大大降低汽车的燃料消耗。根据试验,技术水平不同的驾驶员,在同一条路线驾驶同一辆汽车,油耗可相差20%~25%。

1) 保持正常工作温度

汽车行驶中要保持发动机的正常工作温度80~90℃,温度过高或过低都会使油耗增加。低温条件下起动时,要进行预热;发动机起动后,应低速运转升温,待冷却液温度升至50~60℃后再挂挡起步;汽车在行驶中,应使发动机冷却液温度保持在80~90℃。

注意经常检查冷却液量、保温罩和百叶窗的状况以及冷却系统的工作情况。

2) 掌握经济车速

汽车在行驶中,耗油量最小的速度,即经济速度。高于或低于经济速度,都会增加耗油量。空气阻力与速度的平方成正比,因而,车速增高时功率消耗大幅增加,汽车燃油消耗量增大;反之,若低于经济速度,虽然空气阻力减小,但节气门开度减小,发动机负荷率降低,热量损失增多,耗油量增大。

3) 减少起动、停车、倒车、制动次数

要减少燃油消耗,必须计划行车,避免途中停车,行驶中不要跟得太紧,避免走走停停,以节约起动油耗。停车时要选择便于起步的地点,在不违反交通规则的条件下,尽量停在下坡平坦道路上,以减少起步时的油料消耗。停车时要看好位置,减少前进和倒车的次数,尽量一次到位。根据试验,汽车前进或倒退一次移动3.5m,就要消耗汽油50mL。

正确判断道路情况,避开不利的时机和路段,保持相应车速,减少制动次数,减轻制动强度,提高平均车速以节约燃油。根据试验,汽车以30km/h行驶时,每制动一次,就多消耗汽油66mL。

4) 合理使用挡位

在道路状况相同时,使用不同的挡位,发动机的工况不同,油耗也不同。合理使用挡位包括正确选择最佳挡位和及时换挡。在一般道路上行驶时,应尽可能采用高挡行驶,避免长时间高挡低速行驶或低挡高速行驶。汽车行驶中,尽量少用中间各挡,起步后要及时换至高挡。

3. 润滑油(脂)的合理使用

合理使用润滑油(脂),提供良好的润滑,降低摩擦磨损,提高油品的抗氧化安定性、洁净分散性,可以提高汽车的动力性、经济性、可靠性等。

选用合适黏度的润滑油,改进润滑性能,降低边界摩擦等,可减少燃料消耗。在满足摩擦副润滑的条件下,降低机油和齿轮油的黏度,对降低汽车燃油消耗有一定作用。发动机润滑油的100℃黏度每降低1mm^2/s,大约节省燃料1.5%;发动机正常运转时,理论上每降低一个SAE黏度等级,可节省燃料0.5%~2.5%。

齿轮油的低黏度化和多级油化,可以减小齿轮运转时的搅油阻力,提高传递效率,减少燃油消耗。

多级油是由低黏度油加黏度指数改进剂配制而成,有良好的黏温性能。低温时,多级油黏度小,有较好的低温流动性。根据测定,发动机起动时的磨损占总磨损量的50%;多级油低温性能好,可保证低温下迅速起动,因而能大大减小磨损和燃油消耗。高温时,多级油还能保持一定的黏度,形成足够的油膜厚度。所以,使用多级油既能保证良好润滑,又可改善燃料经济性。使用SAE10W/30或10W/40发动机润滑油比使用SAE40发动机润滑油节省燃料2.4%左右。

摩擦副处于边界润滑状态时,油中的减磨剂可使摩擦力减小,达到运动流畅、降低能耗的目的。发动机润滑油中加入一定量的减磨剂,可节约燃油1%左右,同时可减小摩擦磨损的影响。

润滑油的热氧化安定性是在高温下,油品抵抗氧化变质的指力;润滑油的清净分散性是油品抑制胶膜、沉淀等形成的性能。这两种性能的提高,可以延长润滑油的使用期;减轻燃烧室中积炭的生成,从而避免不正常燃烧,降低燃油消耗量,提高发动机的工作的可靠性和动力性,延长使用寿命。

第二节 汽车润滑材料的使用

在汽车使用过程中,润滑材料消耗的费用虽然仅为总成本的1%~3%,但合理使用润滑材料,不仅可以降低润滑材料所消耗的费用,还可以提高润滑效果,减少摩擦和磨损,从而降低功率损耗和燃料消耗,延长汽车使用寿命。汽车所使用的润滑材料可以分为发动机润滑油、齿轮油和润滑脂三类。

一、发动机润滑油

发动机润滑油是发动机润滑系统的工作液,简称机油,主要包括汽油机润滑油和柴油机润滑油。

1. 发动机润滑油的工作环境

发动机通常采用自流、飞溅和压力润滑三种润滑方式。润滑油在润滑中,不断与各种金属部件以及空气接触,在金属的催化下与氧反应,促使油料不断老化变质。

在工作过程中,润滑油与各处高温机件接触,如汽缸中上部温度为180~270℃,曲轴箱平均油温为85~95℃。在高温下,润滑油氧化变质剧烈。

发动机工作时,若汽缸密封不良,燃烧废气和未燃气体不断地窜入曲轴箱,将导致润滑油严重变质。此外,灰尘、金属磨屑、积炭等都会污染润滑油。

由于工作条件差,因此要求发动机润滑油须经过深度精制,并添加各种改善使用性能的添加剂,使油品有适宜的黏度和良好的黏温性能、良好的热氧化安定性、洗涤性、抗腐蚀性、抗泡沫性,并有适宜的低温流动性等,以保证发动机在复杂的条件下正常工作。

2. 发动机润滑油的性能要求及评价指标

1)良好的润滑性

发动机油降低摩擦、减缓磨损和防止金属烧结的能力,叫作发动机油的润滑性。润滑油的黏度性能和化学性能对发动机零件的润滑作用有重要影响。

发动机油黏度是评定润滑性的重要指标。但对于边界润滑,主要是油性剂和极压剂起作用,所以发动机油的润滑性还要通过相应的发动机试验来评定。

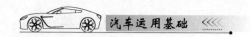

2）良好的低温操作性

保证发动机在低温下容易启动和可靠供油的性能，叫作发动机油的低温操作性，发动机油低温操作性的评定指标主要有低温动力黏度、边界泵送温度和倾点等。

（1）低温动力黏度。低温动力黏度也称为表观黏度。机油的黏度在低温条件下与剪切速率有关，即在同一温度下，剪切速率不同，黏度也不同。低温条件下机油的低温动力黏度随剪切速率升高而减小。

低温动力黏度是划分冬季用发动机润滑油黏度级别的依据之一。

发动机油低温动力黏度的测定标准是《发动机油表观黏度的测定 冷启动模拟机法》（GB/T 6538—2010）。

（2）边界泵送温度。能将机油连续地、充分地供给发动机机油泵入口的最低温度，叫作边界泵送温度。它是衡量在起动阶段发动机油是否易于流到机油泵入口并提供足够压力的性能。

边界泵送温度也是划分冬季用发动机润滑油黏度级别的依据之一。

发动机油边界泵送温度的测定标准是《发动机油边界泵送温度测定法》（GB/T 9171—1988）。

（3）倾点。机油在规定条件下冷却时，能够流动的最低温度，叫作机油的倾点。同一试油的凝点比倾点略低。

发动机油规格均采用倾点作为评定机油低温操作性的指标之一。

倾点的测定标准是《石油产品倾点测定法》（GB/T 3535—2006）。

3）良好的黏温性

润滑油由于温度升降而改变黏度的性质，叫作黏温性。良好的黏温性指润滑油的黏度随温度的变化程度小。发动机油黏温性的评定指标是黏度指数。

黏度指数指将试油的黏温性与标准油的黏温性进行比较所得出的相对数值。指数越高，黏温特性越好。

黏度指数可根据《石油产品黏度指数计算法》（GB/T 1995—1998）或《石油产品黏度指数算表》（GB/T 2541—1981）计算。

4）良好的清净分散性

发动机油抑制积炭、漆膜和油泥生成或将这些沉积物清除的性能，叫作发动机油的清净分散性。

发动机油清净分散性的评定指标是硫酸盐灰分和残炭。发动机油的清净分散性主要通过相应的发动机试验来评定。

（1）硫酸盐灰分。试油在燃烧后灰化之前加入少量的浓硫酸，使产生的金属化合物成为硫酸盐，这样的灰分叫作硫酸盐灰分。

硫酸盐灰分的测定标准是《添加剂和含添加剂润滑油硫酸盐灰分测定法》（GB/T 2433—2001）。

（2）残炭。油品在试验条件下，受热蒸发和燃烧后残余的炭渣，叫作残炭。

根据残炭量的大小，可以大致判断机油在发动机中结炭的倾向。一般精制深的基础油，残炭量小。

残炭的测定标准是《石油产品残炭测定法(康氏法)》(GB/T 268—1987)。

5) 抗氧性和抗腐性

发动机油抵抗氧化的能力,叫作发动机油的抗氧性。发动机油抵抗腐蚀性物质对金属腐蚀的能力,叫作发动机油的抗腐性。提高发动机油抗腐性的途径:加深发动机油的精炼程度,减小酸值,同时添加抗氧抗腐剂。

发动机油的抗氧性通过相应的发动机试验评定。发动机油的抗腐性的评定指标是中和值和酸值,通过相应的发动机试验来测定。

中和1g试油中含有的酸性或碱性组分所需的碱量,叫作中和值。中和值用mgKOH/g来表示。

中和值表示机油在使用期间,经过氧化后,酸、碱值的相对变化。酸值是中和1g试油中的酸所需氢氧化钾的mg数,表示为mgKOH/g。碱值是中和1g试油中含有的碱性组分所需的酸量,换算为相当的碱量,因此,中和值的单位也是mgKOH/g。

中和值的测定标准是《石油产品酸值的测定 电位滴定法》(GB/T 7304—2014)。

6) 抗泡沫性

发动机油消除泡沫的性质,叫作发动机油的抗泡沫性。当发动机油受到激烈搅动,将空气混入油中时,就会产生泡沫。如果泡沫不及时消除,会产生气阻、供油不足等问题。

发动机油的抗泡沫性的评定指标是泡沫性(泡沫倾向/泡沫稳定性)。

泡沫性指油品生成泡沫的倾向和生成泡沫的稳定性能。泡沫性用分数形式表示,分子是泡沫倾向,分母是泡沫稳定性。

泡沫性的测定标准是《润滑油泡沫特性测定法》(GB/T 12579—2002)。

3. 发动机润滑油的分类和规格

1) 发动机润滑油的分类

(1) 发动机使用性能分类。

发动机油的使用性能分类,是根据发动机油在发动机台架试验中所得到的润滑性、清净分散性、抗氧抗腐性等确定其等级的。在较长的时期内,世界上许多国家采用美国石油学会(API)发动机润滑油使用性能分类法。

《内燃机油分类》(GB/T 28772—2012)非等效采用美国汽车工程师学会《发动机油性能及发动机使用分类》(SAE J183-1991)制定。该标准规定了汽车用以及其他固定式内燃机润滑油(汽油机润滑油和柴油机润滑油)的品质等级分类。

发动机润滑油是根据产品特性、使用场合和使用对象详细分类的。汽油机润滑油第一个字母用S表示("GF"代表以汽油为燃料的、具有燃料经济性要求的乘用车发动机油),柴油机润滑油第一个字母用C表示,具体分类见表4-18、表4-19。

API汽油发动机润滑油使用性能分类 表4-18

API规格代号	特性和使用场合
SE	用于1972年出厂的汽油机,具有高抵抗氧和低温抗油泥和防锈性能
SF	用于1980年出厂的以无铅汽油做燃料的汽油机,与SE相比,提高了抗氧化稳定性和改进了抗磨性能,还具有抗沉积、防锈蚀和腐蚀的性能

续上表

API 规格代号	特性和使用场合
SG	用于 1989 年出厂的汽油机,改进了抗沉积、抗氧化和抗磨损性能,还具有很高的防锈性能、清净分散性能
SH,GF-1	用于 1994 年出厂的汽油机,具有比 SG 更好的抗磨损、抗腐蚀、清净分散性能和高温抗氧化性,含磷量(质量分数)为 0.12%
SJ,GF-2	用于 1997 年出厂的汽油机,具有更好的清净分散性能和高温抗氧化性,适应严格的排放要求,并具有更长的使用寿命,含磷量(质量分数)为 0.10%
SL,GF-3	用于 2001 年出厂的汽油机,具有比 SJ 更好的抗磨性、抗氧化性、清净分散性、节油性,适用更严格的排放要求,可用于增压发动机,并具有更长的使用寿命,含磷量(质量分数)为 0.10%
SM,GF-4	用于 2004 年出厂的汽油缸内直喷发动机,比 SJ 级油抗磨性提高 20%。具有更强的抗氧化性、清净分散性、节油性,适应更严格的排放要求,可用于增压发动机,并具有更长的使用寿命,含磷量(质量分数)为 0.08%
SN,GF-5	用于 2010 年出厂的汽油缸内直喷和增压发动机,具有比 SM 级油更好的抗磨性、抗氧化性、清净分散性、节油性。适应更严格的排放要求,具有保护车辆排放控制系统的要求,含磷量更低,并具有超长的使用寿命

API 柴油发动机润滑油使用性能分类　　　　　　　　　　　表 4-19

API 规格代号	特性和使用场合
CD	用于 1965 年高速高功率增压柴油机,具有高效率的控制磨损和控制沉积物的能力,以及抑制轴承磨损的性能
CE	用于 1983 年后生产的增压重负荷柴油机,具有优良的防止高低温沉积物和抗腐蚀性、抗磨损性
CF-4	用于 1991 年后生产的增压重负荷柴油机,符合相关的排放标准,具有优良的防止高低温沉积物和抗腐蚀性、抗磨损性
CF	用于 1994 年后生产的柴油机,尤其是间接喷射柴油发动机,适用于轻型柴油货车或柴油轿车,具有优良的防止高低温沉积物和抗腐蚀性、抗磨损性
CG-4	用于 1995 年后生产的使用低硫燃料的增压或电控柴油机,符合相关的排放标准,具有优良的防止高低温沉积物和抗腐蚀性、抗磨损性
CH-4	用于 1998 年后生产的使用低硫燃料的重负荷、高速、四冲程柴油机,满足 1998 年后的相应排放法规,具有优良的防止高低温沉积物和抗腐蚀性、抗磨损性
CI-4	用于 2002 年后生产的使用低硫燃料的重负荷、高速、四冲程柴油机和使用电控高压共轨的柴油机,满足 2002 年后相应排放法规,具有优良的防止高低温沉积物和抗腐蚀性,并具有优异的抗磨损保护性能
CJ-4	用于 2007 年后生产的使用低硫燃料的车用柴油机,满足 2007 年后相应排放法规,具有优良的防止高低温沉积物和抗腐蚀性,并具有优异的抗磨损保护性能

(2)黏度等级。

世界上广泛采用美国汽车工程师学会(SAE)的发动机润滑油黏度分类法。

参照美国汽车工程师学会《发动机油黏度分类》(SAE J300),我国制定了《内燃机油黏度分类》(GB/T 14906—1994),确定了发动机润滑油的黏度等级,见表4-20。该分类标准采用含字母 W 和不含 W 两组黏度等级系列,前者以最大低温黏度、最高边界泵送温度以及100℃时最小运动黏度划分,后者仅以100℃时运动黏度划分。黏度牌号也有单级油和多级油之分。

我国发动机润滑油的黏度分类(GB/T 14906—1994) 表4-20

SAE 黏度等级	最大低温黏度 (MPa·s)	(℃)	最高边界泵送温度 (℃)	100℃运动黏度(mm^2/s) 最小	最大
0W	3250	−30	−35	3.8	—
5W	3500	−25	−30	3.8	—
10W	3500	−20	−25	4.1	—
15W	3500	−15	−20	5.6	—
20W	4500	−10	−15	5.6	—
25W	6000	−5	−10	9.3	—
20	—	—	—	5.6	低于 9.3
30	—	—	—	9.3	低于 12.5
40	—	—	—	12.5	低于 16.3
50	—	—	—	16.3	低于 21.9
60	—	—	—	21.8	低于 26.1

2)发动机润滑油的规格

《汽油机油》(GB 11121—2006)中规定了 SE、SF、SG、SH 和 GF-1、SJ 和 GF-2、SL 和 GF-3 六个级别、九个品种的汽油机油规格,标准中基本覆盖了所有可能的黏度等级;GB 11122—2006《柴油机油》中规定了 CC、CD、CF-4、CF、CH-4、CI-4 六个品种的柴油机油规格,同样在标准中也基本覆盖了所有可能的黏度等级。表4-21 为我国现行 SE、SF 级汽油机油的部分规格参数(汽油机油黏温性能要求)。

汽油机油黏温性能要求(以 SE、SF 为例) 表4-21

项 目		低温动力黏度 (MPa·s) ≤	边界泵送温度 (℃) ≤	运动黏度 (100℃) (mm^2/s)	黏度指数 ≥	倾点 (℃) ≤
试验方法		GB/T 6538	GB/T 9171	GB/T 265	GB/T 1995 GB/T 2541	GB/T 3535
质量等级	黏度等级	—	—			
SE、SF	0W-20	3500(−30℃)	−35	5.6 ~ 9.3		−40
	0W-30	3500(−30℃)	−35	9.3 ~ <12.5		
	5W-20	3500(−25℃)	−30	5.6 ~ 9.3		
	5W-30	3500(−25℃)	−30	9.3 ~ <12.5		−35
	5W-40	3500(−25℃)	−30	12.5 ~ <16.3		
	5W-50	3500(−25℃)	−30	16.3 ~ <21.9		

续上表

项 目		低温动力黏度 （MPa·s） ≤	边界泵送温度 （℃） ≤	运动黏度 （100℃） （mm²/s）	黏度指数 ≥	倾点 （℃） ≤
SE、SF	10W-30	3500（-20℃）	-25	9.3~<12.5	—	-30
	10W-40	3500（-20℃）	-25	12.5~<16.3	—	
	10W-50	3500（-20℃）	-25	16.3~<21.9	—	
	15W-30	3500（-15℃）	-20	9.3~<12.5	—	-23
	15W-40	3500（-15℃）	-20	12.5~<16.3	—	
	15W-50	3500（-15℃）	-20	16.3~<21.9	—	
	20W-40	3500（-10℃）	-15	12.5~<16.3	—	-18
	20W-50	3500（-10℃）	-15	16.3~<21.9	—	
	30	—	—	9.3~<12.5	75	-15
	40	—	—	12.5~<16.3	80	-10
	50	—	—	16.3~<21.9	80	-5

4. 发动机润滑油的选用

发动机油的选择有两个步骤：一是使用性能（质量等级）的选择；二是黏度等级的选择。

1) 使用性能（质量等级）的选择

机油使用性能等级的高低是按级别代号的字母顺序区别的，从 A 开始越往后等级越高。使用性能等级的选择主要考虑发动机的结构特点、强化程度、使用条件、制造年代。不同发动机的升功率和活塞平均速度不同，所产生的汽缸有效压力和发动机转速也不同。汽缸有效压力越高、发动机转速越高，对机油的使用性能等级要求越高。一般而言，较新型号汽车要比较老型号汽车对机油的使用性能等级要求要高。

在选用发动机润滑油的时候，要严格按照使用说明书中所规定的使用性能等级选用。若无相同等级的机油时，对汽油机而言，可根据发动机的结构特点及运行情况，参考 API 使用性能分类标准选用。部分汽油机的技术特性和要求的机油规格见表 4-22。

部分汽油发动机的技术特性和要求的汽油机润滑油规格 表 4-22

汽车型号	发动机型号结构特征	功率/转速 （kW）/（r/min）	转矩/转速 （N·m）/（r/min）	排量（L）	压缩比	润滑油 使用级别
捷达	EA113 多点喷射	70/5600	132/3750	1.6	9.6	SJ、SL
高尔夫6	EA111 缸内直喷，废气涡轮增压	96/5000	220/1750~3500	1.4	9.8	SL、SM
丰田卡罗拉	2ZR—FE 多点电喷发动机	103/6400	173/4000	1.8	10	SL、SM
一汽奔腾	LF 多点电喷发动机	108/6500	183/4000	2.0	10.3	SL、SM
本田雅阁	K24Z2 多点电喷发动机	132/6500	225/4500	2.4	10.5	SL、SM
奥迪 A6L	VAJ 缸内直喷，机械式增压器	213/4850~6800	420/2500~4850	3.0	10.5	SM、SN

对于柴油发动机而言,应根据使用说明书的要求选用机油。也可根据强化系数选择机油的使用性能等级,柴油机的强化系数由发动机的热负荷和机械负荷决定:

$$K_\phi = P_e \cdot C_m \cdot Z$$

式中:K_ϕ——强化系数;

P_e——汽缸平均有效压力,MPa;

C_m——活塞平均线速度,m/s;

Z——冲程系数,四冲程 $Z=0.5$,二冲程 $Z=1.0$。

K_ϕ 值与柴油机润滑油的使用级别等级适当。当 $K_\phi < 30$ 时为普通柴油机,其发动机上部活塞环区的温度一般在230℃左右,可选:A级柴油机润滑油;当 $K_\phi = 30 \sim 50$ 时,可选用 CC 级柴油机润滑油;当 $K_\phi > 50$ 时,发动机属于高增压柴油机,活塞上部温度比较高,机械负荷也比较大,应选用 CD 级以上的柴油机润滑油。强化系数 K_ϕ 值的大小与柴油机使用级别的关系见表4-23。

按柴油机工作强度选择机油 表4-23

API 质量等级	平均有效压力 P_e(kPa)	强化系数 K_ϕ	备 注
CA~CB	<784	<30	非增压发动机,工作条件缓和
CC	784~980	30~50	非增压风冷柴油机、低增压柴油机、工程机械用柴油机
CD	980~1470	50~80	中增压柴油机
CE	>1470	>80	低增压和增压式重负荷柴油机
CF-4	—	—	高速柴油机,用于高速公路行驶的重负荷汽车的柴油机

部分柴油发动机技术特性和要求的柴油机润滑油规格,见表4-24。

部分柴油发动机技术特性和要求的柴油机润滑油规格 表4-24

汽车型号	发动机型号结构特征	最大功率(kW)	最大转矩(N·m)	排量(L)	压缩比	润滑油使用级别
捷达 SDI	电控 VE 分配泵	47	125	1.9	19	CG-4
日产皮卡	4D 电控直喷 VE 泵,废气涡轮增压	52	173	2.2	18	CF,CF-4
依维柯面包车	8140.43N 直喷高压共轨,废气涡轮增压	107	320	2.8	18.5	CG-4,CI-4
解放 J6P 重型载货汽车	奥威 CA6DM2-42E3 电控高压共轨直喷,废气涡轮增压,中冷	324	1900	11.04	17.5	CI-4,CJ-4

2)黏度等级的选择

发动机润滑油黏度等级应根据汽车发动机使用所在地区的气温来选择,可参考表4-25。为避免冬夏季换油,可选用多级油。

发动机润滑油黏度等级选用　　　　　　　表 4-25

黏 度 等 级	使用温度范围(℃)	黏 度 等 级	使用温度范围(℃)
0W	-45 ~ -15	5W/20	-45 ~ 20
5W	-40 ~ -10	5W/30	-40 ~ 30
10W	-30 ~ -5	10W/30	-30 ~ 30
15W	-25 ~ 0	15W/30	-25 ~ 30
20W	-20 ~ 5	20W/30	-20 ~ 30
25W	-15 ~ 10	10W/40	-30 ~ 40 以上
20	-10 ~ 30	15W/40	-25 ~ 40 以上
30	0 ~ 30	20W/40	-20 ~ 40 以上
40	15 ~ 50	—	—

选用机油的黏度级时,还必须考虑发动机的负荷、转速和磨损情况。如果发动机负荷大、转速低或磨损严重时,应选用黏度较大的机油,反之则应选择黏度较小的机油。

3) 苛刻使用条件下润滑油的等级调整

根据发动机结构选择了润滑油的品质等级后,遇到下列五种苛刻使用条件之一时,润滑油品质等级应酌情提高一级。

(1) 汽车长期处于停停开开的使用状态,如邮递车和出租车等,润滑油易产生低温。

(2) 长时期低温、低速(0℃、16km/h 以下)行驶,易产生低温油泥。

(3) 长时期在高温、高速下工作,尤其是满载或超载长距离条件下工作。

(4) 牵引车或中型以上载货汽车,满载或长时间拖挂车行驶。

(5) 使用场所灰尘大。

4) 发动机润滑油的劣化与更换

发动机油在使用过程中,由于添加剂的消耗,高温氧化,燃烧产物的影响,外部尘水分等的混入,使发动机油劣化变质。

发动机润滑油劣化变质后,沉积物增多、润滑性能下降,使零件腐蚀和磨损增大,应适时更换发动机润滑油。

(1) 定期换润滑油。发动机润滑油的劣化,尤其是化学变化,受使用时间的影响较大。定期换油就是按行驶里程或使用时间与发动机润滑油使用性能的变化之间的规律,确定换润滑油时期。

换油时间与发动机润滑油的使用性能级别、发动机技术状况和运行条件有关。

(2) 按质换润滑油。对能反映在用发动机润滑油品质的一些有代表性的项目规定限值,据其进行机油的更换。为了正确判断发动机润滑油的报废标准,国内外都进行了大量研究,科学方法是比验润滑油的黏度、酸值、闪点、水分、铁含量、正戊烷不溶物数值来决定机油是否报废。当在用发动机润滑油有一项指标达到换油指标时应更换新油。现行在用发动机润滑油换油指标国家标准是《汽油机油换油指标》(GB/T 8028—2010)和《柴油机油换油指标》(GB/T 7607—2010)。

(3) 监测下的定期换润滑油。在规定发动机润滑油换油期的同时,应监测在用油的综合指标,必要时可提前更换机油。

目前，发动机润滑油的更换多采用定期换油。这主要因发动机为汽车拥有量大，而每辆汽车的发动机润滑油用量很少，油样化验费用高，所以定期换油较经济。随着对在用发动机润滑油油质分析技术的进步和广泛应用，定期换油法结合简易快速在用发动机润滑油分析法作为定期换油合理性的监测手段会得到更广泛的应用。

二、车辆齿轮油

齿轮机构用于传递空间任意两轴间的运动和动力，具有传动比恒定、效率高、运行平稳等优点，是现代机械中应用最广泛的一种传动形式。车辆齿轮润滑油也称齿轮油，用于机械式变速器、分动器、主减速器、转向器等的润滑。

与发动机润滑油的工作条件相比，齿轮油的工作温度不高，但油膜承受的单位压力很大，且齿轮油还在速度变化大的工作条件下工作。因而对车辆齿轮油使用性能的要求与发动机润滑油有所区别。

1. 车辆齿轮油的使用性能

为了保证齿轮传动的良好润滑，在各种使用条件下均正常运转，齿轮油的性质应满如下要求。

（1）油性和极压性。油性是指润滑剂介于运动着的两摩擦面之间所具有的降低摩擦作用的性质。

润滑剂的极压性能是在摩擦面接触压力非常高、油膜容易产生破裂的极高压力的润滑条件下，防止烧结、熔焊等摩擦面损伤的性能，有时也称承载能力、抗胶合性或油膜度等。

（2）热氧化安定性。润滑油抵抗热和氧化作用的能力就是热氧化安定性。润滑油热氧化安定性好，可以延长储用期，而且不会因为氧化生成有机酸和沉淀等氧化产物，造成对金属的腐蚀或磨损。

（3）低温操作性和黏温性。齿轮油应具有良好的低温操作性和黏温性。在低温下应保持必要的流动性，以保证轴承等零件的润滑和车辆起动。齿轮油的工作温度范围较宽，不但要求低温起动性好，而且要求高温时黏度不能太小，即有良好的黏温性。

（4）抗腐性和防锈性。在齿轮传动装置的工作条件下，齿轮油防止齿轮、轴承腐蚀和生锈的能力，叫作抗腐性和防锈性。

齿轮油除上述要求的使用性能外，还有一些与发动机润滑油相同的使用性能，例如抗泡性、清洁性等。

2. 齿轮润滑油的黏度等级

国际上广泛采用美国汽车工程师学会（SAE）的车辆齿轮油黏度分类法。

我国《汽车齿轮润滑剂黏度分类》（GB/T 17477—2012），等效采用美国汽车工程师协会标准《汽车齿轮润滑剂黏度分类》（SAEJ 306—2005），见表4-26。齿轮油的黏度等级分为两组黏度等级系列，用含字母 W 和不含字母 W 表示。字母 W 表示冬用齿轮油，以低温黏度达到150Pa·s 时的最高温度和100 ℃时的最低运动黏度划分。不含字母 W 表示夏季用齿轮油，以100℃时的运动黏度范围划分。

齿轮油的黏度等级也有单黏度等级和多黏度等级之分，例如 SAE 80W/90 表示多黏度等级的车辆齿轮油。

车辆齿轮油的黏度分类 表4-26

SAE 黏度级号	黏度达到150Pa·s时的最高温度(℃)	100℃时的运动黏度(mm²/s) 最低	100℃时的运动黏度(mm²/s) 最高
70W	-55	4.1	—
75W	-40	4.1	—
80W	-26	7.0	—
85W	-12	11.0	—
80	—	7.0	11.0
85	—	11.0	13.5
90	—	13.5	18.5
110	—	18.5	24.0
140	—	24.0	32.5
190	—	32.5	41.0
250	—	41.0	—

3.齿轮润滑油的品质等级

国际上广泛采用美国石油学会(API)的车辆齿轮油使用性能分类法,根据其特性和使用要求等划分为 GL-1 ~ GL-6 六个等级。

参照美国石油学会(API)和美国军用车辆齿轮油规格,并结合我国的实际情况,按品质不同把我国车辆齿轮油分成普通车辆齿轮油(GL-3)、中负荷车辆齿轮油(GL-4)、重负荷齿轮油(GL-5)和非同步手动变速器油(MT-1)四类。车辆齿轮油分类标准是《车辆齿轮油分类》(GB/T 28767—2012),其分类方法见表4-27。

车辆齿轮油 API 使用性能分类 表4-27

应用范围	品种代号	使 用 说 明
车辆齿轮	GL-3	适用于速度和负荷比较苛刻的汽车手动变速器及较缓和的螺旋伞齿轮驱动桥
车辆齿轮	GL-4	适用于速度和负荷比较苛刻的螺旋伞齿轮和较缓和的准双曲面齿轮,可用于手动变速器和驱动桥
车辆齿轮	GL-5	适用于高速冲击负荷、高速低扭矩和低速高扭矩下操作的各种齿轮,特别是准双曲面齿轮
车辆齿轮	MT-1	适用于在大型客车和重型卡车上使用的非同步手动变速器。该类润滑剂对于防止化合物热降解、部件磨损及油封劣化提供保护,这些性能是 GL-4 和 GL-5 要求的润滑剂所不具有的。MT-1 没有给出乘用车和重负荷车辆中同步器的和驱动桥的性能要求

4.车辆齿轮油的规格

我国现有的车辆齿轮油规格或技术条件有《车辆齿轮油分类》(GB/T 28767—2012)、《重负荷车辆齿轮油(GL-5)换油指标》(GB/T 30034—2013)、《重负荷车辆齿轮油(GL-5)》(GB/T 13895—1992)、《中负荷车辆齿轮油》(JT/T 224—2008)、《军用车辆齿轮油系列及选用导则》(GJB/Z 92—1997)。重负荷车辆齿轮油(GL-5)的规格及技术要求见表4-28。

重负荷车辆齿轮油技术要求　　　　　　表 4-28

项目	质量指标						试验方法
黏度等级	75W	80W/90	85W/90	85W/140	90	140	—
运动黏度(100℃)(mm²/s)	≥4.1	13.5~<24.0	13.5~<24.0	24.0~<41.0	13.5~<24.0	24.0~<41.0	GB/T 265
倾点(℃)	报告	报告	报告	报告	报告	报告	GB/T 3535
表观黏度达150Pa·s时的温度(℃)　不高于	-40	-26	-12	-12	—	—	GB/T 11145
闪点(开)(℃)　不低于	150	165	165	180	180	200	GB/T 3536
成沟点(℃)　不高于	-45	-35	-20	-20	-17.8	-6.7	SH/T 0030
黏度指数　不低于	报告	报告	报告	报告	75	75	GB/T 2541
起泡性(泡沫倾向)(mL) 　24℃ 　93.5℃ 　后24℃	≤20 ≤50 ≤20						GB/T 12579
腐蚀试验(铜片,121℃,3b)(级)	≤3						GB/T 5096
机械杂质(%)	≤0.05						GB/T 511
水分(%)	痕迹						GB/T 260
戊烷不溶物(%)	报告						GB/T 8926A
硫酸盐灰分(%)	报告						GB/T 2433
硫(%)	报告						GB/T 387 GB/T 388 GB/T 11140 GB/T 0172
磷(%)	报告						SH/T 0296
氮(%)	报告						SH/T 0224
钙(%)	报告						SH/T 0270
储存稳定性 　液体沉淀物(%)(V/V) 　固体沉淀物(%)(m/m)	≤0.5 ≤0.25						SH/T 0037
锈蚀试验 　盖板锈蚀面积(%) 　齿面,轴承及其他部件锈蚀情况	≤1 无锈						SH/T 0517
抗擦伤试验	通过						SH/T 0519
承载能力试验	通过						SH/T 0518
热氧化稳定性 　100℃运动黏度增长(%) 　戊烷不溶物(%) 　甲苯不溶物(%)	≤100 ≤3 ≤2						SH/T 0520 GB/T 256 GB/T 8926A GB/T 8926A

注:(1)生产单位可根据添加配方不同选择适合的测定方法。
　　(2)如果有其他金属,应该测定并报告实测结果,允许用原子吸收光谱测定。
　　(3)保证项目,每五年评定一次。
　　(4)75W油在时行抗擦伤试验时,程序Ⅱ(高速)在79℃开始进行,程序Ⅳ(冲击)在93℃下开始进行。喷水冷却,
　　　　最大温升不大于5.5~8.3℃。
　　(5)75W油在进行承载能力试验时,高速低扭矩在104℃下进行,低速高扭矩在93℃下进行。

5. 齿轮润滑油的选用

与发动机润滑油的选择一样，车辆齿轮油的选择也包括使用性能级别的选择和黏度级别的选择两个方面。

1）使用性能级别的选择

车辆齿轮油使用性能级别的选择主要根据齿面压力、滑移速度和温度等工作条件，而这些工作条件又取决于传动装置的齿轮类型，所以，一般可按齿轮类型、传动装置的功能等来选择车辆齿轮油的使用性能级别。

一般来说，驱动桥主减速器工作条件苛刻，而双曲线齿轮式主减速器更为苛刻，对齿轮油使用性能要求更高。为了减少用油级别，在汽车各传动装置对齿轮油使用性能级别要求相差不大情况下，可选用同一使用性能级别的齿轮油。部分汽车要求的车辆齿轮油使用性能级别见表4-29。

部分汽车要求的车辆齿轮油使用性能级别　　　　　表4-29

汽车型号	变速器特点	驱动桥结构特点	车辆齿轮油使用性能级别
解放 CA1092	手动6挡	螺旋锥齿轮和圆柱齿轮，双级主减速器	GL-3
东风 EQ1092	手动5挡	双曲线齿轮，单级主减速器	变速器：GL-4/驱动桥：GL-5
北京切诺基	手动4挡，带分动器	双曲线齿轮，单级主减速器	GL-5
富康	手动4挡或5挡，两轴式	斜齿轮圆柱齿轮，单级主减速器	GL-5
捷达 CL	手动4挡，两轴式	斜齿轮圆柱齿轮，单级主减速器	GL-4 或 GL-5
奥迪100/红旗 CA7200	手动5挡，两轴式	双曲线齿轮，单级主减速器	GL-4 或 GL-5

2）黏度等级的选择

车辆齿轮油黏度级别的选择，主要根据最低气温和最高油温，并考虑车辆齿轮油换油周期较长的因素。车辆齿轮油的黏度应保证低温下的车辆起步，又能满足油温升高后的润滑要求。

如前所述，车辆齿轮油以表观黏度150Pa·s时作为低温流动性的极限，所以在SAE黏度分类中表观黏度为150Pa·s时的最高温度，就是保证低温操作性能的最低温度。

黏度级为75W、80W和85W的双曲线齿轮油的最低使用温度分别为 -40℃、-26℃和 -12℃。也就是说，车辆使用地区的最低气温不应低于所选齿轮油的上述各温度。若传动装置不是双曲线齿轮，使用最低气温可比上述相应的温度更低些。黏度级别选择应同时考虑高温时的润滑要求。一般来说，车辆齿轮油允许的承载最小黏度为 $86.3 \sim 215.8 \text{mm}^2/\text{s}$。

6. 齿轮润滑油的劣化与更换

车辆齿轮油在使用中，也有一个品质变化、品质监控问题。使用条件不同，车辆齿轮油换油标准也有差异。国外公司采用定期换油的方法，双曲面齿轮油换油周期为 $2 \times 10^4 \sim 2.5 \times 10^4 \text{km}$。

我国标准《重负荷车辆齿轮油（GL-5）换油指标》（GB/T 30034—2013），见表4-30。在使用过程中，表中有任何一项指标达到标准时，则应该更换齿轮油。

重负荷车辆齿轮油(GL-5)换油指标(GB/T 30034—2013)　　　　表 4-30

项　　　目	换油指标	试验方法
100℃运动黏度变化率(%)	+10 ~ -15	GB/T 265 和本标准
酸值(变化值以 KOH 计)(mg/g)	>11	GB/T 7304
正戊烷不溶物(%)	>1.0	GB/T 8926 B 法
水分(质量分数)(%)	>0.5	GB/T 260
铁含量(μg/g)	>2000	GB/T 17476 ASTM D6595
铜含量(μg/g)	>100	GB/T 17475、SH/T 0102 ASTM S6595

三、汽车润滑脂

润滑脂(俗称黄油)由基础油(润滑液体)、稠化剂和添加剂三部分组成。

润滑脂的润滑性质取决于所用润滑液体的润滑性质,润滑液体作为润滑脂的基础油非常重要,常用的润滑液体有矿物油、合成油、酯类油和硅油等。

稠化剂是润滑脂的重要组分,其性质和含量决定了润滑脂的黏稠程度以及耐水、耐热等使用性能。

润滑脂常用添加剂有胶溶剂、抗氧化剂、极压添加剂、防锈、防腐蚀剂、抗水剂和拉丝性增强剂等。

1. 润滑脂的使用性能

汽车上有许多部件采用润滑脂润滑,且各部件的工作条件都有差异。如:汽车轮毂轴承是使用润滑脂的主要部位,不仅要求润滑脂能满足轮毂轴承的高速剪切,同时还要减摩耐磨、适应高温的影响(特别是汽车在山区行驶时,长时间使用行车制动器的情况下);汽车钢板弹簧的润滑,不仅要满足润滑,还要抗冲击、抗水等。所以润滑脂还要具备一些特殊性质和使用性能。

1)稠度

稠度是指像润滑脂一类的胶凝性物质,在受力作用时抵抗变形的程度,一般用锥入计测定稠度。美国润滑脂协会(NLGI)按润滑脂在 25℃时的工作锥入度将润滑脂分为 000、00、0、1、2、3、4、5、6 共 9 个牌号,我国国家标准《润滑剂和有关产品(L 类)的分类 第 8 部分:X 组(润滑脂)》(GB/T 7631.8—1990)也采用该分类法,见表 4-31。

稠度等级和锥入度范围　　　　表 4-31

级　　号	25℃时的工作锥入度范围	级　　号	25℃时的工作锥入度范围
000	445 ~ 475	3	220 ~ 250
00	400 ~ 430	4	175 ~ 205
0	355 ~ 385	5	130 ~ 160
1	310 ~ 340	6	85 ~ 115
2	265 ~ 295		

2)低温性能

汽车在寒冷地区使用时,要求润滑脂在低温条件下仍能保持良好的润滑性能,取决于润

滑脂低温条件下的相似黏度和低温转矩。

3) 高温性能

润滑脂高温性能好,可以保持其在较高使用温度下的附着性能,其变质失效过程也较缓慢。润滑脂的高温性能可用滴点、蒸发量和轴承漏失量等指标进行。

4) 抗水性

润滑脂的抗水性表示润滑脂在大气湿度条件下的吸水性能,要求润滑脂储存和使用中不具有吸水的性能。

5) 防腐性

防腐性是润滑脂阻止与其相接触金属被腐蚀的能力。润滑脂产生腐蚀性原因主要是由于氧化产生酸性物质所致。

6) 机械安定性

润滑脂机械安定性指润滑脂在机械工作条件下抵抗稠度变化的能力。安定性差的润滑脂,在使用中容易变稀甚至流失,影响脂的寿命。

7) 胶体安定性

胶体安定性指润滑脂在储存和使用时避免胶体分解,防止液体润滑油析出的能力,即润滑油与稠化剂结合的稳定性。

8) 氧化安定性

在储存与使用时,润滑脂抵抗大气的作用,保持其性质不发生永久变化的能力称为氧化安定性。

9) 极压性与抗磨性

涂在相互接触的金属表面间的润滑脂所形成的脂膜,具有承受来自轴向与径向负荷的特性称为润滑脂的极压性。在苛刻条件下使用的润滑脂,需要添加极压添加剂,增强其极压性。

2. 润滑脂的分类

1) 汽车用润滑脂的类别

润滑脂的分类方法有三种:按润滑脂稠化剂类型分类和命名,按润滑脂使用性能和使用场合分类和命名,按润滑脂国家标准分类体系表分类和命名。在实际使用中,经常使用按润滑脂稠化剂类型分类和命名。

《润滑剂和有关产品(L类)的分类 第8部分:X组(润滑脂)》(GB/T 7631.8—1990)中按使用要求对润滑脂分类,该分类体系等效地采用了ISO的分类方法。润滑脂类型用一组(5个)大写英文字母组成的代号来表示,每个字母及书写见表4-32~表4-34。

润滑脂标记的字母顺序　　　　　　　　　　　　　　表4-32

字母及位置	字 母 含 义	字母及位置	字 母 含 义
L	润滑剂类	字母4	水污染(抗水性、防锈性)
X(字母1)	润滑剂组别	字母5	极压性
字母2	最低操作温度	稠度等级	稠度号
字母3	最高操作温度		

润滑脂分类（X 组）　　　　　　　　　表 4-33

代号字母1	总的用途	使用要求				水污染	字母4	负荷,EP	字母5
		操作温度范围							
		较低温度(℃)	字母2	较高温度(℃)	字母3				
X	用润滑剂的场合	0	A	60	A	在水污染的情况下,润滑脂的润滑性能与抗水性和防水性有关的符号	A	在高负荷或低负荷下,表示润滑与极压性能的符号:A 表示非极压性脂;B 表示极压型脂	A
		-20	B	90	B		B		B
		-30	C	120	C		C		
		-40	D	140	D		D		
		<-40	E	160	E		E		
		—		180	F		F		
		—		>180	G		G		
		—		—			H		
		—		—			I		

水污染的确定　　　　　　　　　表 4-34

环境条件①	防锈性②	字母4	环境条件①	防锈性②	字母4
L	L	A	M	H	F
L	M	B	H	L	G
L	H	C	H	M	H
M	L	D	H	H	I
M	M	E			

注：①L 为干燥；M 为静态潮湿；H 为水洗。
②L 为不防锈；M 为淡水存在条件下的防锈性；H 为盐水存在条件下的防锈性。

2）润滑脂按稠化剂的类型分类

润滑脂按稠化剂的类型分类和命名是最方便和通用的方法，汽车上常用的几种润滑脂有：

（1）钙基润滑脂、合成钙基润滑脂。钙基润滑脂是用天然脂肪酸钙皂稠化中等黏度矿物润滑油制成的，并以水作为胶溶剂。钙基脂的滴点在 75～100℃ 之间，使用温度不超过 60℃。否则，钙基润滑脂就会变软流失，不能保证润滑。钙基润滑脂具有良好的抗水性，遇水不易乳化变质，适用于潮湿环境或与水接触的各种机械部位的润滑。在汽车底盘上的某些润滑点都是用钙基脂来润滑的，主要利用其抗水性好的特点。钙基脂使用寿命较短，是目前主要淘汰的品种。

按其锥入度，钙基润滑脂分为 1、2、3、4 个牌号。号数越大，脂越硬，滴点越高。

（2）石墨钙基润滑脂。石墨钙基润滑脂是由动植物油钙皂稠化中等黏度的矿物油，并加入一定量片状石墨制成。石墨钙基润滑脂具有较好的极压性能和抗磨性能，并具有较好的抗水性，即能适应重负荷、粗糙摩擦面的润滑，又能适应与水或潮气接触的设备的润滑。石墨钙基脂适用于工作温度在 60℃ 以下的人字齿轮、汽车钢板弹簧、起重机、起重机齿轮转盘等粗糙、低速、重负荷的摩擦部位。石墨钙基脂不适用于滚动轴承及精密机件的润滑。

(3)钠基润滑脂。钠基脂耐热性好,其滴点高达160℃,可在120℃条件下较长时间工作并保持润滑性;钠基脂附着性强,可用于振动大、温度高的滚动轴承上,并有较好的承压性能,适应负荷范围较大。但钠基脂耐水性差,遇水易乳化,所以,不能用于与潮湿空气或水接触的润滑部位。钠基润滑脂可用于汽车、拖拉机等轮毂轴承润滑,按其锥入度分为2、3号两个牌号。

(4)钙钠基润滑脂。钙钠基脂有较好的抗水和耐热性。抗水性优于钠基脂,耐热性优于钙基脂。可以适应湿度不大、温度较高的工作条件,但不适于低温工作条件。常用于各种类型的电动机、汽车、拖拉机和其他机械设备滚动轴承的润滑,使用温度不高于90~100℃。钙钠基脂按其锥入度分为1、2号两个牌号。

(5)汽车通用锂基脂。汽车通用锂基润滑脂具有良好的高、低温性能,可在-30~120℃的宽温度范围内使用。同时,该种润滑脂有良好的防水性、防锈性等,可在潮湿和与水接触的机械部件上使用。另外,通用锂基润滑脂有良好的机械安定性、胶体安定性、氧化安定性、抗水性和润滑性,在高速运转的机械剪切作用下,润滑脂不会变稀流失,进而能保证良好的润滑。汽车通用锂基脂适用于-30~120℃温度范围内汽车轮毂轴承、底盘、水泵等摩擦副的润滑。进口汽车和国产汽车普遍推荐使用汽车通用锂基脂。

3. 汽车润滑脂规格

汽车用润滑脂的规格符合《汽车通用锂基润滑脂》(GB/T 5671—2014)、《通用锂基润滑脂》(GB/T 7324—2010)和《石墨钙基润滑脂》(SH/T 0369—1992)标准。表4-35为我国汽车通用锂基润滑脂的规格。

汽车通用锂基润滑脂 表4-35

项 目	质量指标		试验方法
	2号	3号	
工作锥入度(1/10mm)	265~295	220~250	GB/T 269
延长工作锥入度(100 000次),变化率(%)	≤20		GB/T 269
滴点(℃)	≥180		GB/T 4929
防腐蚀性(52℃,48h)	合格		GB/T 5018
蒸发量(99℃,22h)(质量分数)(%)	≤2.0		GB/T 7325
腐蚀(T$_2$铜片,100℃,24h)	铜片无绿色或黑色变化		GB/T 7326,乙法
水淋流失量(79℃,1h)(质量分数)(%)	≤10.0		SH/T 0109
钢网分油(100℃,30h)(质量分数)(%)	≤5.0		NB/SH/T 0324
氧化安定性(99℃,100h,0.770MPa),压力降(MPa)	≤0.070		SH/T 0325
漏失量(104℃,6h)(g)	≤5.0		SH/T 0325
游离碱含量(以折合的NaOH质量分数计)(%)	≤0.15		SH/T 0329
杂质含量(显微镜法)(个/cm^3)			
10μm以上	≤2000		
25μm以上	≤1000		SH/T 0336
75μm以上	≤200		
125μm以上	≤0		

续上表

项　　目	质量指标		试验方法
	2号	3号	
低温转矩(-20℃)(mN·m)			SH/T 0338
起动	≤790	≤990	
运转	≤390	≤490	

注:如果需要,基础油运动黏度应该在实验报告中进行说明。

4. 汽车润滑脂的选择

汽车润滑脂的选用包括润滑脂的品种和稠度级号的选用。主要考虑因素有温度、转速、负荷和工作环境。

润滑脂的品种选择就是根据工作温度、工作环境、负荷和转速、进行操作时的温度范围、水污染和极压性的选择,也可按汽车使用说明书要求选用。

汽车上的主要润滑部位多用锂基脂;对受冲击载荷以及在极压条件下工作的钢板弹簧则用石墨钙基脂;对工作温度过高或过低的地区应选特殊润滑脂(如低温润滑脂、高温润滑脂等);为保护蓄电池接线柱,可用工业凡士林。汽车润滑脂品种选择可参考表4-36。

稠度级号选用可根据加脂方式、气温、工作温度等选择。一般多用2号润滑脂。

汽车润滑脂的选择　　　表4-36

润滑脂	使用部位
汽车通用锂基润滑脂	轮毂轴承、水泵轴承、起动机轴承、发电机轴承、离合器分离轴承和底盘用脂润滑部位
石墨钙基润滑脂	钢板弹簧

5. 汽车用润滑脂的使用注意事项

汽车用润滑脂的使用注意事项如下:

(1)根据润滑部位的要求,按照汽车使用说明书的规定,使用规定种类、牌号的润滑脂。

(2)新润滑脂和废润滑脂无论是否同一种类,都不允许混合使用。

(3)严防机械杂质混入润滑脂中。

(4)润滑脂的加注量不要过多。

6. 汽车用润滑脂的变质与检验

在使用过程中,润滑脂的变质主要是由于润滑脂本身发生的物理、化学变化以及异物混入而引起。

由于温度升高和空气的影响,润滑脂发生氧化,在化学成分上发生变化,抗氧化剂被消耗并生成氧化产物,使脂的滴点下降、锥入度减小,产生腐蚀物质。此外,由于蒸发和氧化使基础油量减少,锥入度减小。

在使用中由于受离心力的作用,促进分油,也易引起润滑脂锥入度减小。另外,由于机械剪切作用,使稠化剂的结构破坏,可引起锥入度的增大或减小。

润滑脂的滴点降低,锥入度增大均可增加漏失量,如锥入度变得过小则会影响润滑。

在使用中,由于异物混入可使润滑脂变质。其内部因素是轴承磨损的金属粉末混入脂中,外部因素是混入机械杂质、水分等。润滑脂混入杂质后,会使加剧摩擦副磨损,而混入水分会使润滑脂变质。

润滑脂变质程度可通过检验来判断。可检验使用中的脂的稠度、滴点、酸值等的变化，检验脂中由于轴承磨损或从外部混入的铁、铜等，以及用电子显微镜观察稠化剂破坏的程度。

第三节 汽车工作液的使用

一、发动机冷却液

发动机冷却液又称为防冻液，是在强制循环式水冷发动机冷却系统中用于高温机件散热的一种工作介质。为保障汽车发动机正常工作和延长发动机使用寿命，发动机冷却液应具备如下使用性能。

1. 汽车发动机冷却液的使用性能

发动机工作时，汽缸内部产生高温、高压气体。为保证发动机正常工作，应对其进冷却；同时，为防止发动机在严寒季节不发生缸体、散热器和冷却系管道的冻裂，还应对发动机冷却系统进行防冻处理；另外，还要求冷却系统用冷却介质防腐蚀、防水垢等。所以，现发动机（水冷式）都应使用冷却液。

为保证汽车发动机正常工作并延长使用寿命，冷却液应具备以下性能：

(1) 低温黏度小，流动性好。低温黏度越小，说明冷却液流动性越好，其散热效果越好。

(2) 冰点低。若冷却液的冰点达不到所要求的低温时，发动机冷却系统就可能被冻裂。因此，要求发动机冷却液的冰点要低。

(3) 沸点高。发动机冷却液应在较高温度下不沸腾，可保证汽车以满载、高负荷工作时正常运行。同时，沸点高则蒸发损失也少。

(4) 防腐性好。冷却液要接触多种金属材料，如果对金属有腐蚀性，就会影响发动机正常工作，甚至造成事故。

(5) 不产生水垢，不起泡沫。水垢对发动机冷却系的散热效果影响很大。发动机冷却液如果产生气泡，不仅会降低传热性，加剧气蚀，同时还会造成冷却液溢流而损失。

另外，还要求汽车冷却液传热效果好，不损坏橡胶制品，热化学安定性好，蒸发损失少，热容量大，价廉、无毒等。

2. 汽车发动机冷却液的种类及规格

冷却液的主要种类有水—乙醇、水—丙三醇、水—乙二醇按一定比例配制。冷却液的冷却效果主要与乙醇、乙二醇、丙三醇的性质和配制比例有关，冷却液的冰点与其成分比例关系见表4-37。

(1) 水—乙醇型，又称水—酒精型。优点是流动性好，价格便宜，配制简单。但是酒精的沸点低，仅为78.40℃，蒸发损失大，易燃，蒸发后冰点升高。

(2) 水—丙三醇型，又称水—甘油型。甘油的沸点高，挥发损失小。甘油的冰点为 −17℃，但与水混合后冰点可以降低，最低可达 −46.5℃。但甘油降低冰点的效率低，使用时不经济。

冷却液的冰点与其成分比例关系　　　　　　表4-37

冰点(℃)	水—乙醇 (乙醇体积分数)(%)	水—丙三醇 (丙三醇体积分数)(%)	水—乙二醇 (乙二醇体积分数)(%)
-5	11.27	21	—
-10	19.54	32	28.4
-15	25.46	43	32.8
-20	30.65	51	38.5
-25	35.09	58	45.3
-30	40.56	64	47.8
-35	48.15	69	50.9
-40	55.11	73	54.7
-45	62.39	76	57.0
-50	70.06	—	59.0

(3) 水—乙二醇型。沸点高,挥发损失小,使用周期长,使用中要及时补充蒸发掉的水。冰点低,最低可达-68℃。缺点是乙二醇有毒,配制时须注意。乙二醇在使用中易氧化生成酸性物质,对冷却系统有腐蚀作用。因此在配制时,必须要加入一定量的防腐蚀添加剂。

目前,国内外普遍采用水—乙二醇型冷却液。它是由软水和乙二醇加上防锈防霉、pH调节剂、抗泡剂及着色剂等添加剂组成,具有防冻、防腐、防沸及防垢等性能,属长效冷却液,四季通用。

《机动车发动机冷却液》(GB 29743—2013)中冷却液按发动机使用负荷大小分成轻负荷冷却液和重负荷冷却液两类;而乙二醇型冷却液和丙二醇型冷却液按照冰点,又都可以分为-15号、-20号、-25号、-30号、-35号、-40号、-45号和-50号八个牌号。表4-38为乙二醇型冷却液理化性能要求。

乙二醇型冷却液理化性能要求技术要求　　　　　　表4-38

项　目		要　求								试验方法
		LEC-Ⅰ HEC-Ⅰ	LEC-Ⅱ-15 HEC-Ⅱ-15	LEC-Ⅱ-20 HEC-Ⅱ-20	LEC-Ⅱ-25 HEC-Ⅱ-25	LEC-Ⅱ-30 HEC-Ⅱ-30	LEC-Ⅱ-35 HEC-Ⅱ-35	LEC-Ⅱ-40 HEC-Ⅱ-40	LEC-Ⅱ-45 HEC-Ⅱ-45	LEC-Ⅱ-50 HEC-Ⅱ-50	
其他二元醇含量 (质量分数)(%)		≤15									GB/T 14571.2
密度(20℃)(g/cm³)		1.108~1.144	≥1.036	≥1.044	≥1.050	≥1.055	≥1.060	≥1.065	≥1.070	≥1.076	SH/T 0068
冰点 (℃)	原液	—	≤-15.0	≤-20.0	≤-25.0	≤-30.0	≤-35.0	≤40.0	≤45.0	≤50.0	SH/T 0090
	50%体积稀释液	≤-36.4									

续上表

项　　目		要　　求									试验方法
		LEC-Ⅰ HEC-Ⅰ	LEC-Ⅱ -15 HEC-Ⅱ -15	LEC-Ⅱ -20 HEC-Ⅱ -20	LEC-Ⅱ -25 HEC-Ⅱ -25	LEC-Ⅱ -30 HEC-Ⅱ -30	LEC-Ⅱ -35 HEC-Ⅱ -35	LEC-Ⅱ -40 HEC-Ⅱ -40	LEC-Ⅱ -45 HEC-Ⅱ -45	LEC-Ⅱ -50 HEC-Ⅱ -50	
沸点 (℃)	原液	≥163.0	≥105.5	≥106.0	≥106.5	≥107.0	≥107.5	≥108.0	≥108.5	≥109.0	SH/T 0089
	50%体积稀释液	≥108.0	—								
灰分(质量分数)(%)		≤5.0	≤2.5				≤3.0				SH/T 0067
pH值	原液	—	7.5~11.0								SH/T 0069
	50%体积稀释液	7.5~11.0	—								
氯含量(mg/kg)		≤60									SH/T 0086
水分(质量分数)(%)		≤5.0									SH/T 0091
储备酸度(mL)		报告值									
对汽车有机涂料的影响		无影响									SH/T 0084

注：其他二元醇包含：二乙二醇、三乙二醇、四乙二醇、丙二醇、二丙二醇、三丙二醇和1,3丙二醇等。

3.汽车发动机冷却液的选用

选用冷却液时,其冰点要比车辆运行地区的最低气温低10℃左右。

应注意乙二醇冷却液的最低和最高使用浓度。一般规定最低使用浓度为33.3%（体积分数),此时冰点不高于-18℃,低于此浓度时则冷却液的防腐蚀性不够;而最高使用浓度为69%（体积分数),此时冰点为-68℃,高于此浓度时则冰点反而会上升。全年使用冷却液的车辆,其最低使用浓度为50%（体积分数）左右为宜。

4.汽车发动机冷却液使用注意事项

除正确选择冷却液的规格外,还应注意以下几点：

（1）加注冷却液前,应对发动机冷却系进行清洗。最简单的方法是打开散热器放水阀,用自来水从加水口冲洗。

（2）冲洗后,加注冷却液,并检查冷却液的密度。

（3）水—乙二醇型冷却液中的水在使用中较易蒸发,应及时添加适量的水。应定期（如每年入冬前)检查冷却液的密度,如密度变小,就说明乙二醇含量不足,冰点高,应及时加充冷却液(或浓缩型冷却液)。乙二醇—水型防冻液温度与密度、冻结温度及浓度见表4-39。

乙二醇—水型防冻液密度、冻结温度、安全使用温度及浓度的关系　　　　表4-39

| 防冻液密度(g/cm³) | | | | | 冻结温度 | 安全使用温度 | 浓度 |
10℃	20℃	30℃	40℃	50℃	(℃)	(℃)	(%)
1.054	1.050	1.046	1.042	1.036	-16	-11	30
1.063	1.058	1.054	1.049	1.044	-20	-15	35
1.071	1.067	1.062	1.057	1.052	-25	-20	40
1.079	1.074	10.69	1.064	1.058	-30	-25	45
1.087	1.083	1.076	1.070	1.064	-36	-31	50
1.095	1.090	1.084	1.077	1.070	-42	-37	55
1.103	1.098	1.092	1.076	1.076	-50	-45	60

（4）乙二醇有毒，在使用乙二醇型冷却液时切勿用嘴吸。

（5）使用过程中，冷却液中的添加剂不断消耗。因而使用一定时间后，应更换冷却液。一般规定1~2年，或按照冷却液使用说明执行。

（6）不同牌号、成分、品牌冷却液不可混用。

二、汽车制动液

制动液俗称刹车油，是汽车液压制动系统中传递压力的工作介质。其使用性能对汽车的行驶安全性有很大的影响。

1. 汽车制动液的使用性能

汽车制动液的工作温度范围很宽。当气温低时，制动液黏度会增大，低温流动性差；而工作温度高时，易产生气阻。当制动液遇潮吸水后，会使沸点下降，易于形成气阻。同时制动液不应对液压制动系统产生腐蚀。因此，汽车制动液应具有以下使用性能。

（1）高温抗气阻性。如果制动液沸点过低，在高温时会蒸发成蒸汽，使液压制动系管路中产生气阻，导致制动失灵。为保证行车安全，要求制动液具有高沸点、低挥发性，且夏天不易产生气阻。

制动液高温抗气阻性的评定指标是平衡回流沸点、湿平衡回流沸点和蒸发性。

（2）运动黏度。在使用温度范围内，汽车制动液应有很好的流动性，使系统内的压力能随制动踏板的动作迅速上升和下降，橡胶皮碗能在制动缸中顺利滑动。因此，要求制动液在很宽的温度范围内保持适当的黏度。

（3）与橡胶配伍性。制动液不应对制动系中的橡胶件造成显著的溶胀、软化或硬化等不良影响。

（4）金属腐蚀性。液压制动系统的主缸、轮缸、活塞、复位弹簧、导管和阀等零件，主要采用金属材料制成，制动液应不腐蚀金属。

（5）稳定性。制动液的稳定性包括高温稳定性和化学稳定性，即制动液在高温时与相容液体混合后其平衡回流沸点较为稳定。

（6）耐寒性。制动液的耐寒性是指制动液在低温条件下的流动性和外观变化。

（7）溶水性。制动液吸水后应能与水互溶，不产生分离和沉淀。

（8）抗氧化性。为防止零件腐蚀，要求制动液在高温条件下具有良好的抗氧化性。

(9)润滑性和材料适应性。为保证橡胶皮碗能在制动缸中顺利地滑动,要求制动液具有润滑性;同时,也要求制动液与液压制动系的零件相适应。

2. 汽车制动液的分类及典型规格

美国联邦政府运输安全部(DOT)制定的联邦机动车辆安全标准(FMVSS)的规格具体是FMVSS No.116 的 DOT3、DOT4 和 DOT5,是世界公认的汽车制动液通用标准。

2012 年,我国颁布了《机动车辆制动液》(GB 12981—2012)标准,该标准涉及机动车液压制动和液压离合系统用非石油基型制动液一个产品系列,产品系列名为 HZY,其中,H、Z、Y 三个大写字母分别为"合成"、"制动"、"液体"三个汉语词组第一个汉字的汉语拼音首字母。

按产品使用工况温度和黏度要求的不同分为 HZY3、HZY4、HZY5、HZY6 四种级别。制动液的相关技术要求和试验方法见表 4-40。

机动车辆制动液的技术要求和试验方法　　　　表 4-40

序号	项目	质量指标				试验方法
		HZY3	HZY4	HZY5	HZY6	
1	外观	清亮透明,无悬浮物、杂质及沉淀				目测
2	运动黏度(mm^2/s) 　-40℃ 　100℃	≤1500 ≥1.5	≤1500 ≥1.5	≤900 ≥1.5	≤750 ≥1.5	GB/T 265
3	平衡回流沸点(ERBP)(℃)	≥205	≥230	≥260	≥250	SH/T 0430
4	湿平衡回流沸点(ERBP)(℃)	≥140	≥155	≥180	≥165	GB 12981—2012 附录 C
5	pH 值	7.0~11.5				GB 12981—2012 附录 D
6	液体稳定性(ERBP 变化)(℃) 　高温稳定性(185℃±2℃,120min±5min) 　化学稳定性	±5 ±5				GB 12981—2012 附录 E
7	腐蚀性(100℃±2℃,120h±2h) 　试验后金属片质量变化(mg/cm^2) 　　镀锡铁皮 　　钢 　　铸铁 　　铝 　　黄铜 　　紫铜 　　锌 　试验后金属片外观 　试验后试液性能外观 　　pH 值 　　沉淀物(体积分数)(%) 　试验后橡胶皮碗状态 　　外观 　　硬度降低值 　　根径增值(mm) 　　体积增加值(%)	-0.2~+0.2 -0.2~+0.2 -0.2~+0.2 -0.1~+0.1 -0.4~+0.4 -0.4~+0.4 -0.4~+0.4 无肉眼可见坑蚀和表面粗糙不平,允许脱色或色斑无凝胶,在金属表面无黏附物 7.0~11.5 ≤0.10 表面不发黏,无炭黑析出 ≤15 ≤1.4 ≤16				GB 12981—2012 附录 F

续上表

序号	项目	质量指标				试验方法
		HZY3	HZY4	HZY5	HZY6	
8	低温流动性和外观 　-40℃±2℃,144h±2h 　　外观 　　气泡上浮至液面的时间(s) 　　沉淀物 　-50℃±2℃,6h±0.2h 　　外观 　　气泡上浮至液面的时间(s) 　　沉淀	清亮透明均匀 ≤10 无 清亮透明均匀 ≤35 无				GB 12981—2012 附录G
9	蒸发性能(100℃±2℃,168h±2h) 　蒸发损失(%) 　残余物性质 　残余物倾点(℃)	≤80 用指尖摩擦时,沉淀中含有颗粒性砂粒和磨蚀物 ≤-5				GB 12981—2012 附录H
10	溶水性(22h±2h) 　-40℃ 　　外观 　　气泡上浮至液面的时间(s) 　　沉淀 　60℃ 　　外观 　　沉淀量(体积分数)(%)	清亮透明均匀 ≤10 无 清亮透明均匀 ≤0.05				GB 12981—2012 附录I
11	溶水性(22h±2h) 　-40℃±2℃ 　　外观 　　沉淀 　60℃±2℃ 　　外观 　　沉淀量(体积分数)(%)	清亮透明均匀 无 清亮透明均匀 ≤0.05				GB 12981—2012 附录I
12	抗氧化性(70℃±2℃,168h±2h) 　金属片外观 　金属片质量变化(mg/cm²) 　　铝 　　铸铁	无可见坑蚀和点蚀,允许痕量胶质沉积, 允许试片脱色 -0.05~+0.05 -0.3~+0.3				GB 12981—2012 附录J

续上表

序号	项　目	质量指标 HZY3	HZY4	HZY5	HZY6	试验方法
13	橡胶适应性(120℃±2℃,70h±2h) 丁苯橡胶(SBR)皮碗 　根径增值(mm) 　硬度降低值(IRHD) 　体积增加值(%) 　外观 三元乙丙橡胶(EPDM)试件 　硬度降低值(IRHD) 　体积增加值(%) 　外观		0.15~1.40 ≤15 1~16 不发黏,无鼓泡,不析出炭黑 ≤15 0~10 不发黏,无鼓泡,不析出炭黑			GB 12981—2012 附录 K
14	行程模拟性能(85000次行程,120℃±5℃,7.0MPa±0.3MPa)		通过			GB 12981—2012 附录 L
15	防锈性能		合格			GB 12981—2012 附录 M

3. 汽车制动液的选用

优先选用合成制动液,选用时应该注意以下几点:

(1)了解物理化学性能。如透明度,有无沉淀和异味、黏度、使用温度等。

(2)不同规格的制动液不能混用:不同类型的制动液混合后,因组分不同,可能发生反应、分层或沉淀而堵塞制动系统。

(3)注意防火。制动液中含有机溶剂,易燃、易挥发,因此要注意防火,远离火源,防止日晒雨淋,避免吸水变质而影响使用性能。

(4)防止水分或矿物油混入。

(5)汽车的制动液更换期一般是二年。

部分汽车所用制动液的规格和更换期限见表4-41。

部分汽车所用制动液规格和更换期　　　表4-41

车　型	制动液级别	更　换　期
富康(CITROEN ZX 型)	DOT$_4$	每24个月或行驶超过3万km
夏利(TJ7100)	DOT$_3$	每12个月
捷达	DOT$_4$	每24个月或行驶超过3万km
北京切诺基	DOT$_3$ 或 DOT$_4$	每24个月或行驶超过2.4万km

第四节　汽车轮胎的使用

轮胎是汽车的重要部件,它的性能对汽车的动力性、燃油经济性、制功性、行驶平顺性、操纵稳定性和通过性等都有直接影响。轮胎费用占汽车运输成本的10%左右。由于汽车技术水平和轮胎的结构种类不同,轮胎的使用寿命5万~20万km之间。因此,正确使用和维护轮胎,延长轮胎的使用寿命,不仅减少轮胎磨损,降低汽车运输成本,而且极大地影响着汽车的使用性能。

一、汽车轮胎的结构

1. 轮胎的作用

1) 承载质量

汽车轮胎与地面直接接触,汽车本身的质量和汽车上的乘人及载运货物的质量都要依靠轮胎来支承,因此,轮胎必须具有足够的承受载荷的能力。轮胎承受的载荷与载质量有关外,还与路面质量、汽车行驶速度等因素有关。若路面质量差、汽车行驶速度快,就会使汽车的动载荷增加,致使轮胎负载增加。

2) 缓冲

汽车行驶时因路面不平要受到冲击。为保证汽车具有良好的乘坐舒适性,必须设法消除和衰减汽车行驶中产生的振动,这一任务通常是由轮胎和汽车悬架共同来完成的。为此,轮胎必须具有适当的弹性。

3) 提供附着

汽车行驶所需要的驱动力、汽车减速或停车所需要的制动力等都要靠轮胎与路面的作用而产生,因此,轮胎与路面间应有良好的附着性能。为了增加轮胎的附着作用,轮胎胎面应具有多种形状的花纹。

2. 轮胎的结构

目前车用轮胎普遍使用充气无内胎结构方式,按胎体帘线排列方向分为普通斜交轮胎和子午线轮胎。

1) 普通斜交轮胎

普通斜交轮胎的结构特点是胎体帘布层帘布排列方向与轮胎断面成一定夹角,帘线是由一侧胎边穿过胎面到另一侧胎边,并且由这种斜置帘线组成的多层(层数通常为偶数)帘布交错叠合,呈斜交方式排列,结构如图4-1所示。为了兼顾轮胎的侧向刚性的缓冲性能,一般取胎冠角为50°~52°。

普通斜交轮胎具有噪声小、制造容易、价格便宜等优点。但是,由于帘布层的斜交排列,给轮胎胎面和胎侧同时增加了强度,所以其弹性较差,只有在适当充气时,轮胎才有一定的柔软和舒适。普通斜交轮胎还有滚动阻力大、行驶油耗高、承载能力较弱等缺点。因此,其使用受到了一定的限制。由于价格便宜,被广泛使用于轻型载货汽车和农用车中。

图4-1 普通斜交轮胎结构

2) 子午线轮胎

子午线轮胎的结构特点是胎体帘布层帘线排列方向与轮胎子午线端面一致,呈环形排列,帘布也是由一侧胎边穿过胎面到另一侧胎边,同时在圆周方向有一带束层,结构如图4-2所示。胎体帘布层帘线的环形排列,使帘线的强度得到了充分利用,这使得子午线轮胎的帘布层数可比普通斜交轮胎减少40%~50%。同时，由于帘布层的交错排列，所以帘布层数可以是奇数。

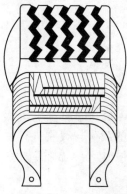

带束层的采用可防止帘线在圆周方向只靠橡胶联系而难以承担汽车行驶时产生的切向力。带束层一般采用强度较高、伸张很小的纤维织物帘布或钢丝帘布制造，能紧紧箍在胎体上，其作用是保证轮胎具有一定的外形尺寸，承受内压引起的负荷及滚动时所受的冲击力，减少胎面与胎体帘布层所受负荷等。带束层一般有多层，相邻层线呈交叉排列，它们与胎面中心夹角很小，一般为10°~20°，这就使得帘布层帘线和带束层帘线交叉于三个方向，形成许多密实的三角形网状结构。这种结构能有效阻止胎面向周围和横向伸张与压缩，从而大大提高了胎面的刚度，减少了胎面与路面的滑移，提高了胎面的耐磨性。

图4-2　子午线轮胎结构

3）子午线轮胎与普通斜交轮胎的对比

子午线轮胎与普通斜交胎的对比如图4-3所示。

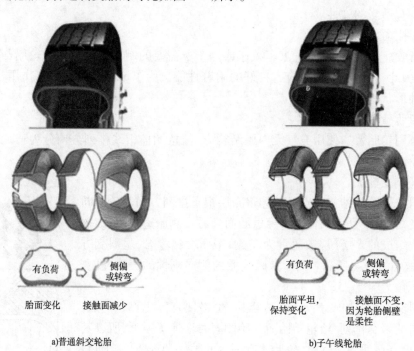

图4-3　普通斜交轮胎与子午线轮胎的对比

（1）使用寿命长。普通斜交轮胎是由胎体帘线构成轮胎的骨架，从胎冠到胎侧的柔软度是均匀的。而子午线轮胎基本骨架的胎体帘线则呈环形排列，层数减少，所以胎侧部分柔软，在径向容易变形，滚动时与地接触面积大，对地面的单位压力减小，所以使胎面磨耗减少，耐磨性好。子午线轮胎在圆周方向有带束层，从而保证了胎面的刚性较大，这可有效阻止胎面周向和侧向的伸缩，从而减少了胎面与路面的滑移。所以子午线轮胎的使用寿命较长，其行驶里程一般比普通斜交轮胎长50%~100%。

(2) 缓冲能力好。由于子午线轮胎的胎侧比较软,所以在即使在充足气之后,两侧壁上也会产生一个特殊的隆起,好像充气不足[图4-3b)]。正因为子午线轮胎有径向容易变形这个特点,所以它可以缓和不平路面的冲击,并吸收大部分冲击能量,使汽车具有良好的行驶平顺性和乘坐舒适性,从而延长汽车零件的使用寿命。

(3) 滚动阻力小。子午线轮胎的滚动阻力小,是由于胎冠具有较厚而坚硬的缓冲层,因而轮胎滚动时胎冠变小,生低热。同时,由于子午线轮胎帘布层数少,层间摩擦力小,所以其滚动阻力比普通斜交轮胎小20%～30%。因此,使子午线轮胎不仅可提高汽车行驶速度,而且还可提高汽车燃料经济性。一般花纹设计合理的低滚动阻力子午线轮胎可降低车辆油耗8%～10%。

(4) 承载能力大和附着性好。由于子午线轮胎的帘线排列与轮胎的主要变形方向一致,因而其连线强度得到充分利用,当负荷增大时,其承载能力比普通斜交轮胎大。

由于子午线轮胎胎体弹性大,使其滚动时与地接触面积大,且由于其胎面刚度大使得胎面滑移小,以其附着性能好。

(5) 纵稳定性好。汽车转向行驶时,轮胎承受侧向冠比较大此时,子午线轮胎的胎侧变形会较大,但胎冠接地面积基本不变,而普通斜交轮胎却是胎侧变形不大但整个轮胎倾斜,胎冠接地面积小。所以子午线轮胎在转向时的稳定性明显好于普通斜交轮胎。

但子午线轮胎的缺点是胎侧易裂口,制造技术要求高,成本高,翻新困难。由于子午线轮胎的综合性能明显优越于普通斜交轮胎,因此应用前景将会越来越广阔。

二、汽车轮胎的规格

1. 汽车轮胎的规格

1) 基本术语

轮胎的主要尺寸包括轮胎外直径、轮胎内直径,轮胎断面高度、轮胎断面宽度、负荷下静半径、轮胎滚动半径、双胎间距等,如图4-4所示。

(1) 轮胎外径 D。又称轮胎总直径,是指轮胎按规定压力充足气后,在无任何负荷状态下胎面最外直径。

(2) 轮胎内径 d。指轮胎按规定压力充足气体后,在无任何负荷状态下轮胎内圈直径。轮胎内径一般与配用轮辋的直径相一致。

(3) 轮胎断面高度 H。指轮胎按规定压力充足气体后,轮胎外径与轮胎内径之差的一半。即:

$$轮胎断面高度 = \frac{轮胎外径 - 轮胎内径}{2}$$

(4) 轮胎的断面宽度 B。指按规定压力充足气后,轮胎外侧面间距离。

(5) 静态负荷半径。指轮胎按规定压力充足气后,轮胎在静止状态下只承受法向负荷作用时,由轮轴中心到支承面的垂

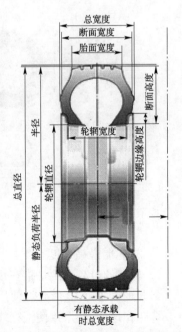

图4-4 轮胎的主要尺寸

直距离。

(6)滚动半径。指车轮旋转与滑移运动的折算半径。计算公式为：

$$r = \frac{S}{2\pi n_w}$$

式中：r——轮胎滚动半径，mm；
　　　S——车轮移动的距离，mm；
　　　n_w——车轮旋转的圈数。

(7)双胎间距。指车辆后轴一侧使用双胎时两轮胎并列连接后轮胎中心线间的距离。

2)高宽比

指轮胎断面高度 H 与轮胎断面宽度 B 的比值，以百分比形式表示，H/B(%)。轮胎的高宽比又称扁平率，如图4-5所示。

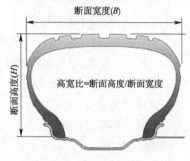

轮胎通常根据扁平率划分系列。汽车轮胎常见扁平率的百分号一般省略，通常为80、75、65、60、55、50、45等，相对应的轮胎系列分别为80系列、75系列、70系列、65系列、60系列、55系列、50系列和45系列等。

轮胎发展的方向是扁平率越来越小，即扁平化。轮胎的扁平率小，说明轮胎的断面高度小、断面宽度大，因而在相同的承载能力下，宽断面轮胎较普通轮胎的直径减小，从

图4-5　轮胎的高宽比

而可降低整车重心，提高汽车行驶稳定。如图4-6所示为轿车轮胎升级后的比较。在轮胎外径不改变的情况下，降低了扁平率，提高了轮胎断面宽度、轮毂直径和速度等级，使轮胎增大接地面积，减小了接地比压，磨损小，滚动阻力小，抗侧向稳定性强。

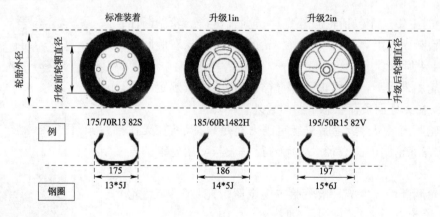

图4-6　轿车轮胎升级示意图(尺寸单位：mm)

3)轮胎最高速度

轮胎的最高速度是指在规定的路面级别、轮辋名义直径等条件下，在规定持续行驶时间(最长时间1h)内，所允许使用的最高速度。将轮胎最高速度(km/h)分为若干级，用字母表示，叫作速度符号，以便根据汽车的最高速度正确选装轮胎速度等级。表4-42所示为轮胎速度级别的表示符号和允许的最高行驶速度。

第四章 汽车运行材料的使用

轮胎速度级别符号与最高行驶速度 表4-42

级别符号	最大速度(km/h)	级别符号	最大速度(km/h)	级别符号	最大速度(km/h)
J	100	Q	160	W	270
K	110	R	170	Y	300
L	120	S	180	VR	>210
M	130	T	190	ZR	>240
N	140	H	210	ZR(Y)	>300
P	150	V	240		

注：当ZR和W/Y(Y)同时出现在规格表示时，最大速度就是W/Y/(Y)所表达的速度。例如：275/40 ZR 17 98Y，最大速度为300km/h。

表4-42规定的速度级别符号既适用于乘用车轮胎，也适用于商用车轮胎，但它们的含义不完全相同。对于乘用车轮胎，它是指不允许超过的最高速度；对于商用车轮胎，它是随负荷降低可以超过的参考速度。

4) 轮胎负荷指数和负荷能力

轮胎的负荷指数是指在轮胎最高速度、最大充气压力等规定条件下负荷能力的参数，以数字表示，如表4-43所示。表4-43是从《轿车轮胎》（GB 9743—2015）中摘录的一部分。

轮胎负荷指数和轮胎负荷能力 表4-43

LI	TLCC(kg)	LI	TLCC(kg)	LI	TLCC(kg)	LI	TLCC(kg)	LI	TLCC(kg)	LI	TLCC(kg)
0	45	5	51.5	10	60	15	69	270	106000	275	121000
1	46.2	6	53	11	61.5	16	71	271	109000	276	125000
2	47.5	7	54.5	12	63	17	73	272	112000	277	128500
3	48.7	8	56	13	65	18	75	273	115000	278	132000
4	50	9	58	14	67	19	77.5	274	118000	279	136000

5) 轮胎层级

轮胎的层级是表示轮胎承载能力的相对指数，主要用于区别尺寸相同但结构和承载能力不同的轮胎。轮胎的层数与轮胎帘布层的实际层数没有直接关系，就是说轮胎的层级不代表轮胎帘布层的实际层数。轮胎层级常用PR表示。

2. 汽车轮胎的表示方法

1) 轮胎胎侧表示

轮胎的胎侧都有标志，规定要求用凸字表示于胎侧醒目位置，内容包括轮胎的规格、速度级别符号、负荷能力、标准轮辋、生产编号和厂家品牌等，如图4-7所示。正确识别这些标志对轮胎的选配、使用、保养十分重要，对于保障行车安全和延长轮胎使用寿命具有重要意义。

2) 轮胎规格

在轮胎胎侧会有明显大凸字显示轮胎的规格。该规格基本反映了欧洲国家、美国和我国等对汽车轮胎规格的规定。

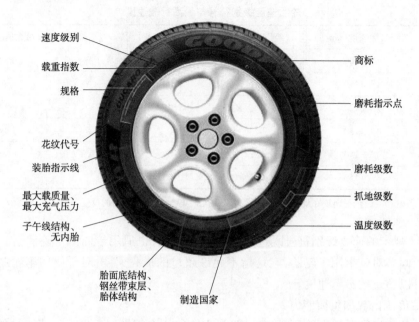

图 4-7　轮胎胎侧标志

(1) 乘用车（轿车）轮胎。

① 斜交轮胎。微型轿车用斜交轮胎，示例：

$$6.07—13—6PR$$

其中：6.07——轮胎的名义断面宽度（6.07in）；

　　　13——轮辋名义直径（13in）；

　　　6PR——轮胎层级（6 层级）。

② 子午线轮胎。轿车用子午线轮胎，示例：

$$205/55 \quad R \quad 16 \quad 82 \quad V$$

其中：205——轮胎名义断面宽度（205mm）；

　　　55——高宽比（扁平率 55%）；

　　　R——结构代号（子午线轮胎标志）；

　　　16——轮辋名义直径（16in）；

　　　82——负荷指数；

　　　V——速度等级符号。

(2) 商用车（载货汽车）轮胎规格。

① 微型载货汽车普通断面斜交轮胎，示例：

$$4.50—12 \quad ULT \quad 4PR \quad 67/65 \quad G$$

其中：4.50——轮胎名义断面宽度（4.50in）；

　　　——结构代号（"—"为斜交轮胎结构代号）；

　　　12——轮辋名义直径（12in）；

　　　ULT——微型载货汽车轮胎代号；

　　　4PR——轮胎层级；

67/65——负荷指数(单胎/双胎);

G——速度等级符号。

②轻型载货汽车普通断面子午线轮胎,示例:

7.50 R 16 LT 8PR 112/107 Q

其中:7.50——轮胎名义断面宽度(7.50in);

R——结构代号(子午线轮胎标志);

16——轮辋名义直径(16in);

LT——轻型载货汽车轮胎代号;

8PR——轮胎层级;

112/107——负荷指数(单胎/双胎);

Q——速度等级符号。

③轻型载货汽车公制子午线轮胎,示例:

215/75 R 14 LT 104/101 Q

其中:215——轮胎名义断面宽度(215mm);

75——高宽比(扁平率75%);

R——结构代号(子午线轮胎标志);

14——轮辋名义直径(14in);

LT——轻型载货汽车轮胎代号;

104/101——负荷指数(单胎/双胎);

Q——速度等级符号。

④载货汽车普通断面斜交轮胎,示例:

9.00—20 14PR 141/137 Q

其中:9.00——轮胎名义断面宽度(9.00in);

———结构代号("—"为斜交轮胎结构代号);

20——轮辋名义直径(20in);

14PR——轮胎层级;

141/137——负荷指数(单胎/双胎);

Q——速度等级符号。

⑤中型重型载货汽车普通断面子午线轮胎,示例:

9.00 R 20 14PR 141/139 J

其中:9.00——轮胎名义断面宽度(9.00in);

R——结构代号(子午线轮胎标志);

20——轮辋名义直径(20in);

14PR——轮胎层级;141/139 负荷指数(单胎/双胎);

J——速度等级符号。

3.汽车轮胎的合理选择

汽车轮胎的要求是多方面的,各要求间有时还存在相互的矛盾。因此,轮胎的选择不能取决单一因素,应针对具体汽车的性能要求和使用特点综合考虑。

1）轮胎类别

轮胎的类别主要有乘用轮胎、商用轮胎、非公路用轮胎、特种轮胎等。轮胎类别反映轮胎的基本特性。确定轮胎类别是选择轮胎的重要任务，选择依据是汽车类型和经常使用区域。乘用轮胎主要适于乘用车类；商用轮胎主要适用于商用车类；非公路用轮胎主要适用于松软路面上行驶的越野车辆等使用；特种轮胎仅用于特种车辆或特殊环境。

2）轮胎胎面花纹

轮胎胎面花纹对轮胎的滚动阻力、附着阻力、耐磨力及行驶噪声等都有显著的影响。轮胎花纹的形式、品种较多。选用原则是，根据轮胎类型和车辆长期使用路况决定花纹形式，根据季节、天气适时调整或换用。一般分为普通花纹轮胎、冰雪路面花纹轮胎、雨水路面花纹轮胎和适合高速行驶的非对称花纹轮胎。

3）胎体结构

轮胎的胎体结构决定其基本性能，子午线结构比普通斜交结构具有较多的优良特性，受到普遍推荐。但斜交轮胎由于技术成熟、造价低廉，其在商用车轮胎结构中仍为主要形式。但子午线轮胎的发展趋势是低断面化和无内胎化，尤其适合重载和高速行驶。

4）胎体材质

轮胎材质对轮胎的特性也有影响。轮胎材质包括橡胶材质和帘线材料。橡胶材质的成分构成因生产厂家的设备水平和技术能力不同而有差异，这也使得轮胎的品质有一定差异。帘线材料中钢丝帘线强度最大，但生产技术难度大，成本高。尼龙、人造丝等材质制造成本低，使用广泛，选用较多。

5）轮胎规格与使用气压

轮胎的规格和使用气压体现轮胎的承载能力。轮胎规格大，使用气压高，则承载能力强。但大规格轮胎会增加使用成本，高的使用气压会降低汽车的附着能力和缓冲性能。因此，选择轮胎时，在满足轴荷要求的前提下，轮胎规格小型化、轻量化，在满足承载要求的情况下，轮胎使用气压宜低不宜高。

6）轮胎的速度特性

所有轮胎都有适应速度范围，选择轮胎时应注意。尽量选择速度特性好的轮胎，子午线轮胎、无内胎轮胎、扁平化轮胎具有发热少、散热快、滚动阻力低和噪声小等特效，在速度特性上更易于实现高速化，是理想的选择对象。

三、延长汽车轮胎寿命的措施

1.轮胎的不正常磨损形式

汽车轮胎的不正常损坏形式有胎面磨损、胎侧受伤、胎体损坏、胎圈撕裂和轮胎爆破等。

1）胎面磨损

轮胎在使用过程中，由于直接和路面接触，受多种接触力的作用，如驱动力、制动力、侧向力、摩擦力等，不可避免会出现磨损。一般情况下，应要求胎面磨损均匀，缓慢。但一些不正常的驾驶方法、轮胎使用不当或车辆技术状况不良等，都将使轮胎胎面产生不正常磨损。

常见的不正常磨损有胎面中间磨损严重、两边磨损严重、单边磨损严重、胎面出现块状磨损、局部胎面出现快速磨损、胎面出现锯齿状磨损、胎冠割裂或刺伤等。

(1) 轮胎胎面中间磨损严重。当轮胎气压过高时,汽车轮胎长时间行驶会出现轮胎胎面中间磨损严重,如图 4-8a) 所示。

a)轮胎胎面中部磨损　　b)轮胎两边磨损　　c)轮胎单边磨损　　d)轮胎胎面的块状磨损　　e)轮胎局部胎面的磨损

图 4-8　轮胎常见的损坏形式

适当的提高轮胎的充气压力,可以减少轮胎的滚动阻力,提高汽车的燃油经济性。但轮胎的气压高于规定值过高时,不但影响轮胎的减振性能,还会使胎冠的中间部分突出,使胎与路面的接触面积减小,不但增加了单位面积上的负荷,这使得整个胎面的正常磨损转由其中央部分承担,所以胎冠中部的磨损会加速,行驶一段时间之后就会出胎肩尚未磨损,胎冠中间部门已被磨平的现象。此外,如与轮胎相匹配的轮辋过窄,使轮圈内收,从而带动胎冠两侧的胎肩提升,使胎冠的中间部位突出,也会造成胎冠的中间部位磨损严重。

(2) 轮胎两边磨损。汽车轮胎两边出现严重磨损,是由于轮胎气压过低导致的,如图 4-8b) 所示。轮胎气压低于规定值时,轮胎与地面的接触面积会增大,且接触面上的压力不均匀,轮胎产生向里弯曲,使轮胎的两边与地面接触强度增大,使胎面中部负荷减小、胎面边缘负荷急剧增大,有时称这种现象为"桥式效应"。产生"桥式效应"时,会使胎面磨损不均匀,其中部几乎保持不变,而两边部分磨损严重。另外,轮胎超载时引起的早期损坏与气压过低相似,只是超载时轮胎损坏更为严重。

(3) 轮胎单边磨损严重。汽车轮胎单边磨损严重是由车轮定位参数不对所致,如图 4-8c) 所示。车轮定位参数中外倾角大小不适是导致轮胎单边磨损的主要原因。当车轮的外倾角过大时,易使轮胎的外侧胎肩形成早期磨损;外倾角过小时,易使轮胎的内侧胎肩形成早期磨损,这时,就会出现轮胎一侧的花纹还较深,而另一侧的花纹却已被磨平的现象,结果只能是造成轮胎提前报废。

(4) 轮胎胎面出现块状磨损。汽车轮胎胎面出现块状磨损主要是由车轮运转不平衡所致,如图 4-8d) 所示。当车轮高速旋转而不平衡时,会使轮胎胎面的受力不均,有些个别部位受力过大,磨损加快,行驶一段时间后便出现块状磨损。

(5) 轮胎局都胎面出现快速磨损。汽车轮胎局部胎面出现快速磨损主要是由紧急制动和快速起步所致,如图 4-8e) 所示。紧急制动和快速起步时,地面对胎面的局部磨损是十分严重的。因为轮胎磨损最严重的部位可能是轮胎爆炸时的突破口,所以轮胎的磨损程度不应以轮胎花纹的平均磨损量为准,而应以胎面损害最严重的部位为准。当轮胎局都磨损严重时就必须进行更换,以防止发生事故。

(6) 轮胎胎面出现锯齿状磨损。汽车轮胎胎面出现锯齿状磨损主要是由前轮定位调整不当或前悬挂系统位置失常、球头松旷等所致,如图 4-9 所示。这时,车轮在正常滚动过程

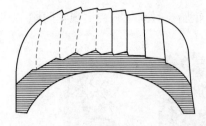

图 4-9 轮胎胎面的锯齿状磨损

中易发生滑动或车轮定位的不断变化,从而导致轮胎出现锯齿状磨损。

(7) 胎冠割裂或刺伤。胎冠割伤现象主要是路上的障碍物所致,如路上的碎石头、铁钉子、钢筋、角铁等各种锋利物都有可能割裂或刺伤胎冠。磨损严重时(图 4-9 轮胎胎面的锯齿状磨损)锋利物能躲过胎冠上的花纹,直接割裂胎冠的胎基,露出胎体帘布层,导致胎冠剥离,以致轮胎早期报废。

2) 胎侧损伤

从轮胎的构造看,胎侧是轮胎中强度最弱的部位,但胎侧却是轮胎中最为突出的部位,所以,胎侧是轮胎结构中最容易受伤的部位。胎侧损伤主要包括胎侧擦伤和胎侧起泡。

(1) 胎侧擦伤。轮胎胎侧的擦伤多是由于汽车斜行马路路肩所致。当轮胎斜着上较高的马路路肩时,其受力部位主要是胎肩和胎侧。当遇有突出的转角,或轮胎与路肩角度太小时,往往会造成胎侧擦伤,严重时会挤断胎侧帘布层帘线,产生胎侧起泡。

(2) 胎侧起泡。轮胎胎侧起泡多是由于胎侧帘线断裂,断裂处的强度降低所致。除了轮胎小角度斜上马路路肩时可能会挤断胎侧帘线外,轮胎的质量问题,如制造轮胎时胎侧帘布层衔接处没有衔接好等,都会出现帘线断裂,另外,轮胎在使用过程中,其胎体帘线会出现自然断纹,随着断纹的不断扩大,最后内层会完全断裂。

3) 胎体损坏

胎体是轮胎的骨架,有保持轮胎的尺寸和形状的作用。当胎体损坏后,轮胎很快就会报废。胎体损坏的形式主要有帘线断裂、松散和帘布脱层,以及胎体扎伤、刮伤等。

(1) 胎体帘线的断裂、松散和帘布脱层。引起胎体帘线断裂的原因很多,除部分轮胎在使用过程中胎体帘线产生自然裂纹并逐步扩大而引起帘线断裂或胎侧部位因某种原因产生强挤压而使帘线断裂之外,大部分胎体帘线的断裂是由于轮胎变形而引起的疲劳断裂。轮胎工作时,其挤压变形使胎体内部产生拉伸、压缩应力,在多次拉、压应力的作用下引起材料疲劳,强度降低,当应力超过帘线强度时,帘线就会断裂。另外,轮胎的变形还使帘布层之间产生切应力,当此切应力超过帘布层与橡胶之间的黏附力时,就会出现帘布松散或帘布层脱离。高温将使轮胎材料的力学性能下降,从而使轮胎磨损加剧、帘布脱层、帘线松散、断裂,甚至引起胎体爆裂。

(2) 胎体扎伤、刮伤。胎体扎伤、刮伤主要是由行驶路面凹凸不平或路面上锋利的异物引起,当胎体被扎伤、刮伤后,有时不会影响轮胎的继续行驶,但会显著降低胎体的强度,如果继续高速行驶便会引发一定的危险。

4) 轮胎爆破

引起轮胎爆破的原因很多,但归根结底都是因轮胎气压和温度升高、轮胎强度下降所致。使轮胎温度升高轮胎气压增大的主要原因有轮胎充气压力、轮胎负荷、轮胎行驶速度、驾驶方法等。使轮胎强度下降的原因有轮胎橡胶磨损、轮胎的胎体帘线断裂,胎体炸伤、轮胎工作温度、轮胎气压等。轮胎爆破往往引起车辆失去控制甚至翻车,其后果非常严重。

2. 延长轮胎寿命的措施

轮胎合理使用的目的是降低轮胎的磨损速度,防止出现早期不正常磨损,以延长轮胎的使用寿命,从而保证行车安全和节约费用。延长轮胎使用寿命的措施有保持轮胎气压正常、防正轮胎超载、掌握行车速度、控制轮胎温度、合理搭配轮胎、正确驾驶车辆、保持车辆技术状况完好、加强轮胎维护和及时翻新等。

1)保持轮胎气压正常

轮胎的充气压力直接影响轮胎的使用寿命和汽车行驶的安全性。

气压低于规定值时,胎体变形会增大,胎侧容易出现裂口,同时产生挠曲运动,导致过热、促使橡胶老化,帘布层也会因疲劳而折断。当遇有障碍轮胎受到冲击时,极易爆破。气压过低,还会使轮胎接地面积增大,加速胎肩磨损,同时滚动阻力也会加大,增加燃油消耗。

气压高于规定值时,轮胎接触地面面积减少,进而加速胎冠中部磨损并使胎冠耐扎性能下降。另外气压过高,还会使轮胎帘线受到过度的伸张变形,胎体弹性下降使汽车在行驶中受到负荷增大,如遇到冲击产生内裂和爆破。

因此,轮胎的气压过低或过高,都将加速轮胎的损坏,轮胎使用中应保持正常的气压。正常的轮胎气压与使用条件有关,使用中应根据轮胎所受的负荷、轮胎的安装位置和轮胎的类型来确定正常的气压。一般车辆使用说明书中会明确规定轮胎在各种条件下的标准气压,同时应定期检查轮胎气压。

2)防止轮胎超载

汽车的每条轮胎都有它规定的最大负荷,在使用时要严格按照规定装载。轮胎一旦超载,其变形就会加大,帘线应力也相应地加大,容易造成帘线断裂、松散和帘布脱层,并增加胎肩的磨损。若受到冲击,可能引起爆胎。轮胎超载时的损坏和胎压过低损坏相似,只是超载时轮胎损坏更为严重。另外,车辆超载在损坏轮胎的同时会给道路带来很大损伤,导致道路路面形成车辙,影响道路平整。超载严重的车辆还会增大发动机的磨损,降低车辆的使用寿命。因此应严格禁止汽车超载。

汽车装载不平衡,会引起汽车上的个别轮胎超载,若装载的重心靠前,易造成前轮轮胎超载,导致前轮轮胎磨损加剧,同时还会使转向盘操作困难,影响操纵稳定性;若装载货物的重心靠后,易造成后轮轮胎超载,导致后轮轮胎磨损加剧。同时由于前轮负荷较小,也易使转向盘失去控制,造成行车事故;若装载货物的重心偏向一侧,则易造成这一侧轮胎超载。为保证汽车装载均衡,要使用正确的装载方法,并将货物固定牢固,避免在汽车运行过程中发生移位和掉失。

3)控制轮胎温度和行车速度

轮胎的工作温度对其使用寿命有很大影响。胎温升高,橡胶老化加速,物理性能降低,产生龟裂,同时还会发生胎体帘布脱层等。胎温升高主要是由于轮胎在滚动过程中产生变形,摩擦生热不能快速散发而积聚所致。在炎热的夏季,由于外界气温较高,轮胎热量散发困难,导致胎温迅速上升。因此,夏季行驶应增加停歇的次数,如轮胎发热应停车休息散热。另外,由于行车速度快、载荷大、运距长、道路条件恶劣等原因,也会引发胎温上升迅速。

轮胎工作温度的升高直接影响轮胎工作气压变大。气压过大,将使胎体帘线应力增大,易引起帘线拉断,造成轮胎爆破。因此,轮胎温度较高时,继续行车将非常危险。此外,当轮胎升温后,也不能用泼冷水的办法来降温。水击会使轮胎突然冷却造成胎面和胎侧胶层各部分收缩不均匀而发生裂纹,缩短轮胎使用寿命。正确的方法是降低车速或将汽车停在阴凉处降温。

4）合理搭配轮胎

不同车型要求选用不同的轮胎。在同一辆车上应该选用规格、结构、层级和花纹等完全相同的轮胎。至少在同一轴上，必须装用规格、结构、层级和花纹完全相同的轮胎。否则，工作不协调、相互影响，会加速轮胎磨损，缩短使用寿命。

当轮胎磨损到一定程度需要换用新胎时，最好是整车更换或同轴更换。如果条件不允许，可将新胎装在转向轮上，把旧轮胎或翻新轮胎装在其他轮上，以保证行车安全。对于后轮并装的双轮胎，应将新旧程度接近的轮胎装在一起。为了避免双轮胎胎侧接触摩擦，要求二者之间的最小距离在汽车满载时不能小于2mm。

禁止将子午线轮胎与普通斜交轮胎混装在同一辆汽车上。有向花纹轮胎，必须按照规定的滚动方向安装。这样可使花纹嵌入地面的能力强，与地面的附着力大，排泥性好，更好地发挥汽车的通过性和牵引性。

5）正确驾驶车辆

为减少轮胎磨损，应起步平稳、加速均匀、中速行驶、直线前进、减速转向，少用制动等。

在滑路上要缓慢起步，以均匀速度行驶，车轮打滑空转时应即时采取防滑措施；行驶中注意选择路面，尽量避开障碍物和难行路段；道路不良或转弯时应减速行驶；遇有沟槽、坑洼或铁轨等障碍时，要以低速缓慢通过；在保证安全的前提下，少用制动器，尽量避免紧急制动。

6）保持车辆技术状况完好

从延长轮胎使用寿命的角度出发，要保证车辆底盘技术等状况的完好。根据车辆使用时间、行驶里程和使用环境等状况及时检查和调整，主要内容包括：车辆四轮定位应符合标准；行车制动器调整良好，不拖滞，轮毂轴承的间隙调整适当，轮胎螺母紧固，车轮应平衡旋转；钢板弹簧、扭杆弹簧等悬挂杆件的挠度应尽量一致，前后轴应平行；车轮总成的横向摆动量和径向跳动量应符合厂家标准，轮毂油封和液压制动轮缸无漏油现象。

7）强制维护，及时翻新

轮胎技术状况应符合《机动车运行安全技术条件》（GB 7258—2012）的轮胎要求。轮胎的磨损：轿车和挂车轮胎的胎冠上花纹深度不得小于1.6mm；其他汽车转向轮的胎冠花纹深度不得小于3.2mm，其余轮胎胎冠花纹深度不得小于1.6mm；轮胎胎面不得因局部磨损而暴露出轮胎帘布层；轮胎胎面和胎壁上不得有长度超过25mm或深度足以暴露出轮胎帘布层的破裂和割伤。

轮胎的维护主要是检查轮胎气压是否符合规定；检查轮胎螺母有无松动；清理轮胎夹石和花纹中的石子、杂物等；检查轮胎胎面的磨损情况；检查轮胎的胎面和胎壁是否有伤痕等。如有问题应将轮胎拆下仔细检查，并予以修理。

由于负荷、驱动形式和道路的影响，汽车各轮磨损部位和磨损程度不同，为使全车胎磨损均匀，一般应按规定的周期对轮胎进行换位。轮胎换位的基本方法有交叉换位法和混合换位法，如图4-10所示。一次更换轮胎的位置，不能使所有轮胎从汽车的一侧完全换到另一侧的换位方法，叫循环换位法。仅一次更换轮胎的位置，便可实现所用轮胎从汽车一侧完全换到另一侧的换位方法，叫交叉换位法。

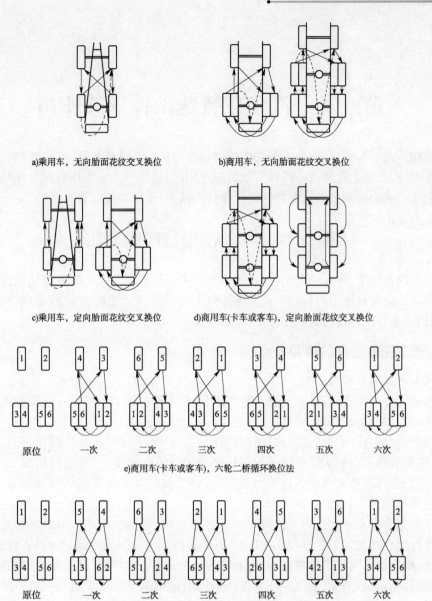

图 4-10 轮胎换位的基本方法

进行轮胎的换位应注意：轮胎换位方法选定后，不再变动；对有向花纹轮胎，换位后不能改变旋转方向轮胎换位后，应按规定重新调整轮胎气压、车轮定位参数和车轮动平衡。

当轮胎花纹磨损至极限时，应及时更换或翻新，不可翻新的应报废处理。轮胎翻新是将轮胎胎面花纹磨耗超限而胎体尚好的轮胎进行翻新。轮胎的胎体使用寿命一般都比胎面寿命长，特别是尼龙胎和钢丝胎，胎体寿命一般都比胎面寿命长 4~5 倍，而胎体经济价值占整个外胎经济价值的 70% 左右，再加上翻新费用低廉，因此轮胎翻新的经济效益显著。轮胎翻新后应达到相应的技术标准。翻新过的轮胎使用性能上远不及新轮胎，在使用时应注意行车速度和降低载质量等。

第五章　汽车在特殊条件下的使用

汽车在不同气候条件下、在不同海拔的高原和山区复杂道路条件下,或在执行某些特殊运输任务时,以及在走合期这一特殊使用阶段使用时,某些总成的工作状况和使用性能会发生显著变化。因而必须根据这些特殊使用条件的特点,采取相应的技术措施。

第一节　汽车在走合期的使用

汽车的使用期限、行驶的可靠性、动力性和经济性与汽车工作初期的使用情况有很大关系。新车在开始投入使用阶段,汽车各部机构中的零件正处于磨合状态,还不能全负荷运行,我们把这个使用阶段称为汽车的走合期。

一、汽车在走合期的使用特点

1.汽车走合期的磨损状况

新车或大修好的汽车,尽管经过了生产磨合,但零件的加工表面仍存在着微观和宏观的几何形状偏差(粗糙度、圆度、圆柱度、直线度等);此外,总成及部件的装配也有一定的允许误差。因此,新配合件表面的实际接触面积比计算面积小得多(按加工质量不同,实际接触面积小,新配合件表面的实际单位压力要比理论计算值大得多)。在这种情况下,汽车若以全负荷运行,零件摩擦表面的单位压力会很大,将导致润滑油膜被破坏和局部温度升高,使零件迅速磨损和破坏。

汽车的走合期实际上是为了使汽车向正常使用阶段过渡,而在使用中对相互配合的摩擦表面进行磨合加工的工艺过程。在此期间,零件摩擦表面不平的部分被磨去,逐渐形成了比较光滑、耐磨而可靠的工作表面,以承受正常的工作负荷。同时,通过磨合,暴露出生产或修理中的缺陷并加以消除,使进入正常使用时的故障率基本趋于稳定。根据总成或部件在这个阶段的工作特点,汽车在走合期必须对其使用做出专门规定。

汽车的走合期里程通常为1000~3000km,相当于工作40~60h。

第一阶段,在走合期的前2~3h内,因为零件加工表面较粗糙,加工后的形状和装配位置都存在一定偏差,配合间隙也较小,因此零件磨损和机械损失很大,零件表面和润滑油的温度也很高。

第二阶段,即走合5~8h时,零件开始形成了较为光滑的工作表面,消耗在摩擦上的机械损失和产生的热量逐渐减少。

第三阶段,零件工作表面的磨合过程逐渐结束,并形成了一层防止配合表面金属直接接触的氧化膜,进入了氧化磨耗过程。

2.汽车在走合期的特点

(1)零件表面摩擦剧烈,磨损速度快。由于配合间隙小,表面粗糙且单位压力大,因此配合零件在相互运动中产生很大摩擦力;又因摩擦发热多,润滑条件变差;同时,金属磨屑进入或残留于摩擦表面间,形成磨料磨损。从而使零件表面摩擦非常剧烈,磨损速度非常快。

(2)润滑油变质快。零件表面磨损后产生大量金属磨屑;同时,零件表面和润滑油温度很高。因此,润滑油易于被加速污染或氧化而变质。

(3)行驶故障多。零件表面的几何形状偏差、装配误差、紧固件松动、使用不当等均会使汽车走合期的故障增多。如:汽车走合时,工作表面摩擦剧烈,润滑条件差,发动机容易过热,经常发生拉缸、烧瓦等故障。

二、汽车在走合期应采取的措施

(1)限速并减载。在走合期内,应选择较好的道路并减载限速运行。一般载货汽车按额定载质量减载20%~25%,并禁止拖带挂车;半挂车按额定载质量减载25%~50%。

限速行驶是指各挡都要限速,通常按各挡位最大车速下降25%~30%。

(2)在走合期内,驾驶员必须严格执行驾驶操作规程,保持发动机正常工作温度和机油压力,严禁拆除发动机限速装置。经常注意变速器、后桥、轮毂及制动鼓温度,尽量避免紧急制动、长期使用行车制动。

(3)在走合期内,认真做好车辆日常维护工作,经常检查、紧固各部外露的螺栓、螺母;注意各总成在运行中的声响和温度变化,及时进行调整。

(4)走合期满后,应进行一次走合维护,结合一级维护对汽车进行全面的检查、紧固、调整和润滑作业(更换润滑油),拆除限速片。其作业项目和深度参照制造厂的要求进行。

(5)进口汽车应按制造厂的走合规定进行。

在走合期结束后的3000~4000km里程内,发动机仍尽量避免以很高的转速运转,车速不易过高或超载运行,也不要在很差的道路上行驶。

第二节　汽车在低温条件下的使用

汽车在低温条件下使用的主要问题是:发动机起动困难和总成磨损严重。此外,还存在着机件损坏(汽缸体和水箱可能被冻坏,弹簧、橡胶和塑料制品损伤等)、腐蚀(汽缸壁、排气管等)、总成热状态不良,以及燃料润滑油消耗增大等问题。

一、汽车在低温条件下的使用特点

1.发动机的低温起动困难

发动机的起动性能通常用发动机在某温度下能起动的最低起动转速表示该温度下的起动性能,并用能起动发动机的最低温度表示其低温起动性能。

图5-1为几种汽油发动机的最低起动转速与气温的关系。不同的发动机其起动性能有所差别,这主要与发动机类型、燃烧室设计形状、工艺

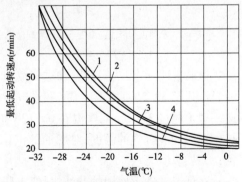

图5-1　几种汽油发动机最低起动转速与气温的关系
1~4-分别为不同发动机起动转速与气温关系曲线

水平有关。在使用过程中,发动机的低温起动性主要受发动机润滑油黏度、汽油或柴油的蒸发性、柴油的低温流动性及蓄电池工作能力的影响。

1) 发动机润滑油黏度的影响

发动机的起动与起动转速有很大关系,而起动转速主要受起动阻力的影响。曲轴在起动时的旋转阻力包括:汽缸内被压缩的可燃性混合气(或空气)的反作用力;运动部位的惯性力;各摩擦副的摩擦阻力等。对于结构一定的发动机来说,前两种阻力在温度降低时变化不大,而后者在低温条件下,主要取决于润滑油的黏度。也就是说,发动机曲轴旋转阻力矩和起动转速在低温条件下主要受润滑油黏度的影响。在摩擦阻力中,活塞与汽缸、曲轴各轴承的摩擦力是主要的,约占起动摩擦力的60%以上。

随着温度的下降,机油的内摩擦力增加,发动机阻力矩增加,使发动机起动所需要的功率增加。图5-2表明SAE30、SAE20W、SAE10W三种黏度的发动机润滑油随着温度下降使某发动机起动所需要功率增加的情况,使用低黏度润滑油所需要的起动功率相对增幅较小。

例如,在-23.3℃温度下,使用SAE10W润滑油只需3.7kW的起动功率,使用SAE20W则需7.4kW,而使用SAE30竟增加到11.8kW。其原因是SAE10W比其他两种润滑油的低温黏度小。在-18℃时SAE10W的动力黏度最大只有2500mPa·s,而在相同温度下,SAE20W的动力黏度却高达10000mPa·s。

2) 燃料的影响

燃料对发动机起动性能的影响主要是其蒸发性。随着温度的降低,汽油的黏度和相对密度增大(图5-3),从40~10℃汽油的黏度提高76%,相对密度提高6%。这样一来,汽油在油路中的流动性变坏,在喉管中的雾化也因其表面张力的增大而恶化。

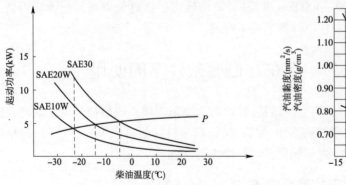

图5-2 发动机润滑油随温度下降所需起动功率增加情况
P-起动系统输出功率

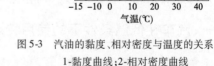

图5-3 汽油的黏度、相对密度与温度的关系
1-黏度曲线;2-相对密度曲线

试验表明:气温为-30℃和进气流速40m/s(相当于发动机以最大功率工作)时,裂化汽油只汽化了59.5%;气温为0℃和进气流速为10m/s时,汽化量只有31%;发动机起动时流速一般不超过3~4m/s,气温在0~12℃时,只有4%~10%汽化。低温时,发动机机件的吸热作用影响混合气的温度,对燃油的汽化不利,大部分燃料以液态进入汽缸,造成混合气过稀,不易起动。

在低温条件下使用的柴油机,要求柴油具有很好的流动性和较低的黏度。然而,夏季牌号的柴油在温度降低到-18~-20℃时,黏度开始明显提高,如图5-4所示。由于柴油黏度的增大,引起柴油雾化不良,使燃烧过程变坏。当温度进一步降低,则因燃料含蜡的沉淀物析出,使燃料的流动性逐渐丧失。

3) 蓄电池工作能力的影响

蓄电池在起动过程中主要影响起动机的起动转矩和火花塞的跳火能量。蓄电池电压为:

$$U = E - IR$$

式中:U——蓄电池电压,V;
E——蓄电池电动势,V;
R——蓄电池内阻,Ω;
I——蓄电池输出电流,A。

在低温条件下,蓄电池电动势 E 变化不大,从 $20 \sim -70$℃ 的 E 值仅从 2.12V 下降到 2.08V。但是,随着温度的降低,蓄电池的电解液黏度增大,向极板的渗透能力下降,内阻增加。同时,起动时的电流很大,从而使蓄电池的端电压明显下降。在低温起动时,需要的起动功率大,而蓄电池输出功率反而下降(图5-2、图5-5),起动机无力拖动发动机旋转或不能达到最低起动转速。图5-5 中两曲线的交点即是蓄电池的低温起动极限。如奔驰(Benz) 2026 型汽车 -41℃冷起动试验表明,在柴油机起动的瞬间(2~3s),蓄电池放电电流为额定容量电流的 3~5 倍,电压下降将近 1/2。

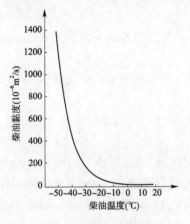 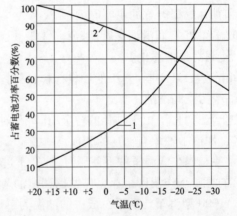

图 5-4 柴油黏度与温度的关系

图 5-5 当发动机用起动机起动时,气温对蓄电池功率的影响
1-必需的起动功率(蓄电池功率的百分数);2-蓄电池供给的最大功率

低温起动时,由于蓄电池端电压低,火花塞的跳火能量小,使发动机起动困难。此外,火花弱的原因还有:冷可燃混合气密度大使电极间电阻增大;火花塞有油、水及氧化物等。

2. 低温对汽车总成磨损的影响

在发动机的使用周期内,50% 的汽缸磨损发生在起动过程中,而低温起动时对发动机磨损的影响更大。

发动机的磨损不仅在冷起动时严重,而且在起动后尚未达到正常温度之前,磨损强度一直是很大的。东风 EQ1090 型汽车发动机汽缸壁温度对汽缸壁和活塞环磨损的影响,如图5-6所示。

1)发动机低温起动时,汽缸壁磨损严重的主要原因

(1)在起动过程中,汽缸壁润滑条件差。

(2)冷起动时,大部分燃料以液态进入汽缸,冲刷了汽缸壁的油膜。

(3)汽油的含硫量对汽缸壁磨损的影响也很大,这是由于汽油在燃烧过程中产生的氧化硫与凝结在汽缸壁上的水滴化合成酸引起腐蚀磨损所致。为此,在低温条件下使用的汽油含硫量不应大于0.1%(图5-7)。

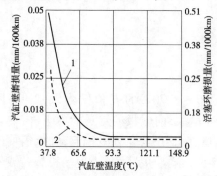

图 5-6 发动机汽缸壁和活塞环磨损量与
汽缸壁温度的关系
1-汽缸;2-活塞环(第一道环)

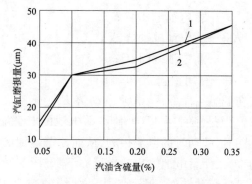

图 5-7 汽油含硫量与汽缸壁磨损的关系
1-垂直于曲轴轴线的平面上;2-平行于曲轴轴线的
平面上

2)轴和轴瓦磨损严重的主要原因

(1)低温起动时,润滑油黏度低,流动性差,机油泵不能及时地将润滑油压入曲轴轴颈的工作表面,使润滑条件恶化。

(2)润滑油被窜入曲轴箱中的燃料稀释;燃料不完全燃烧而形成的碳化物也会同废气一起窜入曲轴箱污染润滑油。

(3)在低温条件下,由于轴瓦的合金、瓦背与轴颈的膨胀系数不同,使配合间隙变小,而且很不均匀,加速了轴颈与轴瓦的磨损。

传动系各总成在低温条件下使用时,往往不进行预热,传动系总成(变速器、主减速器和差速器等)的正常工作温度是靠零件摩擦和搅油产生的热量保证的,这种温升速度很慢。例如:解放CA1090型汽车传动系总成中的油温为-10℃时,汽车需要行驶6km油温才能升到10~15℃。此时,齿轮和轴承仍得不到充分的润滑,从而使零件磨损增大。研究表明:汽车主传动器齿轮和轴承在-5℃的润滑油中比在35℃的润滑油中运转磨损增大10~12倍。

此外,传动系润滑油因低温而黏度增大,运动阻力相应增大,传动系各总成在起步后的很长一段时间内的负荷较大,使总成中传动零件的磨损加剧。

3. 零部件在低温时的物理机械性能变差

零件材料在低温下的物理机械性能将产生变化,例如,-30~-40℃或更低时,碳钢的冲击韧性急剧下降,硅、锰钢制造的零件(钢板弹簧、弹簧等)、铸件(汽缸盖、离合器壳、变速器壳等)也变脆。锡铅合金焊剂在-45℃或更低时,容易产生裂纹或呈粉末状从接头的地方脱落。汽车上的塑料制品在低温下变脆且易出现裂纹,并可能从基体上脱落。

在特别寒冷的情况下,橡胶轮胎硬化、变脆,受冲击载荷的作用时易破裂。因此,在冬季行驶时,为了使轮胎升温和减少冲击,应在汽车起步后的几公里内以低速行驶,要缓慢起步

及越过障碍物。

4. 其他问题

低温条件使燃料的黏度增大,又使发动机热状况不良。同时,由于润滑不良而使零件转动阻力增加。试验证明,气温在5℃以下时,对汽车运行燃料消耗量便产生较大的影响,气温每降低10℃,燃料消耗量增加3%~5%。

有些地区的冬季,路面被冰雪覆盖。由于冰雪路面附着系数小,汽车行驶易侧滑,制动性能降低。

在冬季,汽车发动机冷却系可使用防冻液,防止冻裂机件,不必每天加注,减轻劳动强度。防冻液的使用性能用凝点、沸点、传热性和热容量表示。为了保证防冻液在冷却系中的流动性,要求其黏度要低。防冻液还不应引起金属腐蚀、橡胶溶胀,并具有一定的化学稳定性。

在低温条件下,制动液、减振液的黏度增大,甚至出现结晶,影响汽车行驶的安全性与平顺性。因此,在严寒地区应选用适于低温使用的制动液和减振液,减振器在必要时应拆下避振杆。

驾驶室与车厢的温度过低会影响驾驶人的劳动条件和乘客舒适性。风窗玻璃结霜会影响驾驶人的视野。为此,可将经过散热器的热空气引入驾驶室及风窗玻璃上,以便采暖和除霜。小轿车和舒适性要求较高的客车上装有采暖设备,采暖一般是利用发动机冷却系统的热量、排气热量或独立的采暖设备。

二、汽车在低温条件下应采取的措施

汽车在低温条件下使用,发动机起动困难,总成磨损加剧,必须采取适当的措施。环境温度越低,对技术措施和车辆的要求越苛刻。如果汽车在低于-25℃的环境下使用,即使备有冷起动装置的汽车,也要进行发动机预热并采取各种防冻保温措施。

1. 加装保温套

车辆在低温条件下停放时,应采取防冻、保温措施,发动机罩和散热器前加装保温套。

在严寒地区,汽车发动机保温的目的是使发动机在一定的热工况下工作,并随时可以出车。保温的主要部位是发动机和蓄电池。气温很低时,不仅是对于承担某些特殊任务的车辆才进行油箱和驾驶室保温,对所有车辆都应进行保温。

发动机的保温方法可采用百叶窗或改进风扇参数(叶片数目或角度),也可以降低风扇转速或使风扇不工作(装离合器)。后一种方法不但减少了热量耗散,而且还减少发动机的功率损失。关闭百叶窗可减小流经散热器的空气流,但由于气流阻力大,风扇消耗的功率略有增加。

汽车发动机罩采用保温套是保持发动机温度状况的重要措施。这种常见的保温方法可以使汽车在-30℃左右的气温下工作时,发动机罩内温度保持在20~35℃。停车后,也比无保温套的汽车发动机主要部位的冷却速度降低近6倍。保温材料可以是棉质或毡质的,前者保温性能要好一些。用很薄的乙烯基带来密封汽车发动机罩也有良好的效果。

发动机油底壳除了采用双层油底壳保温外,还可以在油底壳的内表面用一层玻璃纤维密封。

提高蓄电池在低温条件下的输出功率，一般有两种方法：一是使用低温蓄电池；二是蓄电池保温。低温蓄电池的特点是使用薄极板，并加入一些活性添加剂。普通蓄电池极板厚度为2.5mm，而低温蓄电池仅为1.5mm，有的甚至只有1.1mm。由于同样大小的蓄电池壳中的极板片数增加，与电解液的接触面积增大，使蓄电池容量增加，降低了内电阻，提高了蓄电池输出功率。

蓄电池保温的目的是蓄电池温度下降缓慢，使蓄电池处于温暖状态，蓄电池的容量，内电阻变化不大。常用的方法是把蓄电池放在具有夹层的保温箱内，夹层中是保温材料，保温材料的导热系数和厚度决定了保温箱的保温性能。目前广泛采用的保温材料是聚氨酯硬质泡沫塑料。

在严寒地区，只靠保温箱保温是不够的，采用蓄电池加热保温装置才是实用可靠的措施。蓄电池加热保温箱，是在上述保温箱外面设置了电加热器。电加热器有加热板和加热筒两种：前者放在蓄电池底部；后者安装在保温箱四周的内壁上。为了对加热温度进行控制，蓄电池加热保温箱还具备自动恒温控制与自动断流两项功能。

2. 预热

车辆在使用前应预热，发动机采取热态起动措施。

起动前预热可以提高燃油的雾化性和蒸发性，改善混合气形成条件，降低起动阻力，以利于发动机在低温条件下顺利起动。常用预热方法有进气预热和发动机预热。常用的发动机预热方法有：热水预热、蒸汽预热、电热器预热和红外辐射加热等。

1）进气预热

进气预热是指利用进气预热装置加热进气气流。按热源不同，所用装置可分为火焰进气预热和电热进气预热装置。前者利用火焰来加热进气管内的气流，主要应用于柴油发动机预热。后者采用装在进气系统中的电热塞对进气气流进行加热，电热塞的通电以及持续时间由计算机根据进气温度和冷却液温度来控制，并能在起动后自动切断电源。

2）发动机预热

（1）热水预热。热水预热是应用最广泛的预热方式。预热时，将热水加热至90~95℃，从散热器加水口灌入冷却系统，注满后把热水阀放开，使之边注边流，待流出的水温达到30~40℃后，关闭放水阀。把热水直接注入汽缸体水套，使其完全充满后再流入热水器，可充分利用热水的能量，迅速提高发动机温度。

（2）蒸汽预热。蒸汽预热是预热发动机的有效方法。预热时，蒸汽通过蒸汽管导入散热器的下水管，进入发动机冷却系统，或直接引入冷却水套。蒸汽直接引入冷却水套时加热迅速，蒸汽浪费小，但须在缸体和缸盖上加装蒸汽阀。预热开始时，因缸体温度低，蒸汽进入冷却系统后会被冷凝，需打开放水开关排出积水；当缸体温度升高到一定程度时，放水阀处便排出蒸汽；预热温度升高到50~60℃后，可起动发动机并往冷却系统加入热水。若在曲轴箱内加装蒸汽管或散热容器，可预热润滑油，降低润滑油的黏度，更易于起动。

（3）电加热预热。把加热器插入冷却系或机油内，可方便地对发动机进行加热。图5-8所示为利用内、外电极间冷却液的电阻进行加热的管式冷却液电极加热器，采用24~36V低压电源，电极功率为3kW左右。在蓄电池的保温箱底部安放200~300W的电加热器，可对其进行预热。

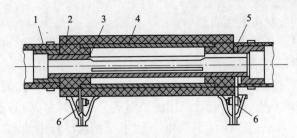

图 5-8 管式电极加热器

1-接头；2-绝缘体；3-内电极；4-外电极；5-软管；6-接线柱

（4）红外线辐射加热器预热。利用煤气或液态煤气在陶瓷或金属网内燃烧时产生的红外线作为热源，可对发动机或传动系统进行预热。红外线辐射加热器的构成如图5-9所示。预热时，加热器放在发动机或传动系统总成的底部。

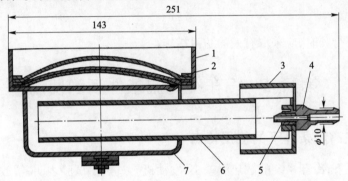

图 5-9 红外线辐射加热器（尺寸单位：mm）

1-反射器；2-耐热陶瓷或金属网；3-护罩；4-接头；5-喷嘴；6-混合器；7-壳体

3. 采用冬季润滑油（脂）

各总成和轮毂轴承换用冬季润滑油（脂），制动系换用冬季制动液，柴油机选用低凝点柴油。

合理使用燃料与润滑油也是汽车在低温条件下的重要措施。低温下使用的燃料应具有良好的蒸发性、流动性、低含硫量，以利于低温起动和减少磨损。某些国家有专门牌号的冬季汽油和柴油，供汽车在严寒地区使用。

选用黏温特性好的低黏度发动机润滑油可降低起动阻力和改善零件的润滑条件。一般认为发动机润滑油的动力黏度小于 $30000 mPa\cdot s$ 是可以泵送的。

4. 增大发电机充电电流

调整发电机调节器，增大发电机充电电流。注意保持蓄电池电解液的合适密度和蓄电池的保温。

5. 使用起动液和防冻液

使用起动液和防冻液时，应掌握其正确使用方法。

为了保证发动机在低温条件下直接起动（冷起动），需要采用专门的起动燃料——起动液。起动液应具备下列条件：

（1）容易点燃（或压燃），以保证发动机的起动可靠性。

（2）发动机起动后，工作稳定柔和。

(3)在起动过程中,发动机磨损要小。

乙醚($C_2H_5OC_2H_5$)是起动液中的主要成分,这种液体的沸点仅34.5℃,40℃时的饱和蒸气压为122.8kPa,因此乙醚具有很好的挥发性。同时,乙醚的闪点为-116℃,其蒸气在空气中达188℃时即可自行燃烧,所以极易点燃或压燃。乙醚这种性能很适合做起动燃料,从保证发动机起动可靠的观点考虑,起动液中的乙醚成分越多越好,但是乙醚含量过多会引起汽缸压力的急剧上升,发动机的工作不柔和。为此,要把起动液中的乙醚成分控制在一定范围内(40%~68%)并用一些其他易燃燃料过渡,直至发动机的基本燃料(汽油或柴油)工作。

在冬季,发动机冷却系统使用防冻液,即可起冷却作用,又可防止冻裂缸体。并可避免每天加、放水,以减轻劳动强度并缩短起动前的准备时间。防冻液的使用相关事项详见第四章第三节。

6. 防滑

在冰雪路面行驶时,应采取有效的防滑措施。

第三节 汽车在高温条件下的使用

一、汽车在高温条件下的使用特点

在高温条件下,冷却系统的散热温差小,发动机易过热。试验表明,解放CA1090型汽车发动机的老式散热器,当气温从20℃升高到40℃时,散热器带走的热量平均减少38%。在气温为36~39℃的条件下,如果道路条件差,汽车以2挡行驶4.5km后,散热器水温升至100℃,曲轴箱油温达95℃。由此导致充气能力下降、燃烧不正常、润滑性能变差、供油系气阻等现象,使发动机的动力性、经济性和可靠性变差。

此外,汽车行驶时,由于散热能力差,驱动桥齿轮油的温度可达120℃,轮毂轴承最高温度、轮胎胎面温度和制动液最高工作温度将超过130℃,对汽车的传动系统特别是行驶系的使用性能有着不利的影响。

1. 发动机充气能力降低,发动机功率下降

实际进入汽缸的新鲜工质量与进气状态下充满汽缸工作容积的新鲜工质量之比称为发动机的充气系数(充气效率)。每循环进入汽缸容积的新鲜工质量多,则发动机功率和转矩增大、动力性能好。发动机的充气系数可用下式表示:

$$\eta_v = \xi \cdot \frac{\varepsilon}{\varepsilon - 1} \cdot \frac{T_s}{p_s} \cdot \frac{p_a}{T_a} \cdot \frac{1}{1+\gamma}$$

式中:T_s、p_s——进气状态(或大气)温度和压力;

T_a、p_a——进气终了时的气体温度和压力;

γ——残余废气系数;

ξ——热量利用系数;

ε——压缩比。

进气温度T_s升高,新鲜充气与汽缸壁等热表面的温差随之减小,新鲜工质被加热的程度

减小,由上式可知,充气系数 η_v 增加。但是,在比较发动机在不同大气条件下的充气能力应用充填效率 η_c 表示。η_c 与 η_v 之间有如下关系:

$$\eta_c = \eta_v \frac{r}{r_0} = 0.391 \frac{p_s - \varphi p_w}{T_s} \eta_v$$

式中:φ——相对湿度;

p_w——水蒸气分压;

r、r_0——进气相对密度、标准状态下干空气相对密度。

因此,进口温度提高时,充气系数虽然增加,但发动机的绝对充填效率却下降,因此发动机功率下降。

气温越高,发动机罩内温度越高,空气密度越小,充气能力越低。试验表明:早期生产的解放 CA1090 型汽车,在外界气温为 32~35℃时,若冷却水不沸腾,发动机的最大功率仅是在该转速下所能发出的最大功率的 34%~48%;气温 25℃时,如果由发动机罩外吸气可使发动机最大功率提高 10%。

2. 燃烧不正常(爆震、早燃)

环境温度高,进入汽缸的混合气温度也高,发动机整个工作循环的温度上升。环境温度不仅仅是影响进气温度,还影响到发动机温度和散热器的效率。例如,环境气温上升,空冷发动机汽缸盖、燃烧室壁温升高,在爆震敏感的运转条件下,更易引起爆震现象。

3. 机油变质

发动机的燃烧室、活塞和活塞环区域,以及油底壳是引起机油变质的主要区域。在高温条件下,发动机过热使上述区域的温度提高,加剧了机油的热分解、氧化和聚合过程。发动机燃烧不正常所形成的不完全燃烧产物窜入曲轴箱,既提高了油底壳温度,又污染了机油。因此,发动机温度越高,机油变质越快。

在我国西北高原,夏季炎热而干燥,空气中的灰尘很多。而湿热带的南方地区,空气中的水蒸气浓度大。这些灰尘和水蒸气通过进气系统或曲轴箱通风口等处进入发动机污染机油。

4. 零件磨损加剧

高温条件下使用的汽车,发动机在起动过程中的磨损减少,但是长时间行驶,特别是超载爬坡或高速行驶,机油温度高,黏度下降,油性变差,加速了零件磨损。

爆燃对发动机磨损的影响如图 5-10 所示。

5. 供油系产生气阻

供油系的气阻现象是由于供油系受热后,部分汽油蒸发成气体状态存在于油管及汽油泵中,增加了汽油的流动阻力。同时由于气体的可压缩性,使之存在于汽油泵出油管中的油蒸气随着汽油泵的脉动压力,不断地被压缩和膨胀,破坏了汽油泵在吸油行程中所形成的真空度,造成发动机供油不足,甚至中断。这种现象在炎热地区,特别是当汽车满载上坡或以低速长时间行驶时,是经常遇到的

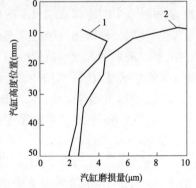

图 5-10 爆燃对发动机磨损的影响
1-正常燃烧时;2-爆燃时

问题。

影响气阻现象的因素是：汽油的品质（挥发性）；供油系在发动机上的布置；汽油泵的使用性能以及大气的温度与压力等。就使用因素而言，主要是大气温度与压力。气温越高，发动机的罩内温度越高，越容易产生气阻现象。气压越低，汽油越容易挥发，使产生气阻的趋势增大。

6. 排放变差

大气温度通过空气密度、空燃比和燃料蒸发等因素对发动机排气污染物产生复杂的影响。

CO、HC、NO_x 的浓度随气温变化情况，受气温升高引起的混合气变化所支配，即气温升高，混合气变浓，CO、HC 浓度增大，而 NO_x 浓度则成山形曲线变化，在某一空燃比时达到最大值。

7. 制动效能下降

汽车在高温条件下工作是，制动产生的热量不能及时扩散，使制动鼓和摩擦片的工作温度上升，二者的摩擦系数下降，使汽车的制动效能下降。

液压制动的汽车，制动液温度升高后可能发生气阻，同时可能导致制动皮碗膨胀，从而使制动效能下降，影响行车安全。

8. 易发生爆胎

外界温度高时，轮胎散热慢，胎内温度升高而是气压增大；同时，橡胶老化速度加快，强度降低，因而容易引起爆胎。

9. 其他

在高温条件下行车，蓄电池电解液蒸发快，电化学反应加快，极板易损坏，同时易产生过充电现象，影响蓄电池寿命。

汽车在高温环境中行驶时，因点火线圈过热而使高压火花减弱，容易产生发动机高速断火现象。

二、汽车在高温条件下应采取的措施

1. 提高发动机冷却系统的冷却强度

每种汽车的冷却系统只能适应一定的使用条件，我国幅员辽阔，从严寒的北方到炎热的南方都使用一种散热系统的汽车就会遇到问题。在高温条件下使用时，可以在结构方面进行某些改进来增大冷却系的冷却强度，例如：增加风扇叶片数、直径或叶片角度；提高风扇转速；采用形状过渡圆滑的护风圈等。尽量使气流畅流、分布均匀、阻力小、没有热风回流现象以及散热器正面避免无风区，风扇对散热器的覆盖面积要大些。还可以采用通风良好的发动机罩、罩外吸气、冷却供油系等办法减小吸入空气及燃料温度的变化。

2. 加强技术维护

为适应正常运行的需要，在进入夏季使用之前，应结合二级维护，对汽车进行一次全面的季节性维护，对汽车冷却系统、供油系统、点火系统进行检查和调整，并更换润滑脂（油）。

（1）加强冷却系统的维护，保持冷却系良好的冷却效果，行车中勿使发动机过热。

维护过程中应检查和调整冷却风扇皮带的松紧程度；检查节温器的工作情况；清除散热

器和水箱的水垢,水垢对冷却系统的散热强度影响很大,试验表明:水垢的导热率比铸铁小几十倍,比铝小 100~300 倍。加强冷却系统水垢的清除对提高散热能力有重要作用。

(2)加强润滑系统的维护,各总成和轮毂轴承换用夏季润滑油(脂)。

在技术维护中要注意机油平面的检查,适当缩短换油周期。在条件允许的情况下,对于在酷热天连续行驶的车辆,要加装机油散热器和选用优质机油。

大型载货汽车和大客车变速器和差速器的油温在高负荷连续行驶的条件下逐渐升高,在炎热的夏季往往超过 120℃,如图 5-11 所示。由于高温将引起传动系统润滑油的早期变质,应适当短换油周期。润滑脂在高温下易流失(熔点温度一般在 70℃),特别是对轮毂润滑的润滑脂要按规定周期进行检查和维护。

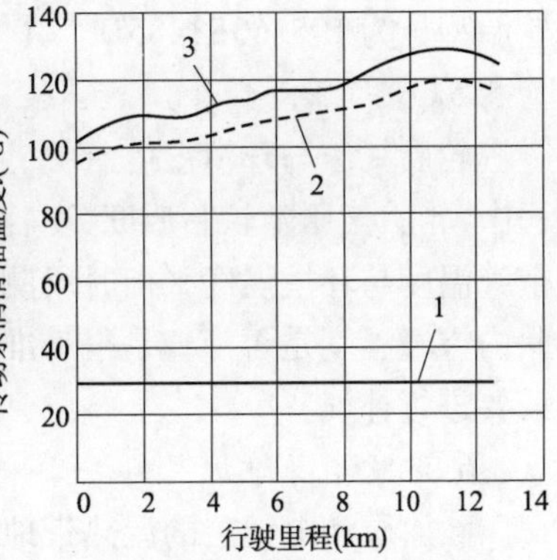

(3)制动系统的维护。采用液压制动系统的汽车,制动液在高温下可能产生气阻现象。在经常制动情况下,制动液温度可达 80~90℃,甚至到 110℃。为了保证行车安全,应采用沸点高(不低于 115~120℃)的制动液。

(4)燃油供给系统的维护。在灰尘大的地区,应加强空气滤清器的维护。

图 5-11　汽车连续爬坡时,传动系润滑油的温度

1-大气温度;2-差速器机油温度;3-变速器机油温度

对于采用电子控制汽油喷射系统的发动机,可适当调整发动机的匹配参数,用以提高充气效率,保证混合气的质量和正常燃烧。由于高温条件下空气密度低,应调整发动机供油系统,减小供油量,以防止混合气过浓。

(5)点火系统及电源的维护。在高温地区行驶的汽车,除上述问题外,还会出现蓄电池过充电,电解液蒸发快,极板易损坏等故障。需要经常检查电解液平面,及时加注,并适当调小发电机调节器充电电流。

点火系的火花强度也会因气温高,点火线圈发热而减弱,宜将点火线圈放在空气流通处。

3. 防止气阻

对于汽油发动机供油系采取隔热、降温措施,采用结构及性能良好的汽油泵是防止气阻的有效方法,例如,采用电动汽油泵,由于不需要发动机驱动,所以可安装在不易受热的位置上,降低输油温度,可有效地防止气阻现象。

4. 防止爆震

由于发动机爆震与发动机的进气温度有很大关系,从而可以改进进气方式,降低进气温度,防止爆震。例如,在夏季,东风 EQ1040 型汽车满载拖挂行驶时,发动机罩下温度可达 60℃。

如果把空气滤清器原进气缝隙密闭,另开进气口,用连接管通至水箱侧支撑板处,在支撑板上开口,即改进成前吸式空气滤清器,使进气不受发动机热辐射的影响。试验表明:在汽车满载拖挂(汽车列车总质量为 14t)上坡行驶(坡度 8%)时,进气温度下降近 10℃,减少了爆震倾向。

5. 防止轮胎爆破

环境温度高,轮胎散热差,特别是高速公路行驶的汽车,由于车速高,轮胎发热,容易爆胎。

轮胎的最高工作速度有统一规定。子午线轮胎胎侧注有速度符号。同一规格轮胎可能生产几种速度的产品,使用中不应超速行驶。

汽车超载也是爆胎的重要原因之一。在炎热的夏季,地面温度高,轮胎因升温而使胎体强度下降。如果超载行驶,容易产生胎面脱胶和胎体爆破。轮胎的负荷能力是以速度为基础的,行驶速度提高,负荷能力应相应减少。轮胎负荷也有标记,例如桑塔纳2000型轿车的轮胎型号为195/60R1485H。其中,H表示速度符号(210km/h),负荷指数为85,相应的负荷为515kg。

轮胎气压与环境温度有关,胎侧上规定的气压是指常温下的轮胎气压。在汽车行驶过程中,轮胎气压随轮胎温度提高而相应增高。在检查轮胎气压时应注意:停驶后只有当胎里空气温度与环境温度平衡时所测得的轮胎气压才是较为准确的,仅凭轮胎外表温度来判断胎内空气温度是否冷却是很不准确的。一般在炎热夏季应在4h以后测量轮胎气压,再根据需要进行补气。

6. 注意车身维护

漆涂层和电镀层的湿热带地区试验表明,漆涂层的主要损坏是老化、褪色、失光、粉化、开裂和起泡等。电镀层的主要损坏是锈斑、脱皮以及不耐汗手触摸而引起锈蚀等。因此,在维修中,应注意喷漆前的除锈和采用耐腐蚀、耐磨性高的涂层,并加强外表养护作业。

高温、强烈的阳光、多尘和多雨均影响驾驶人的劳动强度、行车安全和乘客舒适性。应加装空调设备、遮阳板或加大驾驶室、乘员室的通风量并加强防漏雨功能。

第四节　汽车在高原和山区条件下的使用

汽车在高原行驶时,由于海拔高、气压低、空气稀薄,发动机充气量少,导致发动机动力性和燃料经济性下降。

一、汽车在高原和山区条件下的使用特点

1. 发动机动力性降低

当大气压力下降时,若进气温度和进气系统的阻力不变,进气终了的压力与进气压力的比值基本不变,相对于进气状态而言,充气系数变化不大。但是,随着海拔升高,气压逐渐降低,空气密度减小(表5-1),致使发动机的进气量减少,平均指示压力下降。对于四冲程发动机而言,平均指示压力与发动机功率成正比关系,即发动机功率随着海拔升高而下降。

海拔高度、大气压力、密度及温度的关系　　表5-1

海拔高度(m)	大气压力(kPa)	气压比例	空气温度(℃)	空气密度(kg/m³)	相对密度
0	101.3	1	15	1.2255	1
1000	89.9	0.8870	8.5	1.1120	0.9074
2000	79.5	0.7845	2.0	1.0060	0.8215
3000	70.1	0.6918	-4.5	0.9094	0.7421
4000	51.3	0.6042	-11.0	0.8193	0.6685
5000	54	0.5330	-17.5	0.7363	0.6008

图 5-12 所示为某型国产载货汽车发动机功率、转矩与海拔高度的关系。海拔 4000m 比零海拔时的发动机功率降低 40%~50%。海拔高度每上升 1000m，发动机功率和转矩分别下降约 12% 和 11%。主要原因是：

(1)由于气压降低，外界与缸内的压差减小；又因空气密度小，使发动机充气量下降，混合气变浓。

(2)大气压力降低，使进气管真空度相应减小，真空点火提前装置的工作受到影响，点火推迟。在高原使用条件下，按海拔高度适当调整空燃比与点火提前角可使动力性能有所改善，如图 5-13 中虚线所示。

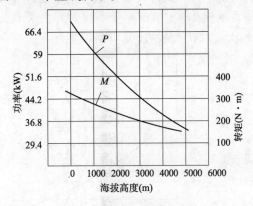

图 5-12 汽车发动机功率、转矩与海拔高度的关系
P-功率；M-转矩

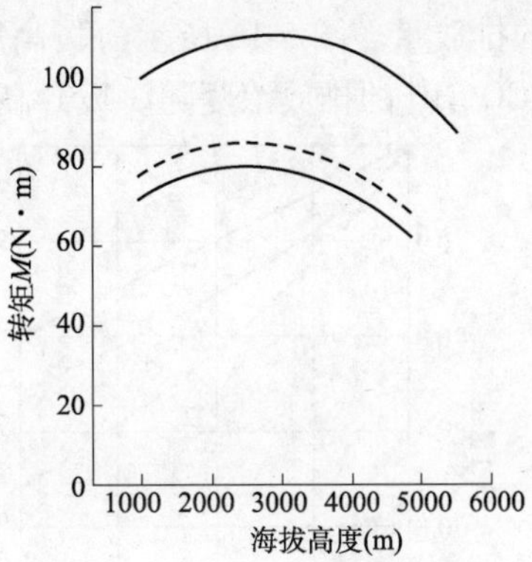

图 5-13 不同海拔高度的外特性

(3)因压缩终了的压力和温度降低，混合气的燃烧速度缓慢。充气量下降和燃烧速率降低均会使发动机动力性降低。

2. 发动机运转稳定性下降

随着大气压力的下降，空气稀薄，混合气变浓，严重时会由于混合气过浓而运转不稳定或产生喘振现象。

此外，随着海拔高度的增加，大气压力降低，进气管真空度下降，在原怠速节气门开度下则进气量不足，使发动机的转速下降。从图 5-14 可以看出，海拔每增高 1000m，怠速转速降低 50r/min。同时，由于混合气过浓，发动机怠速稳定性差。

3. 燃料经济性下降

(1)在高原行驶的汽车，由于空气密度下降，充气量将明显降低。如果供油系统未经调整或校正，则随着海拔高度的增加，空燃比变小，混合气变浓，发动机油耗增加。

图 5-15 所示为一般汽油机的每小时空气耗量和燃料耗量与海拔高度的关系。

(2)由于大气压力降低，燃料蒸发性提高，就燃料蒸气压力、蒸馏特性而言，当大气压力从 101kPa 降至 80kPa(海拔高度约 2000m)，相当于外界气温上升 8~10℃ 所造成的影响。因

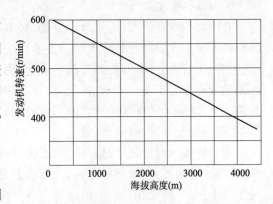

图 5-14 海拔高度与发动机怠速转速的关系

此,高原行车易产生气阻和渗漏等问题,致使油耗增大。

(3)在高原山区道路上,汽车行驶的道路阻力大。

(4)由于发动机动力不足,且高原山区道路坡度大,道路复杂,汽车经常有抵挡大负荷行驶,会引起油耗增大。

(5)发动机大负荷或满负荷工作的时间比例增大,发动机易过热,并易于引起发动机的不正常燃烧,油耗增加。

4. 对排气污染物的生成的影响

海拔高度影响发动机的空燃比,空燃比的变化又导致排气成分浓度的改变,从而影响有害物质的排放量。图5-16所示海拔高度与发动机排气中的CO、HC和NO_x的关系,由图可以看出,CO、HC的排放浓度随海拔升高而增大,而NO_x的浓度则有所下降。

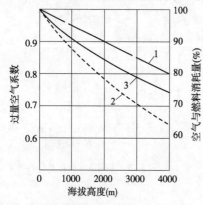

图5-15 发动机每小时的空气耗量、燃料耗量与海拔高度的关系

1-燃料耗量;2-空气耗量;3-过量空气系数

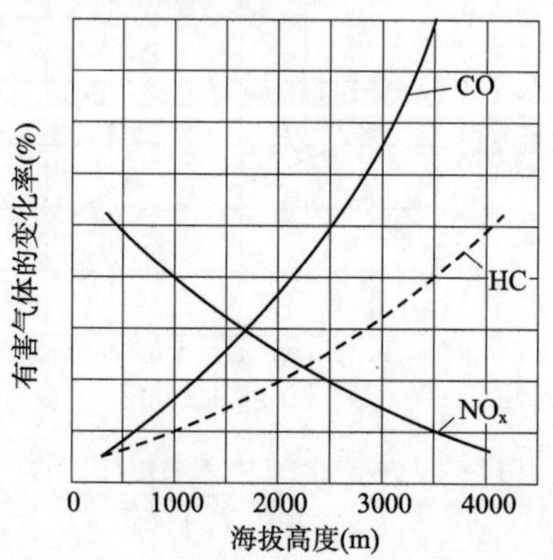

图5-16 海拔高度对发动机排气污染物浓度的影响

5. 润滑油易变质

高原行车时,由于发动机功率下降,且高原山区道路复杂,行驶阻力大,因此发动机满负荷工作的时间增大,发动机易过热。发动机工作温度升高,使润滑油黏度变小,氧化速度变快;同时,过浓的混合气不能完全燃烧,液体燃油窜入曲轴箱后,会稀释润滑油而加快润滑油变质。润滑油品质变差使发动机润滑不良,磨损加剧。

6. 制动性能变差

在山区行驶的汽车,由于地形复杂,经常会遇到上坡、下坡、路窄、弯多等问题。影响山区行驶安全的主要问题是汽车制动性能。

在山区行驶,汽车需要经常制动减速,因此制动系的使用特点是制动频繁,致使摩擦片和制动鼓经常处于发热状态,特别是下长坡时,制动蹄摩擦片温度可高达400℃左右。在这种情况下,摩擦片的摩擦系数急剧下降,严重时可能出现制动失效。此外,由于摩擦片连续高温,磨损加剧并常有碎裂现象。

由于特殊的地理环境,如在云南山区行驶的汽车,其制动安全性主要存在两个方面的问题,即失去转向能力和后轴侧滑。前者容易发生在坡道、湿路面和超载的情况下;后者容易发生在平路、干路面和空载的情况下。这两个问题造成了汽车前后制动力分配比例上的突出矛盾:第一种情况须防止前轮制动抱死;第二种情况须防止后轮抱死或提前抱死。此外,路面附着特性的变化(山区公路常见现象),道路曲率的变化等也会对汽车制动稳定性产生较大的影响。

气压制动在山区使用时,特别是高原山区,因空气稀薄,空气压缩机的效率下降,供气压力不足,再加上制动次数多,耗气量大,往往不能保证汽车、特别是汽车列车的制动可靠性。

在高原山区行驶的汽车,使用制动频繁,制动器因摩擦而生热,使制动系统温度升高。如使用沸点低的制动液,在高温时由于制动液的蒸发而产生气阻,引起制动失灵。

二、汽车在高原和山区条件下应采取的措施

1. 改善发动机性能的主要措施

在高原地区行驶的汽车,发动机功率下降导致汽车的动力性下降,特别是对功率储备小或汽车列车的影响就更大。提高汽车在高原地区的动力性与经济性的措施有:

1) 提高发动机的压缩比

提高压缩比不仅可以提高压缩终了的温度与压力,增大膨胀比,加快燃烧速率,改善燃烧过程,减少热损失,而且可采用较稀的混合气,从而提高了发动机的动力性和经济性。

压缩比的选定与汽油的辛烷值有直接关系,汽油的辛烷值越高,爆震倾向越小,压缩比就可以相应地选大一些。图5-17示出燃料辛烷值与压缩比的关系。

随着海拔高度的增加,发动机的充气量下降,压缩终了的汽缸压力及温度相应降低,因此爆震倾向减小,从而为提高压缩比创造了有利条件。

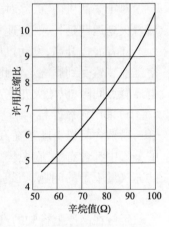

图5-17 燃料辛烷值与压缩比的关系

除上述使用因素外,压缩比还与大气温度、汽车负荷、发动机热状态等因素有关。因此,在提高发动机压缩比时,应根据具体使用条件,合理选择压缩比。

2) 合理选择配气相位

合理选择配气相位可以提高发动机充气系数,改善发动机动力性和经济性。

配气相位的确定,应与发动机的实际转速范围相适应。发动机的转速不同,进、排气门开、闭角对气流惯性的影响也不同,因而进、排气门开闭的最有利的角度应随之变化。在进、排气开闭的四个时期中,进气迟闭角和排气提前角影响最大。

进气迟闭角是利用气流惯性提高充气系数的,在一定的气流惯性下,对应着一个最佳迟关。进气迟闭角减小能提高低转速下的充气系数,改善发动机低速范围的动力性与经济性。反之,进气迟关角增大,对经常处于高速运转的发动机有利。

排气提前角主要影响做功行程中膨胀功损失 P_w 和排气行程中的排气功损失 P_x。排气前角增大,P_w 增加,P_x 减小;排气提前角减小则 P_w 减小,而 P_x 增加。最佳的排气提前角可使 $(P_w + P_x)$ 值最小。

为了使凸轮轴的设计(凸轮线型和各凸轮间的夹角等)更为合理,应与发动机常用转速工况相适应,以提高充气量,改善汽车在高原地区的使用性能。

3）采用增压设备

柴油机由于无爆震的限制,使用增压器比较合适,柴油机装增压器后(一般是废气涡轮增),增加了充气量,压缩终点的压力和温度也相应提高,从而改善了发动机的动力性和经济性。汽车上使用的增压器,由于发动机的工况复杂,以及发动机罩下空间的限制,要求增压器结构紧凑,涡轮等旋转零件的转动惯量小,反应敏感。此外,在使用中,还应对柴油机的供油量喷油提前角进行适当地调整。

4）调整油电路

随着海拔升高,混合气变浓,燃烧不完全。为此,应按海拔高度调整循环供油量。

对于使用电控燃油喷射(EFI)系统的汽油发动机而言,利用氧传感器可以测定废气中氧的浓度,可检查混合气的空燃比是否满足汽车发动机运转工况的要求。根据氧传感器的输出电压反复调整燃油喷射量,直至混合气浓度适当降低,以满足海拔增高后发动机使用工况的要求。

对于柴油机而言,除对柴油机供油量进行调整以减少循环供油量外,还因柴油喷入汽缸后着火延迟期延长,燃烧速率慢,需适当使喷油提前。

随着海拔升高,发动机压缩终了的压力降低,火焰的传播速度减慢,而空气稀薄又使真空提前装置受到影响。为此,可将点火提前角略为提前 $1°\sim 2°$,还可以适当调整火花塞和断电器触点间隙,以使火花塞产生较强的火花。

5）采用含氧燃料

所谓含氧燃料就是在汽油中掺入酒精、丙酮及其他含氧化合物。掺入的这些含氧燃料的分子中都含有氧,在燃烧过程中,理论上必要的空气量减少,从而补偿了因气压低而产生的充气量不足的问题。试验表明:采用含氧较高的燃料其相对效能随海拔高度的增加而提高。

经常在高原上行驶的汽车,为了提高发动机的动力性能,最根本的措施是在结构上进行改进。

2. 改善行车安全的措施

1）采用 ABS 制动防抱死系统

制动过程中,ABS 系统可以防止车轮抱死,即可获得最大制动效能,又可避免危险的制动侧滑,提高制动稳定性。采用 ABS 制动防抱死系统是提高汽车在山区复杂道路上行驶安全性的重要途径。

2）采用耐高温制动摩擦片

汽车连续制动或高速制动时,制动器会因温度上升而产生热衰退现象,制动力矩下降。制动器抗热衰退性能与制动器摩擦副材料及制动器的结构有关。因此,采用耐高温制动摩擦片是改善制动器抗热衰退性能的简单易行方法。耐高温摩擦片采用环氧树脂、三聚氰胺树脂等作为黏合剂或采用无机黏合剂,使石棉摩擦材料黏结、固化成形而制成。石棉摩擦材料中常加有金属添加剂,当温度高达 400℃ 以上时,摩擦片尚可产生足够的制动力矩,可适应高原山区条件下行车制动的需要。

3）采用辅助制动器

辅助制动器有电涡流、液体涡流和发动机排气制动器。前两种辅助制动器由于体积较大,结构复杂,多用于山区或矿用的重型汽车上,又称电力或液力下坡缓行器。发动机排气制动是一种有效而简便的措施,实际上它是在一般发动机制动的基础上,再在发动机排气管上装一个排气节流阀,当使用排气制动时,切断发动机的燃料供给,关闭排气节流阀,达到降低车速制动汽车的目的。排气制动也属于缓行制动装置,多用在重型汽车上。

排气制动可保证各车轮制动均匀,制动功率可达发动机有效功率的80%~90%。

4) 采用大范围可调制比例阀

现有的比例阀主要用于防止后轴制动抱死,不能解决前轮制动抱死问题,而一些进口矿用车的前轮制动减压阀,又只能用于防止前轮抱死,而且以上两类阀一般都是固定比例的,不适用于制动工况变化很大的山区情况。因此需要一种从前轮制动减压到后轮制动减压的大范围可调比例阀。

5) 制动鼓淋水降温

为了防止制动器过热,在下长坡时,对制动鼓外缘进行淋水冷却效果很好,可以基本上防止摩擦片的烧蚀现象。但是,这种方法需要有充足的水源,在缺水地区无法使用。

6) 防止轮胎爆胎

海拔高度升高时,轮胎气压也会升高。在海拔4000m时,轮胎气压比在海平面时增加约50kPa;同时,传递较大动力或速度过高时,轮胎表面温度较高,橡胶强度变差。因此,在高原山区行车时,易爆胎而引发事故,应保持轮胎压力不超过规定值,同时注意轮胎工作温度。

7) 选用合成型汽车制动液

评价制动液高温抗气阻性能的指标是平衡回流沸点。平衡回流沸点是指制动液在测定条件下开始沸腾的温度,平衡回流沸点越高,越不易产生气阻。

此外,为了满足气制动的供气压力要求,可采用供气量大的双缸空气压缩机。

还应指出,由于高原山区空气稀薄,发动机冷却强度有时显得不相适应;低挡爬坡时,发动机易过热;停车时,发动机又很快冷却;因此,发动机应采取良好的冷却和保温措施。

汽车在山区行驶时,换挡、制动和转弯次数多,底盘机构的载荷大,轮胎磨损大,应适当缩短维护周期。

第五节 汽车在无路和坏路条件下的使用

坏路或恶劣道路是指泥泞的土路、冬季的冰雪道路和覆盖砂土的道路等;无路是指松软土路、耕地、草地和沼泽地等。

一、汽车在无路和坏路条件下的使用特点

汽车在困难道路上行驶时,其平均技术速度和装载质量明显下降,影响了汽车运输生产率。显然,汽车的通过性是其主要问题。

汽车在坏路和无路条件下的使用特点是:驱动轮与路面的附着力减小;车轮的滚动阻力增大。此外,还会有突出的障碍物影响汽车通过。从而,使汽车的牵引—附着条件恶化。

1. 土路

土路在坏路和临时性道路中占的比例最大。汽车在松软的土路上行驶时,支承路面将出现残余变形,车轮在路面上形成车辙,滚动阻力增大。汽车在泥泞而松软的土路上行驶时,往往由于附着系数低,引起驱动轮打滑,使汽车无法通过。汽车在土路上的附着系数与土壤的性能状况,轮胎花纹和气压,汽车驱动轴上的负荷及汽车的行驶速度有关。

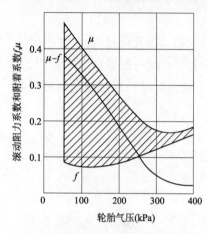

图5-18 轮胎气压不同时,附着系数、滚动阻力系数及其差值的变化

μ-附着系数;f-滚动阻力系数;$\mu - f$-附着系数与滚动阻力系数的差值

附着程度的好坏,主要取决于轮胎与路面的接触处变形后的相互摩擦情况。在干燥平坦的土路上,附着系数可达0.5~0.6。在不平整的低级道路上,由于减少了轮胎与路面的接触面积,附着系数下降。而当路面潮湿或泥泞时,其表面坑洼都被泥浆填满,阻碍了轮胎与路面间的接触,致使附着系数降低到0.4~0.3或更低。

轮胎花纹和轮胎气压对附着系数的影响较大。越野花纹轮胎与路面抓着力大,附着系数大,适于坏路和无路上使用。轮胎气压低,轮胎与路面的接触面积大,单位压力减小,增加了轮胎与路面的附着。

轮胎对路面的单位压力下降,在软土路上行驶的滚动阻力也下降。图5-18所示为轮胎气压不同时,附着系数与滚动阻力的变化情况。当气压过低时,由于轮胎变形显著增大,滚动阻力略有增加。

2. 砂路

砂路的特点是表面松散,受压后变形大,轮胎花纹嵌入砂土后,因砂土的抗剪切能力差,抓着力小,附着系数降低,同时,车轮的滚动阻力增大。干砂路和流砂地容易使汽车打滑,特别是在流砂地上,汽车车轮的滚动阻力系数可达0.15~0.30或更大,而驱动轮由于附着系数小而空转,影响汽车的通过性能。

3. 雪路和冰路

雪路对汽车通过性的影响主要取决于雪的特性,即雪层的密度和硬度。雪层的密度越大,其承受的压力也越大。雪层的密度与气温和压实的程度有关,气温越低,雪层密度越小,雪层的硬度也与气温有关:气温低,雪层干而硬;气温高,雪层软而松。

当气温在-10℃~-15℃时,雪路的性能如表5-2所示。从表5-2中可以看出,雪路比一般刚性路面对车轮的滚动阻力增加了,而车轮的附着系数显著下降,雪层的密度越小,汽车的行驶条件越差。

在-10~-15℃时雪路的主要性能　　　　表5-2

雪的状态	密度(g/cm³)	车轮的滚动阻力系数	车轮的附着系数
中等密度的雪	0.25~0.35	0.1	0.1
密实的雪	0.35~0.45	0.05	0.2
非常密实的雪	0.5~0.6	0.03	0.3

雪层的厚度对汽车行驶也有一定影响。在公路上,经车轮压实,平坦而密实的雪层厚度

为 7~10cm 时,对汽车的正常行驶影响不大;当雪层、特别是松软雪层加厚时,汽车的通过性将明显下降。使用经验表明:雪层的厚度大于汽车最小离地间隙的 1.5 倍、雪的密度低于 0.45g/cm³ 时,汽车便不能通过。

冰路上行驶的汽车,车轮与冰面的附着系数非常低,在冬季,有冰道路的附着系数可降低到 0.1 以下,但是车轮的滚动阻力与刚性路面的差别不大。为了保证行车安全,在冰路上行驶时的车速要低,行车间隔要大。特别是通过河流或湖泊的冰面时,还需要检查冰层厚度和坚实情况(裂缝、气泡或雪的夹层等)。

冰层除了表面有一层冰雪外,主要由两部分组成:混浊的上层和透明的下层。在检查冰层厚度时,每隔 15~25m 测量一次这两部分冰层的厚度,并观察冰层的状况。在气温低于 0℃ 情况下,汽车通过冰封的渡口时,冰层的最小厚度见表 5-3。

冰层的承载能力 表 5-3

承载汽车(汽车列车)的总质量(t)	冰层厚度(cm)(气温 -20℃ ~ -1℃)	从渡口到对岸的最大距离(m)	
		海冰	河冰
≤3.5	25~34	16	19
≥10	42~46	24	26
≥40	80~100	38	38

注:春天的冰层厚度标准应提高 1.5~2 倍。

二、汽车在无路和坏路条件下应采取的措施

汽车在坏路和无路条件下行驶时,改善驱动轮同路面之间的附着系数和减少滚动阻力对提高汽车的通过性是最有意义的。

1. 合理使用防滑装置

在汽车驱动轮上装防滑链是提高车轮与路面附着系数的有效措施,已得到广泛应用。防滑链的形式主要取决于路面状况和汽车行走系的结构。防滑链有普通防滑链、履带式防滑链和防滑块。

普通防滑链是带齿的(圆形、V 形或刀形)链条,用专用的锁环装在轮胎上。这种防滑链在冰雪路面和松软层不厚的土路上有良好的通过性,而在松软层厚的土路上效果明显下降。

履带链有菱形和直形的,履带链能保证汽车在坏路上,甚至驱动轮陷入土壤或雪内仍可以通过,菱形履带还具有防侧滑能力。

防滑链的缺点是链条较重,拆装不方便,更重要的是装有防滑链的汽车,其动力性和经济性均下降,在硬路面上行驶的冲击大,使轮胎和后桥磨损增大,因此仅在克服困难道路时,才予装用。

克服短而难行的无路地段时,宜使用容易拆装的防滑块和防滑带。

2. 合理使用轮胎

轮胎胎面花纹可分为:普通花纹、越野花纹和混合花纹,即纵向花纹、横向花纹和纵横混合花纹。

越野花纹轮胎特点是:花纹横向排列、花纹沟槽深、凸出面积小、与地面抓着力大、抗刺扎和耐磨性好,适合在坏路和无路条件下使用。

在使用中,要注意轮胎的磨损情况,轮胎花纹的剩余深度是检查轮胎磨损的标准。因此,国际上都有规定,在轮胎花纹沟底部,轮胎生产厂家应当设计有磨损限度标志,每条胎有4~6个以上,在轮胎胎肩处设有相同数目的磨损限度标志。磨损大的轮胎附着力小而且容易爆胎,不适合在坏路上使用。

调整轮胎气压时,轮胎气压减小,轮胎与路面的接触面积增大,单位压力减小,致使车轮的滚动阻力减小,并改善了附着条件。

轮胎气压降低后,轮胎变形加大,使用寿命降低,因此不能使轮胎长期低气压工作。

3. 自救措施

汽车克服局部障碍或陷住时,可采用自救措施。一般自救的方法是去掉松软泥土或雪层,在驶出的路面上撒砂、铺石块或木板等,然后将汽车开出。也可以用绳索绑在树干(或木桩)和驱动轮上,如同绞盘那样驶出汽车。

4. 提高驾驶技术

驾驶方法对提高汽车的通过性也有很大作用。例如,汽车通过砂地、泥泞土路和雪地等松软路面时,应降低车速(低速挡),以保证有较大的牵引力,同时减少了车轮对土壤的剪切和车轮陷入程度,提高了附着力。除降低车速外,还应避免换挡和加速并尽量保持直线行驶,因为转弯会使前后轮辙不重合而增加滚动阻力。

第六章 汽车行驶安全和公害

第一节 道路交通事故及控制

一、道路交通事故概述

1. 道路交通事故及特点
1) 道路交通事故的定义

根据《中华人民共和国道路交通安全法》,道路交通事故指车辆在道路上因过错或者意外造成的人身伤亡或者财产损失的事件。

因此,道路交通事故不仅包括由于特定人员违反交通管理法规造成的交通事故,也包括由于意外造成的交通事故。如由地震、台风、山洪、雷击等不可抗拒的自然灾害所造成事故等。

2) 道路交通事故的特点

(1) 随机性。道路交通事故往往是多种因素共同作用或互相引发的结果,其中许多因素本身就是随机的因素,因此道路交通事故的发生具有随机性。

(2) 突发性。道路交通事故的发生通常没有任何先兆,即具有突发性。

(3) 频发性。随着汽车拥有量的增大,交通量急剧增加,使道路交通事故频繁发生,即具有频发性。

(4) 社会性。道路交通事故是伴随着道路交通的发展而产生的一种现象,人们只要参与交通,就存在涉及交通事故的危险性。这决定了道路交通事故的社会性。

(5) 不可逆性。即道路交通事故不可重现,也不能预测何时何地何人发生何种事故。

判断一起事故是否属于道路交通事故,除了依据定义外,还应以构成道路交通事故的基本要素为基础。

2. 道路交通事故的构成要素

(1) 车辆要素。车辆要素指道路交通事故应限于车辆(包括各种机动车和非机动车)造成的人身伤亡和财产损失的事件。

(2) 道路要素。道路要素指道路交通事故是在公用道路上发生的。依据《中华人民共和国道路交通安全法》,公用道路指"公路、城市道路和虽在单位管辖范围但允许社会机动车通行的地方,包括广场、公共停车场等用于公众通行的场所"。

(3) 运动要素。运动要素指道路交通事故应发生在行驶或停放过程中。车辆静止停放时发生的事故(如停车后装卸货物时发生的伤亡事故)不属于交通事故。

(4) 事态要素。事态要素指交通事故是与道路交通有关的事态或现象,即发生碰撞、碾压、刮擦、翻车、坠落、失火等其中的一种或几种。

(5)后果要素。道路交通事故是造成人身伤亡或者财产损失的损害后果的事件。如果没有损害后果的发生,或后果轻微,没有达到道路交通管理部门规定的标准,就不能形成交通事故。

(6)过错或者意外要素。过错或者意外要素指事故是出于人的意料之外而偶然发生的事件,当事人的心理状态是过错或者意外。若明知自己的行为会发生危害,但希望或有意放任危害后果的发生,由此引起的事故不属于交通事故。

3. 交通事故的形式

交通事故的形式指交通参与者之间发生冲突或自身失控肇事所表现出来的具体形态,包括碰撞、碾压、刮擦、翻车、坠车、爆炸和失火等7种现象。

(1)碰撞。指交通强者(相对而言,下同)的正面部分与他方接触,或同类车的正面部分相互接触。碰撞可以发生在机动车之间、机动车与非机动车之间、机动车与行人之间、非机动车之间、非机动车与行人之间,以及车辆与其他物体之间。

(2)碾压。指作为交通强者的机动车,对交通弱者的推碾或压过。

(3)刮擦。指侧面部分与他方接触,造成自身或他方损坏,主要表现为车刮车、车刮物和车刮人。根据运动情况,机动车之间的刮擦可分为会车刮擦和超车刮擦。

(4)翻车。通常指在没有发生其他事态的前提下,车辆部分或全部车轮悬空、车身着地的现象。可分为侧翻和滚翻两种。

(5)坠车。指车辆离开地面的落体过程。如:坠落桥下、坠入山涧等。

(6)爆炸。指将爆炸物品带入车内,在行驶过程中由于振动等原因引起突爆造成事故。

(7)失火。指车辆在行驶过程中,由于人为的或技术上原因引起的火灾。常见的失火原因有:乘员使用明火,违章直接供油,发动机回火,电路系统短路、漏电等。

交通事故现象可以是单一现象,也可能多种现象并存。对于后者,一般按所发生的先后顺序或主要现象加以认定。

4. 道路交通事故的分类

为便于从不同角度、以不同方法对道路交通事故进行分析研究和处理。常用以下方法对其进行分类:

1)按后果分类

根据道路交通事故造成的人身伤亡或者财产损失的程度和数额,分为轻微事故、一般事故、重大事故和特大事故四类。

(1)轻微事故。指一次造成轻伤1~2人,或者机动车事故造成的财产损失不足1000元,非机动车事故不足200元的事故。

(2)一般事故。指一次造成重伤1~2人,或者轻伤3人以上,或者财产损失不足3万元的事故。

(3)重大事故。指一次造成死亡1~2人,或者重伤3人以上、10人以下,或者财产损失3万元以上不足6万元的事故。

(4)特大事故。指一次造成死亡3人以上,或者重伤11人以上,或者死亡1人同时重伤8人以上,或者死亡2人同时重伤5人以上,或者财产损失6万元以上的事故。

在道路交通事故统计中,死亡的判定以事故发生后 7 天内死亡的为限;重伤和轻伤分别按司法部、最高人民法院、最高人民检察院、公安部发布的《人体重伤鉴定标准》和《人体轻伤鉴定标准(试行)》执行;财产损失指所造成的车辆、财产直接损失折价,不含现场抢救(险)、人身伤亡善后处理的费用,也不含停工、停产、停业等所造成的财产间接损失。

2) 按交通工具分类

根据肇事交通工具的类型,可以分为机动车事故、非机动车事故、行人事故三类。

(1) 机动车事故。指在当事方中,机动车负主要以上责任的事故。但在机动车与非机动车或行人发生的事故中,机动车负同等责任的,也应视为机动车事故。

(2) 非机动车事故。指畜力车、二轮车、自行车等非机动车辆负主要以上责任的事故。

(3) 行人事故。指由于行人过失或违反交通规则而发生的交通事故。

3) 按事故对象分类

(1) 车辆间的交通事故。指车辆之间发生刮擦、碰撞而引起的事故。碰撞包括正面碰撞、追尾碰撞、侧面碰撞、转弯碰撞等。刮擦包括超车刮擦、会车刮擦等。

(2) 车辆与行人的交通事故。指机动车对行人的碰撞、碾压和刮擦等事故。

(3) 机动车对非机动车的交通事故。主要表现为机动车辆在机动车行车道和自行车道压死、撞伤骑自行车人的事故。

(4) 车辆单独事故。指在没有发生碰撞、刮擦等事故的前提下,机动车翻车、坠入桥下或江河的事故。

(5) 车辆对固定物的事故。指机动车与道路两侧的固定物(如建筑物及树木)相撞的事故。

(6) 铁路道口事故。指车辆或行人在铁路道口被火车撞死、撞伤的事故。

4) 按事故发生地点分类

交通事故发生地点一般是指事故发生在哪一级道路。在我国,公路分为高速公路、一级公路、二级公路、三级公路、四级公路五个等级;城市道路分为快速路、主干路、次干路、支路四个等级。此外,还可以按事故发生在道路交叉口或路段分类。

5) 其他分类方法

除以上分类方法外,常用的分类方法还有:

(1) 按事故发生时的气候情况分类。

(2) 按发生事故的道路特征,如:道路线形、路面类型、路面状况等分类。

(3) 按伤亡人员职业类型分类。

(4) 按肇事者所属行业分类。

(5) 按肇事驾驶员所持驾驶证种类、驾龄分类。

二、道路交通事故影响因素

道路交通安全与否,取决于人、车、路、交通环境相互依赖、相互影响的闭环系统。由人、车、路、交通环境组成的交通系统,具有宽松的平衡关系,即偏离平衡关系不一定会导致交通事故,但任一交通事故必然是人、车、路、交通环境之一失衡引起的。其主要影响因素如图 6-1 所示。

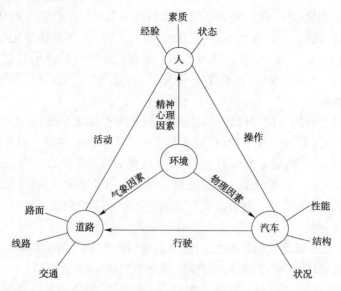

图 6-1 道路交通事故的主要影响因素

1. 人的影响因素

1)驾驶人的因素

(1)感知觉。人脑直接作用于感觉器官的客观事物个别属性的反映就是感觉。比如眼睛从车窗看到车外各种物体的亮度和颜色,双手感受到转向盘的操作力量,耳朵听到发动机的响声等。而在驾驶过程中,各种有关、无关的信息以及安全、危险的信息总是混杂在一起的,要靠驾驶人对直接作用于感觉器官的客观事物做整体反映,这就是知觉。在驾驶活动中,感知觉对安全行车起到非常重要的作用。

(2)注意。注意是人的心理活动对一定对象的指向和集中。注意分有意注意和无意注意,有意注意是有预定目的,需要付出一定意志努力才能维持的注意;无意注意是没有预定目的,不需要意志力就能维持的注意,比如强度大的、对比鲜明的、突然出现的、变化运动的、新鲜刺激的、自己感兴趣的等刺激总是容易引起驾驶人的无意注意。驾驶人要学会合理分配注意并能克服"不注意"对安全行车的影响。

(3)情绪、情感和意志。人们在实践活动中,不仅能认识客观事物,而且对事物表现不同的好恶态度,对这些态度的体验就是情绪和情感。人的情绪和情感是极其复杂的,积极的情绪和情感能使人精神焕发、干劲倍增,具有"增力作用";反之消极的情绪和情感则使人精神萎靡,心灰意懒,对人的活动起着"减力作用"。意志是人有意识地确立目的,调节和支配行动,并通过克服困难和挫折,实现预定目的的心理过程。驾驶人应具备一定意志品质,具有独立判断的自觉性;善于观察、能够抓住机会当机立断的果断性;经得住诱劝的自制性和不知退缩的坚韧性。

(4)驾驶疲劳、不良嗜好、服用药物对行车安全的影响。

《中华人民共和国道路交通安全法》第二十二条规定:"……饮酒、服用国家管制的精神药品或者麻醉药品,或者患有妨碍安全驾驶机动车的疾病,或者过度疲劳影响安全驾驶的,不得驾驶机动车"。

①驾驶疲劳,包括身体疲劳与心理疲劳,是指驾驶人长时间(或长期)从事驾驶工作,导

致驾驶人生理机能和心理机能失调,产生迟钝现象和心理厌烦、迟缓情绪。

暂时(急性)的身心疲劳,可以通过休息、疗养恢复。长期(或慢性的、永久性的)疲劳,不再适合于汽车驾驶工作。

②饮酒对驾驶人的影响。驾驶人饮酒后,酒精被人体吸收,渗透到各组织,对人的中枢神经产生麻醉作用,导致感觉模糊、判断失误、反应不当,对行车安全造成严重危害。

世界各国的交通法规中均有饮酒禁驾的规定,对酒后驾车给予十分严厉的处罚。

2)行人的因素

根据行人对交通安全法律意识,对交通安全的认识态度及其行为特点,可将行人分为以下几类。

(1)品行傲慢,不避让汽车的人。这类人对交通法律意识淡薄,品行傲慢,行走时我行我素,无论车速快慢,也无论车辆离他远近,甚至明知汽车已经逼近,也毫无避让之意。这类人对喇叭声、行车信号灯无动于衷。行车中遇有这种人时,应主动减速、避让,切不可与之斗气,以免发生交通事故。

(2)注意力高度集中的人。这类人边走路边思考,注意力高度集中在某一事物上,对道路交通状态视而不见,车辆行至面前也无动于衷。行车中遇有这类人时,应主动减速、避让,切不可车临其身时按喇叭,弄得双方不知所措,以致发生交通事故。

(3)缺乏避让常识的人,遇车惊慌失措的人。这类人特别怕车,且缺乏避让常识,横过马路时顾此失彼,车距足够远时,以为汽车马上就会身临其境,站在原地不动;继而又突然横穿马路,当车辆逼近时则惊慌失措,突然改变方向往回退。另一种是从停放在路边的车辆前方横过马路的人,这种人只注意对方车辆行驶动态,而不注意与该车同向车辆的行驶动态,或是注意了这一辆而忽略下一辆,而对其身后车辆的动态更是全然不知。因此,驾驶人遇有这种人横过马路,或与停放于路边的车辆错车时,必须小心谨慎。

(4)缺乏安全感,横冲直撞过马路的人。遇有风雨来临前,狂风大作,风沙弥漫,年龄大的特别是年龄稍大的女同胞,为避风沙雨淋,往往将衣服蒙头盖耳抢过马路,或下雨天积水路为躲避因车辆飞驰而溅起的水幕,慌不择路的人。驾驶人遇刮风下雨、天气突变路、路面坑洼积水时,应主动降低车速,密切注意行人动态,以免发生意外。

(5)老弱病残的人。遇有老年人、小孩、腿脚不方便的残疾人、孕妇在马路上行走活动时,这些弱势群体,行为动作不如正常人,驾驶人应多一份爱心,要主动避让或停车让行。

(6)少年儿童。少年儿童这些群体,天性幼稚,活泼顽皮,争强好胜,驾驶人行经学校附近,特别是放学期间,应小心驾驶。

行人在交通中的最大特点是:可以在极短的时间和极短的距离内变更自己的意志和行为。比如,在横穿马路时可以陡然站住、跑或变更方向等;行人的步行心理因人而异,步行速度没有一定的规律。所以,驾驶机动车遇行人时的交通安全问题,要引起高度重视,积极预防交通事故的发生。

2.车辆的因素

1)机动车辆

机动车辆作为运载工具,是道路交通系统的重要元素,与交通安全有密切关系。常见机动车辆有:汽车、拖拉机、摩托车等。

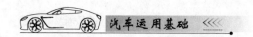

安全性能不良通常是车辆导致道路交通事故的直接原因,主要表现在:

(1)制动器失效或制动效果不佳。

(2)转向系统失控。

(3)机件失灵、灯光失效。

(4)驾驶视野条件不佳。

(5)操纵机构各连接部位不牢靠。

(6)轮胎爆胎。

(7)机件承受反复交变载荷,发生疲劳失效。

(8)车辆装载超高、超宽、超载及货物绑扎不牢。

而摩托车具有自行车的灵活、汽车的快捷,但其稳定性能、安全防护性能最差。

2)非机动车辆

非机动车中,在目前的社会经济和交通状况下,自行车仍然是众多百姓的代步工具。自行车的特点是机动灵活,稳定性差。自行车对交通安全的影响与骑车人有关。

中老年人处世稳重,一般能自觉在自行车道或道路边侧行驶,遇有情况事先注意主动避让;青少年尤其是中小学生,车速快,我行我素,喜欢在马路上来回穿梭。

3. 道路的因素

影响道路交通安全的道路方面的因素包括:道路等级、线形设计要素(包括平面、纵断面、横断面及平纵线形组合)、视距、交叉口(包括平面交叉和立体交叉)、路面状况等。

道路条件的主要特征指标包括车辆运行速度和道路通行能力,它们是确定道路等级、车道宽度、车道数、路面强度以及道路纵断面和横断面的依据。根据公路交通量及其使用任务和性质,《公路工程技术标准》(JTG B01—2014)将公路分为五个等级:高速公路、一级公路、二级公路、三级公路和四级公路。《公路工程技术标准》(JTG B01—2014)为每级公路规定了相应的技术标准,如车道宽度、车道数、最小停车视距、纵坡、平曲线半径和路面等级等。标准中规定的路线参考取值均在保证设计车速的前提下,考虑了汽车行驶的安全性、舒适性、驾驶人的视觉和心理反应。

1)高速公路

高速公路是专供汽车分向、分车道高速行驶并全部控制出入的干线公路。四车道高速公路一般能适应按各种汽车折合成小客车的远景设计年限的年平均昼夜交通量为25000~55000辆。六车道高速公路一般能适应按各种汽车折合成小客车的远景设计年限的年平均昼夜交通量为45000~80000辆。八车道高速公路一般能适应按各种汽车折合成小客车的远景设计年限的年平均昼夜交通量为60000~100000辆。

2)一级公路

一级公路一般能适应按各种汽车折合成小客车的远景设计年限的年平均昼夜交通量为15000~30000辆。它是连接高速公路、大城市结合部、开发区经济带以及边远地区的干线公路,可供汽车分向、分道行驶并部分控制出入的公路。

3)二级公路

二级公路适用各种车辆行驶,设计时速40~80km,一般能适应按各种车辆折合成中型载货汽车的远景设计年限的年平均昼夜交通量为3000~7500辆。它是连接中等城市的干线公路,或通往各大工矿区、港口的公路,或交通运输繁忙的城郊公路。

4）三级公路

三级公路是沟通县及城镇的集散公路,适用各种车辆行驶。设计时速30～60km,一般能适应按各种车辆折合成中型载货汽车的远景设计年限的年平均昼夜交通量为1000～4000辆。

5）四级公路

四级公路适用各种车辆行驶,一般能适应按各种车辆折合成中型载货汽车的远景设计年限的年平均昼夜交通量为双车道1500辆以下,单车道200辆以下。它是沟通乡、村等地的地方公路,设计时速20～40km。

4. 交通环境的因素

交通环境是指道路及周围对交通安全有影响的各种工程设施、公路附属设施、交通标志、交通标线、交通信号及道路交通流等。

1）建筑设施

指跨越、穿越公路的桥梁、渡槽架设或者埋设的管线等设施。按照国家有关法律规定,所修建、架设或者埋设的设施应当符合公路工程技术标准的要求,并设置明显的限载标志,不得妨碍交通、影响交通安全。

超过公路、公路桥梁、公路隧道或者汽车渡船的限载、限高、限宽、限长标准的车辆不得在有限定标准的公路、公路桥梁上或者公路隧道内行驶。

超过公路或者公路桥梁限载标准确需行驶的,必须经县级以上地方人民政府交通主管部门批准,并按要求采取有效的防护措施;影响交通安全的,还应当经同级公安机关批准;运载不可解体的超限物品的,应当按照指定的时间、路线、时速行驶,并悬挂明显标志。

2）公路附属设施

指为保护、养护公路和保障公路安全畅通所设置的公路防护、排水、养护、管理、服务、交通安全(车辆补给、修理,人员休整)、渡运、监控、通信、收费等设施、设备以及专用建筑物、构筑物等。

3）交通标志

指用简单形状、醒目颜色、简捷文字等绘制的,用以向驾驶人、行人传递有关交通信息、道路信息,用以管理、引导道路交通的揭示牌。

道路交通标志分为指示标志、警告标志、禁令标志、指路标志、旅游区标志、道路施工安全标志和辅助标志等,共200多种。

(1)警告标志。采用顶角朝上,黄底、黑边、黑图案的等边三角形,用以警告车辆、行人注意危险地点的标志。警告标志设置在车辆驶入危险地点15～30m的地方。

(2)禁令标志。采用圆形或倒三角形,白底、红圈、红杠、黑图案(个别除外),用以禁止或限制车辆、行人某种交通行为的标志。禁令标志设置在禁止通行的地方。

(3)指示标志。采用圆形或正方形,蓝底、白字、白图案,用以指示车辆、行人通行的标志。指示标志设置在车辆、行人必须驶入(或改变行驶方向)路段的适当位置。

(4)指路标志。传递道路方向、地点、距离信息的引导车辆顺利到达目的地的标志。指路标志一般设置在道路右侧或右侧上方醒目位置。

指路标志的形状,除地点识别标志外,为长方形或正方形。指路标志的颜色,除里程碑、百米桩、公路界碑外,一般公路为蓝底、白图案;高速公路为绿色、白图案。

(5)辅助标志。采用长方形、白底、黑字、黑图案、黑边框,对主标志起辅助(运用时间、车辆种类、区间或距离、警告或禁止理由)说明作用的标志,不能单独使用。辅助标志设置在主标志下方。

(6)旅游标志。用以向旅游者传递旅游信息。

4)道路交通标线

道路交通标线分为指示标线、警告标线、禁止标线三类,是由各种白色(或黄色)路面线条、箭头、文字、立面标记以及突起路标和路边线轮廓标等所构成的用以管制、引导交通的交通安全设施。道路交通标线可以与交通标志配合使用,也可单独使用。

(1)车行道中心线。用以分隔对向行驶的车辆,一般设在车行道中心(不一定是在道路几何中心)线上。车行道中心线分为中心虚线、中心单实线、中心虚实线和中心双实线。

在保证交通安全的情况下,车辆在超车或向左转弯时,可以跨越虚线行驶,在画有两条平行双实线的道路,禁止车辆越线超车、向左转弯或压线行驶。车行道中心线为虚实线的,实线一侧禁止车辆越线超车或向左转弯,虚线一侧准许车辆越线超车或向左转弯。

(2)车道分界线。用以分隔同向行驶的车辆,分为车道分界线(虚线)和导向车道分界线(实线——车辆不准许越线变更车道)。

(3)车行道边缘线。用以表明路面或车行道的外边线,分虚线和实线。实线用于弯道、桥梁等危险地段和视线受限制的路段以及画有中心双实线的路段。

(4)停止线。用以表示车辆等候放行信号或停车让行停车位置。

(5)停车让行线。表示车辆让干路车或火车先行的停车位置,与停车让行标志配合使用。

(6)减速让行线。表示车辆减速让行位置,与减速让行标志配合使用。

(7)人形横道线。用以表示准许行人横穿车行道的标志。

(8)导流线。一般设置在道路过宽、不规则或行驶条件比较复杂的交叉路口。表示不准许车辆驶入并按该标线指引的方向行驶。

5)交通信号

交通信号是用以指示车辆、行人的行和停的各种交通指挥信号,分为机动车信号灯、非机动车信号灯、人行横道信号灯、车道信号灯、方向指示信号灯、闪光警告信号灯、道路与铁路平面交叉道口信号灯。

三、道路交通事故预防措施

道路交通事故是在人、车、路、交通环境等诸多因素共同影响下产生的复杂交通事件。因此,必须把人、车、路、交通环境作为一个有机整体进行分析和处理,从谋求该系统的平衡出发,对各组成部分的结构、性能、行为等进行规划和协调,以保障交通安全,预防交通事故。

1. 加强交通参与者的安全意识

提高驾驶员安全意识对保障交通安全有重要意义。常用措施有:

(1)研究驾驶人生理和心理特性,研究疲劳、饮酒及药物等因素对行车安全的影响。

(2) 严格管理驾驶人的培训、考核和发证工作,加强驾驶人甄选和管理。

(3) 完善驾驶人常规培训教育制度,加强交通安全宣传教育。在提高驾驶技能的同时,强化其交通道德、交通法制和交通安全意识。

(4) 加强交通执法,有效杜绝各类驾驶员违章行为。预防疲劳驾驶,杜绝酒后驾驶。

加强行人交通安全的宣传教育,增加行人的安全常识和安全意识,提高遵守交通法规的自觉性,是行人交通安全管理的重要内容。

2. 提高汽车安全性能

汽车安全性能涉及主动安全性和被动安全性。主动安全性反映了汽车能够按照驾驶人的正常操纵运行,避免事故发生的能力,通常取决于汽车的动力性、制动性、操纵稳定性、可靠性、汽车照明、仪表、信号设施、驾驶人工作环境质量等因素;被动安全性是指在发生事故的过程中及之后,汽车本身保证乘员不受伤害或最大限度减少伤害程度的能力,包括:汽车的耐撞性能、抗滚翻性能、吸能结构和乘员的约束系统(如安全带、安全气囊)等。

为保障使用安全性,应加强车辆安全性能的检测和维护工作,发现异常或故障及时维修。汽车的安全性能应满足《机动车运行安全技术条件》(GB 7258—2012)的要求。该标准规定了机动车整车及主要总成、发动机、转向系、制动系、照明信号和其他电气设备、行驶系、传动系、车身、安全防护装置等有关运行安全的基本技术要求及检验方法;还规定了机动车的环保要求及消防车、救护车、工程救险车和警车的附加要求,适用于在我国道路上行驶的机动车。

3. 改善交通环境

兴建安全设施完善的高等级公路,改建、扩建现有道路,并增设各种交通安全设施,可以大幅度提高道路交通的安全水平。

(1) 汽车行驶过程中,驾驶人不断接受来自道路和交通环境的各种信息,对其进行处理并做出反应。因此,道路的技术特征应适应车辆的运动特性和驾驶人的心理效应,便于驾驶人快速做出正确选择;公路交通设施应标准化,线形设计要素(包括平面、纵断面、横断面及平纵线形组合)、视距、交叉口(包括平面交叉和立体交叉)等应满足安全行车的要求。

(2) 道路平面线形由直线、圆曲线、缓和曲线三个几何要素组成;纵断面线形由平坡线、坡线、竖曲线三个几何要素组成。平面线形和纵断面线形均应根据地形、地物和沿线环境条件,对几何要素进行合理的组合,满足行车安全、舒适、美观,及与环境协调的要求。纵断面线形应与地形相适应,形成视觉连续、平顺而圆滑的线形,避免在短距离内出现频繁起伏。

(3) 在交叉口上,应采取分隔带,以限止驾驶人驶入左侧行车道,以避免事故的发生;并预定调整行车路线的措施,以预防在不正确的行车路线上行驶。

正确布置道路标志与方向指示牌,可有效防止因驶入错误路口而引起的交通事故。其尺寸应与行车道的车速相适应,使驾驶人能够看清并理解。在立体交叉口上,应设置相应路线标志。

4. 加强交通安全管理

交通安全管理指由国家行政机关根据有关法律、法规、标准规范,采用科学的管理方法,在社会公众的积极参与下,对构成道路交通系统的人、车、路、交通环境等要素进行有效组织、协调、控制,以实现防止事故发生、减少死伤人数和财产损失,保证道路交通安全、畅通目标的管理活动。

1）管理对象

交通安全管理的对象是构成道路交通系统的人、车、路、环境等诸要素及其相互关系。

（1）人员。凡是参与道路交通活动的人，都是道路交通管理的对象。驾驶人是影响交通事故发生的重要因素，因此应注重驾驶人管理。

（2）车辆。车辆安全性能是道路交通安全的关键，必须依照国家相关法律、法规及技术标准，从新车的设计、制造，在用车的登记、检测、维护等方面着手，对车辆进行全面管理和控制。

（3）道路。道路是汽车安全行驶的基础。实施道路交通管理，主要应对道路进行安全核查，并对道路附属设施进行管理，使道路的性质、功能适应交通需求，并保障对道路的科学、有效使用。

（4）道路交通环境。凡对道路交通活动有影响的物体和行为环境，都是道路交通管理的对象。交通环境管理，主要是对道路的三维空间及周边建筑、视觉污染等与交通活动直接相关的物体及行为环境进行监督和管理。

2）交通安全管理的依据和主要措施

（1）交通安全管理的依据。

道路交通法规是依据国家宪法制定的强制性行政命令和规章制度，既是人们行车、走路、使用道路必须遵循的规范，又是道路交通管理部门查处交通违章、裁定事故责任、进行交通安全管理的重要依据。如：《中华人民共和国道路交通安全法》、《道路交通标志与标线》（GB 5768—2009）、《机动车运行安全技术条件》（GB 7258—2012）、《机动车安全检验项目和方法》（GA 468—2004）、《道路车辆外廓尺寸、轴荷及质量限值》（GB 1589—2004）等。

（2）交通安全管理的主要措施。

①制定完善的交通法规，强调法制，按全国统一的法规和条例维持正常的交通秩序。

②完善交通管理体制，统一筹划，协调管理工作。

③加强车辆驾驶员的培训和管理，开展并强化交通安全教育，普及交通安全知识。

④加强科学的管理方法，提高管理人员的技术素质，实现交通管理技术的现代化。

5. 安全驾驶

汽车安全驾驶指汽车能够适应运行条件和交通环境的变化，有效地发挥其速度性能而不发生交通事故，圆满地完成运输任务。汽车驾驶是一项涉及人、车、路、环境等因素的系统控制问题。在现代化交通系统中，要在一定速度的前提下合理地使用车辆，驾驶员必须具备安全行车知识，以保证驾驶员能够在复杂的交通环境中正确理解和遵守各项交通法规，选择合理的驾驶方法以避免交通事故；同时能够根据汽车的运行情况，及时对车辆进行维护作业，以保障车辆技术状况良好，确保安全运行。汽车驾驶过程由起步、车速选择、保持安全间距、会车、超车、转向、掉头、倒车、滑行、制动、停车等环节组成。

1）起步

起步前应进行如下检查：汽车前后和车下是否有人或障碍物；货物装载和紧固情况或乘客状态；观察周围环境和交通状况。

（1）起步准备。起动发动机并察听运转情况；观察各仪表指示状况特别是冷却液温度、机油压力指示值;发动机温度达 40℃ 以上时,关好车门,系好安全带。

(2)起步过程。通过后视镜观察后方有无来车;鸣笛;放松驻车制动;适当选择变速器挡位,对装手动变速器的车辆,空车可用 2 挡,重车用 1 挡,对装自动变速器的车辆,一般选用 D 挡起步;缓抬离合器踏板;适当踩加速踏板缓缓起步。

2)车速选择

车速与行车安全有密切关系。提高车速,可缩短运输时间、提高运输效率但车速过快,汽车制动距离大大增长,且易于丧失操纵稳定性。因此,提高车速的基本前提是必须确保行车安全。

车速快慢是相对的,高速行车与安全行车的根本区别不在于车速快慢,而在于所使用的行驶车速是否危及行车安全。高速行车指不顾道路状况和交通环境,采用挤、抢、钻的方法盲目开快车。车速越快,制动距离越长,当遇有紧急情况时,发生事故的可能性也就越大;车速越高,转弯时的离心力就越大,极易造成车辆侧滑甚至翻车;在凸凹不平的道路上高速行车,常会因振动加剧,而使车辆悬架机构、行驶机构、车架、轮胎等损坏或发生故障而导致行车事故;高速行车还会使驾驶员动视力下降、视野范围变窄,从而难以全面正确地感知车内外情况,再加上精神高度紧张所带来的疲劳等,发生事故的可能性就会越大;高速行车时,超车的机会相对增多,从而增加了道路上的交织点,扰乱了正常行驶的交通流和行车秩序,从而也对行车安全造成影响。

因此,遵章守法,准确判断交通条件,掌握适当车速,适时制动停车,既能确保安全行车,又能平安顺利地完成运输任务。

3)安全间距

行驶过程中,汽车与同车道内同向行驶的车辆间应保持必要的距离;会车或超车时,应有一定侧向间距。安全间距过小,就有可能导致碰撞、挤擦事故;但间距太大,则会使道路上的通车量下降。在同向行驶的前后车之间,其安全间距主要取决于制动停车距离,而制动距离不仅与汽车的制动性能和制动初速度有关,还与驾驶员采取制动的时间和方法有关。所以,合适的安全间距主要由后车的车速、制动减速度和后车驾驶员的反应时间确定。当制动系统的技术状况正常时,汽车在不同车速下的安全间距见表 6-1。

常见车速下的安全间距 表 6-1

制动类型 \ 车速(km/h) 前、后车制动减速度		10	20	30	40	50	60	70	80
$j_1 = j_2$	液压制动	8.1	11.1	14.2	17.2	20.3	23.3	26.4	29.4
	气压制动	8.6	12.2	15.8	19.4	23.0	26.6	30.2	33.8
$j_1 = 5 m/s^2$	液压制动	8.8	14.2	21.1	29.5	39.5	51.0	64.0	78.6
$j_2 = 2.5 m/s^2$	气压制动	9.4	15.3	22.7	31.7	49.2	54.3	68.0	83.0

注:j_1、j_2 表示前、后车的制动减速度。

车速越快,侧向安全间距应越大。一般情况下,时速在 40km/h 以下时,侧向间距应在 0.75m 以上;时速为 40~70km/h 时,同向行驶车辆的侧向间距应保持 1~1.4m,逆向行驶的车辆则应保持 1.2~1.4m;时速高于 70km/h 时,侧向间距不应小于 1.4m。

4）会车

汽车运行中，与对面汽车相互交会的机会很多。需要会车时，首先应做到先让、先慢或先停，根据道路交通情况，同时准确判断来车的速度、距离及装载情况，选择适当的侧向安全间距，运用适当车速并选择较宽阔、坚实的路段靠右侧行进而会车。

山区弯道处会车时，视线受阻，应先鸣号，注意前方来车；在陡坡道上会车时，应做到下坡车让上坡车先行，尽量避免在危险路段会车。

夜间会车，距来车150m时，应将远光灯改为近光灯；相距50m时，互闭远光灯而改用近光灯，靠公路右侧缓行，以防眩目，确保会车安全。

5）超车

由于运行在道路上的各个车辆的车型、车况、运输任务、驾驶员的经验和性格不同，因而行车速度不一定相同，运行中会经常发生超车。一般情况下，超车应在视线清楚、道路宽度能保证有足够侧向安全距离，并在对方150m以内无来车的路段进行。超车前，先鸣笛并开左转向灯向前后车辆发出超车信号，待前车示意允许超车并向道路右侧避让时，从左侧保持足够侧向安全距离迅速超越；超越后，关闭左转向灯，同时开启右转向灯，在不影响被超车辆行驶的情况下驶入原行驶车道。

6）掉头和倒车

车辆掉头、倒车时必须谨慎驾驶，尽量在道路宽阔、交通情况不复杂的地段进行。掉头、倒车时，应观察好周围情况，选定进、退路线和目标；对后方情况看不清时，应有人在车下指挥；倒车时，车速要慢，同时必须控制前轮位置，应掌握"慢行车、快转向、多进少退"的方法。

7）安全滑行

滑行指车辆驾驶过程中的具有预见性的、提前减速操作方法。正确、合理的滑行，用自然减速代替使用制动器，可以达到减少制动消耗、降低磨损和节省燃油的目的。滑行应在发动机不熄火和制动有效的条件下进行。在泥泞、积雪、结冰、陡坡、窄路、急转弯、傍山危险等道路上，以及在视线不良、装载危险品及超高、超长、超宽物资时，严禁滑行，以防发生意外事故。

6. 车辆的日常维护

经一定里程行驶后，汽车各零部件松旷、磨损，技术状况变坏。除汽车的动力性、燃油经济性明显下降外，汽车的安全性也会有明显降低。实践证明：汽车技术状况下降的程度与日常维护工作的质量密切相关。车辆的日常维护工作对确保行车安全、延长使用寿命、降低运行消耗具有重要意义。

为保证汽车技术状况良好及行车安全，驾驶员必须做到"三检"，即出车前检查、行车途中检查和收车后的检查。发现故障及时排除，及时补充燃油和润滑油的消耗。

日常维护是由驾驶员执行的保持车辆正常工作状况的经常性工作，其中心内容是清洁、补给和安全检测。车辆的日常维护和检查，应着重于安全方面的内容。

第二节　汽车排放污染及控制

随着国民经济的发展和汽车保有量的增加，汽车排放已成为城市大气污染的主要污染源,其 CO、NO_x 和 HC 的排放量分别占总排放量的 63%、22% 和 73%。汽车排放公害直接危害人类的健康,并破坏着自然界的生态平衡,因此必须高度重视。

排放公害控制不仅是环境保护问题,其排放量也反映汽车使用过程中对能源的浪费。CO、HC 化合物越多,说明燃料燃烧越不充分,燃料消耗也越大。因此,降低汽车排放污染对减轻大气环境污染和节约能源都有重要意义。

一、汽车排放污染物及其危害

1. 汽车排放污染物

汽车排放物是汽车的排气排放物、蒸发排放物和曲轴箱排放物的总称,习惯上指其中的污染物。

汽车排放污染物是汽车排放物中污染环境的各种物质,主要有一氧化碳(CO)、碳氢化合物(HC)、氮氧化物(NO_x)和微粒物(PM)等。

(1)一氧化碳。一氧化碳是燃料中的碳在不完全燃烧下所生成的一种气体。

(2)碳氢化合物。碳氢化合物是由碳和氢形成的化合物的总称。指汽缸内的燃料或润滑油未经燃烧,或经分解而生成的碳和氢的化合物以及燃料蒸气。

(3)氮氧化物。氮氧化物是汽缸内的氮在高温下被氧化生成的气体。主要由一氧化氮(NO)和二氧化氮(NO_2)混合而成。

(4)光化学烟雾。光化学烟雾是碳氢化合物和氮氧化物在太阳光紫外线照射下,发生光化学反应所生成的烟雾状物,它是一种强刺激性有害气体的二次污染。

(5)微粒物。微粒物是排气中各种直径大于 $0.001\mu m$ 的固体或液体微粒的总称。通常包括铅氧化物等重金属化合物、硫酸盐、有机物、烟灰和碳颗粒等。

(6)柴油机排气可见污染物。柴油机排气可见污染物是指柴油机的排烟,即悬浮在柴油机排气流中的微粒和雾状物,它们阻碍光线通过使其变暗,并反射、折射光线。

表 6-2 所示为汽油机与柴油机排放污染物的比较,由表可见,汽油机污染物主要是 CO、HC 和 NO_x,而柴油机污染物主要是 PM 和 NO_x。

汽油机与柴油机排放污染物的比较 表 6-2

成 分	汽油机	柴油机	成 分	汽油机	柴油机
CO(%)	0.1~6	0.05~0.50	$NO_x/10^{-6}$	2000~4000	700~2000
HC(10^{-6})	2000	200~1000	PM/(g·m^{-3})	0.005	0.15~0.30

汽车排放污染主要有 3 个排放源如图 6-2 所示。一是发动机排气管排出的发动机燃烧废气(俗称尾气),汽油车的主要污染成分是 CO、HC 和 NO_x,而柴油车除了这 3 种有害物外还排放大量的微粒物;二是曲轴箱排放物,由发动机在压缩和燃烧过程中未燃的 HC 由燃烧室漏向曲轴箱再排向大气而产生;三是燃料蒸发排放物,主要由发动机燃料供给系统的燃料蒸发而产生。

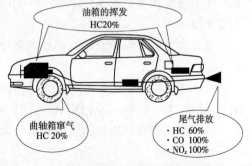

图 6-2 汽油车污染物排放源及其所占比例

2. 汽车排放污染物的危害

1) 一氧化碳（CO）的危害

CO 与人体红血球中血红蛋白的亲和力为氧的 200～300 倍。当人们吸入 CO 后，与人体血红蛋白亲和后形成碳氧血红蛋白，使血液的输氧能力大大降低，使心脏、头脑等器官严重缺氧，引起头晕、恶心、头痛等症状，轻者使中枢神经系统受损，慢性中毒，严重时会危害血液循环系统，导致生命危险。

2) 碳氢化合物（HC）的危害

HC 对人的鼻、眼和呼吸道黏膜有刺激作用，可引起结膜炎、鼻炎、支气管炎等疾病。

3) 氮氧化物的危害

NO_x 能刺激人眼黏膜，引起结膜炎等疾病，还对呼吸系统具有有害作用，人们在 NO_2 浓度为 $5×10^{-6}$ 的空气中暴露 10min，即可使呼吸系统失调。

4) 光化学烟雾的危害

光化学烟雾刺激人们的眼睛、鼻腔和咽喉，损害农作物。

5) 微粒物的危害

微粒物除对人体呼吸系统有害外，由于微粒物存在孔隙而能黏附 SO_2、HC、NO_2 等有毒物质或苯丙芘等致癌物，而对人体健康造成更大危害。

二、使用因素对汽车排放公害的影响

1. 汽油机排放污染物的成因及其影响因素

1) 汽油机排放污染物的成因

（1）一氧化碳（CO）。

①燃料不完全燃烧。CO 是烃类燃料在燃烧过程中缺氧而不能完全燃烧的产物。

②CO_2 和 H_2O 在高温时离解。当汽油机缸内温度超过 1800℃ 时，CO_2 和 H_2O 在高温时会产生离解，生成 CO。

（2）碳氢化合物（HC）。

①由于汽缸壁对火焰的冷却作用、缝隙效应、油膜和沉积物对燃油蒸气的吸附作用，使燃料未燃烧或未完全燃烧。

②由于燃料供给系统的蒸发以及燃烧室等泄漏而产生。

（3）氮氧化物（NO_x）。

①混合气在高温燃烧过程中，空气中的分子氮被氧化为 NO，也称为高温 NO，是 NO 的主要来源。

②燃料中的含氮化合物在燃烧过程中，分解成低分子氮化物被氧化生成 NO，也称为燃料 NO。

③在燃烧过程中燃料中的碳氢化合物裂解出的 CH、CO_2、C 等与空气中的 N_2 反应生成 HCN 和 NH 等，并进一步与 OH、O 反应生成 NO，也称为激发或瞬发 NO。

2) 汽油机排放污染物的主要影响因素

（1）空燃比。

空燃比与汽油机排气污染物的关系如图 6-3 所示（假定发动机转速和负荷不变）。当空燃比在16以下时,随着空燃比的下降,混合气浓度增大,氧气不足,不完全燃烧现象严重,使CO、HC排放增多,NO_x排放减少。当空燃比大于17时,随着空燃比增大CO排放减少。同时氧化反应速度慢,燃烧温度下降,使HC排放增多,NO_x排放减少。在混合气浓度稍稀处,HC、CO排放浓度最小,而NO_x排放浓度最大。

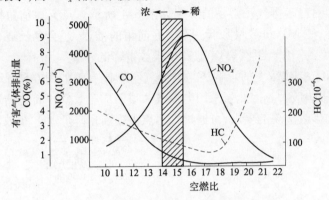

图6-3 空燃比与汽油机排气污染物的关系

(2)运行工况。

表6-3是汽车在不同运行工况下排放污染物的比较。

不同运行工况下排放污染物的比较   表6-3

机 型	运行工况(km/h)	污染物排放量		
		CO(%)	HC(10^{-6})	NO_x(10^{-6})
汽油机	急速	2.0~8.0	300~2000	50~600
	加速 0→40	0.7~5.0	300~600	1000~4000
	等速 40	0.5~4.0	200~400	1500~3000
	减速 40→0	1.5~4.5	1000~3000	5~50
柴油机	急速	0~0.1	300~500	50~70
	加速 0→40	0~0.1	200	800~1000
	等速 40	0~0.1	90~150	200~1000
	减速 40→0	0~0.1	300~400	30~50

汽油机在急速和小负荷工况运行时,供给的混合气偏浓,且燃烧室温度较低,燃烧速度慢,易引起不完全燃烧,使CO含量增多;又因为燃烧室温度低,燃烧室壁面激冷现象严重,不能燃烧的燃油量增多,使排出的HC增多。

在中等负荷时,供给经济混合气,混合气易于完全燃烧,CO、HC排放减少;由于燃烧室温度增高,使NO_x生成量增多。

在大负荷时,供给浓混合气,使燃烧气体压力、温度升高,有较多的NO_x生成;同时也提高了排气温度,使HC在排气中继续燃烧,其排放量减少;但由于混合气较浓,使CO排放量增多。

(3)火花质量和点火提前角。

汽油机点火系统的火花质量和点火提前角对汽车排气污染物有以下影响:

①火花质量决定点燃混合气的能力。当点燃稀薄混合气时,火花的持续时间对汽车排气污染物的影响是很大的。火花越弱,出现失火现象越多,而失火将会造成大量的 HC 生成。现代发动机普遍采用高能点火系统,将点火初级电流从 3～4A 提高到 5～7A,增加了点火强度,加长了火花持续时间,从而改善了混合气燃烧质量,使 HC 排放量降低。

②点火提前角对汽车排气污染物的影响如图 6-4 所示。点火提前角推迟时,可降低燃烧气体的最高温度,使 NO_x 排放量降低。点火提前角的推迟,还会延长混合气燃烧时间,在作功行程后期,未燃的 HC 会继续燃烧,使 HC 排放量降低。

点火提前对 NO_x 排放浓度的影响还与混合气空燃比有关如图 6-5 所示,在理论空燃比附近,点火提前角影响最大。因此当采用电控汽油喷射加三效催化转化器进行闭环控制时,为了满足更严格的排放法规的要求,可通过推迟点火提前角降低 NO_x 排放浓度。

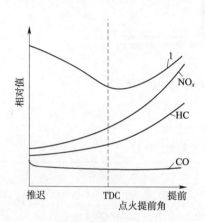 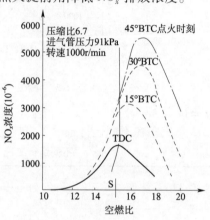

图 6-4 点火提前角对汽车排放污染物的影响
1-燃油消耗率

图 6-5 NO_x 排放浓度与点火提前角和空燃比的关系

(4)配气相位。

配气机构凸轮形状决定气门开启和关闭时刻及气门升程曲线,而这些参数影响发动机的充气过程。进入汽缸新鲜混合气数量,决定发动机的转矩和功率。留在汽缸内未燃混合气量和在排气门开启时未被排出的废气量会影响点火性能和燃烧状况。从而影响发动机效率、未燃 HC 的排放浓度。在进、排气门同时开启时,根据汽缸内压力状况,新鲜混合气可能排出机外,或废气流回进气歧管。这会对发动机效率和未燃 HC 排放物造成很大影响。

对一种发动机转速只有一个最佳的配气正时,例如发动机高速时,进气门开启时间长,可提高发动机功率。发动机低速或急速运行时,若进、排气门同时开启时间过长,由于残留废气成分过高,会造成 HC 排放增加和发动机燃烧不稳定。因此理想的配气正时,应根据发动机转速和负荷而变化,即采用可变配气相位。

2. 柴油机排放污染物的成因及其影响因素

1)柴油机排放污染物的成因

从总体看,由于柴油机的平均混合气浓度比汽油机稀得多,即使在高负荷区,平均过量空气系数 ϕ_a 也远大于1,如图 6-6 所示,所以柴油机总有足够的氧气对已形成的 CO 和 HC 进行氧化。柴油机的 CO 和 HC 排放量要比汽油机低得多。

从细节上看,柴油机 CO 和 HC 的具体生成原因也与汽油机有所不同。

（1）一氧化碳。

柴油机 CO 主要源于缺氧造成喷注中过浓部分的不完全燃烧如图 6-7 所示。

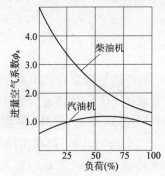

图 6-6　汽、柴油机过量空气系数（ϕ_a）随负荷变化的曲线

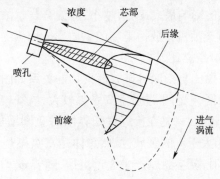

图 6-7　滞燃期喷入缸内的喷注形状示意图

（2）碳氢化合物。

柴油机 HC 的生成主要有下述两个原因。

①滞燃期中，处于喷注前缘（图 6-7）的极稀混合气，其浓度远低于燃烧极限而无法着火便产生 HC。滞燃期越长，滞燃期中喷油量越多，过分稀释的混合气也越多，HC 排放也就增多如图 6-8 所示。

②在柴油机中，喷雾质量、喷雾贯穿度、与空气的混合等因素对未燃 HC 的生成影响很大。喷油器结构不合理，特别是针阀后压力室容积过大是形成未燃 HC 的重要原因。此外，窜机油、起动时不着火以及不正常喷射（如二次喷射）也是产生未燃 HC 的原因。在冷起动、怠速、低负荷等条件下，喷注中的大颗粒油滴来不及蒸发，严重的后燃也会造成未燃 HC 的排放。

（3）氮氧化物。

柴油机的 NO_x 生成条件与汽油机相同，也是高温、富氧和较长的作用时间。但是达到上述条件的具体情况各不相同。

图 6-8　柴油机 HC 排放浓度与滞燃期的关系

柴油机在燃烧过程中产生 NO_x 的区段有速燃期的稀燃火焰区和缓燃期的扩散燃烧区。因为这两个区段具有生成 NO_x 的条件。

（4）微粒和炭烟。

柴油机中，微粒和炭烟的生成源于高温和局部混合气过浓。

混合气越浓，其中炭成分就越多。在柴油喷注中，混合气浓度由中心部的极浓到前缘的极稀，所以喷注在燃烧过程，中心部总会有自由炭产生。

混合气在高于一定温度条件下，某些燃料分子会产生热裂解而分解成许多分子量低而碳比例高的碳氢化合物，如乙炔、乙烯等，其中也有自由炭。以这些裂解产物为核心，会不断使表面增长和凝聚，尺寸不断扩大，形成球形粒子。到一定尺寸后，多个粒子又会聚成键状的集合体。当燃烧进行到末期，缸内温度下降，一些未燃 HC 和有机、无机物凝结和黏附在这些集合体表面,这就成为柴油机排气中的微粒。

炭烟生成量与温度和混合气浓度的关系如图6-9所示。1600～1700K的温度范围对炭烟形成的影响最大;ϕ_a值越小,即混合气越浓,炭烟值越大。

2) 柴油机排放污染物的主要影响因素

(1) 空燃比

空燃比与柴油机排放污染物的关系如图6-10所示。尽管柴油机混合气不均匀,会有局部过浓区,但由于过量空气系数较大,氧气较充分,能对生成的CO在缸内进行氧化,因而一般CO较少,只是在接近冒烟界限时急剧增加。HC也较少,当ϕ_a增加时,HC将随之上升。在ϕ_a稍大于1的区域,虽然总体是富氧燃烧,但由于混合气不均匀,当局部高温缺氧使$1<\phi_a\leq 2$时,就会急剧产生大量炭烟,随着ϕ_a增大,炭烟浓度将迅速下降(图6-10)。柴油NO_x排放量随混合气浓度变稀、温度下降而减少。

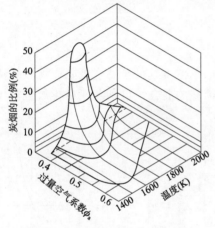

图6-9 炭烟生成量与温度和过量空气系数的关系

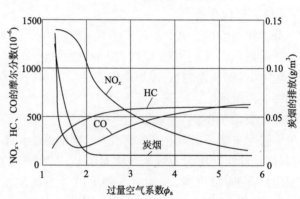

图6-10 过量空气系数与直喷式柴油机排气污染物的关系

(2) 运行工况。

柴油机在不同运行工况下排放污染物的比较参见表6-3。

车用柴油机不仅在宽广的负荷和转速范围内工作,而且还经常进行加、减速工况转换。这些情况下的排放特性各有其自身特点,对总体排放量有不可忽视的影响。

① 稳定工况时负荷和转速变化的影响。

a. 柴油机负荷的变化就是混合气浓度的变化。CO排放在大负荷和小负荷两头偏高出;HC排放则是随着负荷的减小而加大;NO排放则随着负荷的减小、燃烧温度降低而降低;微粒炭烟排放量在中、低负荷时较低,而大负荷时急剧增长。

b. 柴油机转速改变时,一般来说,HC和NO_x排放变化不大;CO则因高速时充气量下降和燃烧时间短而上升;低速时缸内温度和喷油压力较低也使CO上升;微粒炭烟则在高速时增加,这是由于充气量下降,混合气变浓的缘故。

总之,工况对排放的影响总体表现为:低速、低负荷时,CO和HC排放偏高,而NO_x和微粒排放量很低;高速、高负荷则微粒和NO_x排放上升;特别是微粒炭烟排放,即使是中、低转速,由于转矩校正、油量加大的缘故,往往烟度超标,所以低速冒烟常常成为车用柴油机的一个痼疾。

②柴油机的加、减速排放特性。由图 6-11 可知,某一加速踏板位置的发动机转矩与阻力矩曲线的交点就是该位置时发动机稳定运转的转速。比较全速式和两速式调速器的加速情况,对于全速式调速器,踩下加速踏板,相当于加大弹簧预紧力,调速器起作用,很快加大供油量,转矩上升,然后再下降达到新的平衡点,因此加速迅猛,过大的油量往往造成过高的炭烟和 HC、CO 排放量。而两速式调速器,踩下加速踏板直接操纵喷油泵供油拉杆,达到新的平衡点加速平缓,污染物排放量的增加很少。

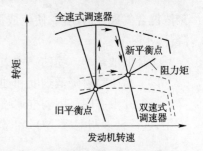

图 6-11 两速式调速器和全速式调速器加速过程的比较

柴油机的减速过程是减小供油量,所以污染物排放量下降。

③冷起动过程的影响。柴油机冷起动时,缸内压缩温度很低,燃油雾化条件差,相当部分会附于燃烧室壁面,初期未燃 HC 以白烟的形式排出机外。由于起动时雾化程度低,直喷柴油机一般要加大 50%~100% 的起动油量,因此炭烟、HC 和 CO 排放量必然增多。

(3)喷油提前角。

图 6-12 是直接喷射式和间接喷射式燃烧系统柴油机的喷油提前角对柴油机性能和污染物排放的影响。可以看出,推迟喷油,直接喷射式柴油机的 NO_x 大幅度下降,而间接喷射式涡流室柴油机的 NO_x 的下降幅度则小一些。但是喷油过迟,燃油消耗率和炭烟排放都会恶化,对 CO 和 HC 的排放也有不利影响。

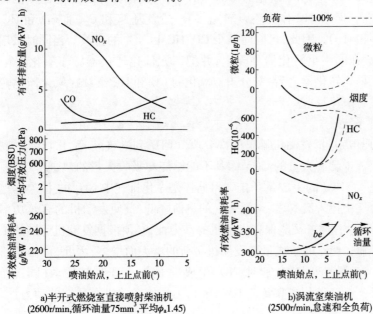

a)半开式燃烧室直接喷射柴油机
(2600r/min,循环油量75mm³,平均ϕ_a1.45)

b)涡流室柴油机
(2500r/min,怠速和全负荷)

图 6-12 喷油提前角对柴油机性能和污染物排放的影响

(4)喷油压力。

①降低微粒烟度的排放量。喷油压力提高,则喷雾粒子的粒径减小,贯穿度加大,喷雾锥角加大,再加上紊流的增强,直接促进了燃油与空气的混合。其直接效果是降低了某一时

刻浓混合气成分的比例,使生成微粒炭烟的范围缩小。所以高压喷射必然使微粒炭烟排放降低。

②降低油耗率。喷油率增大必然缩短喷油时期,使燃烧加速,从而使油耗率降低。

以上高压喷射降低烟度和油耗的优点,恰恰弥补了推迟喷油所带来的缺点。应认识到,高压喷射并没有明显削弱推迟喷油所带来的减小 NO_x 排放的效果。因此若将两种措施同时应用,进行合理调配后,NO_x 和微粒炭烟排放都会同时降低。

三、汽车排放的控制措施

在用汽车的排放治理措施包括:保持发动机良好技术状况;改善燃料质量;采用排放控制装置(如:汽油机采用三元催化反应器等);I/M 制度;合乘轿车;停放收税;停车限制;交通高峰时间通行税和单/双日行车;合理驾驶等。

1. 采用排气净化装置

常用的排气净化装置包括:催化转化装置、排气再循环和曲轴箱强制通风等。

1) 催化转化装置

催化转化装置是利用催化剂的作用将排气中的 CO、HC 和 NO_x 转换为对人体无害的气体的一种排气净化装置,也称作催化净化转换器。金属铂、钯或锗均可作催化剂,用以促进反应的进行。

催化转化器有氧化催化转化器和三元催化转化器两类。氧化催化转化器以二次空气为氧化剂,只将排气中的 CO 和 HC 氧化为 CO_2 和 H_2O,因此也称作二元催化转化器。三元催化转化器以排气中的 CO 和 HC 作为还原剂,把 NO_x 还原为 N_2 和 O_2,而 CO 和 HC 在还原反应中被氧化为 CO_2 和 H_2O。因此,可同时减少 CO、HC 和 NO_x 的排放。当同时采用两种转化器时,通常把两者放在同一个转化器外壳内,并把三元催化转化器置于氧化催化转化器前面。排气经过三元催化转化器之后,部分未被氧化的 CO 和 HC 继续在氧化催化转化器中与供入的二次空气进行氧化反应。

2) 排气再循环系统

排气再循环(EGR)指把发动机排出的部分废气回送到进气歧管,并与新鲜混合气一起再次进入汽缸。废气中含有大量的 CO_2,因其不能燃烧却吸收大量的热,使汽缸中混合气的燃烧温度降低,减少了 NO_x 的生成量。排气再循环是净化排气中 NO_x 的主要方法。

在新鲜的混合气中掺入废气之后,混合气的热值降低,致使发动机的有效功率下降。为了做到既能减少 NO_x 的排放,又能保持发动机的动力性,必须根据发动机运转的工况对再循环的废气量加以控制。NO_x 的生成量随发动机负荷的增大而增多,因此,再循环的废气量也应随负荷而增加。在暖机期间或怠速时,NO_x 生成量不多,为了保持发动机运转的稳定性,不进行排气再循环。在全负荷或高转速下工作时,为了使发动机有足够的动力性,也不进行排气再循环。

再循环废气量由安装在排气再循环通道上的排气再循环(EGR)阀自动控制。通道的一端通排气门,另一端连接进气歧管。当 ECR 阀开启时,部分废气从排气门经排气再循环通道进入进气歧管。EGR 阀一旦关闭,排气再循环随即停止。

EGR 率对发动机动力性、经济性和排放性产生影响,如图 6-13 所示。随 EGR 率增加,燃烧速度下降,使油耗恶化和转矩下降,动力性和经济性变坏。EGR 率增加过大时,燃烧速度太慢,燃烧变得不稳定,失火率增加,使 HC 也会增加;EGR 率过小,NO_x 排放达不到法规的要求。因此 EGR 率必须根据发动机工况进行控制。现代发动机中广泛采用电子控制 EGR 阀的方法,如图 6-14 所示。

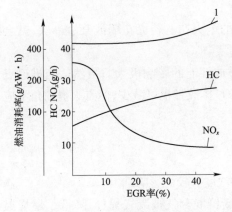

图 6-13　不同 EGR 率对油耗和排放的影响
1-燃油消耗率

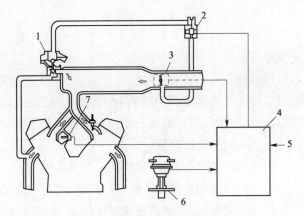

图 6-14　电子控制废气再循环系统
1-EGR 阀;2-EGR 电磁阀;3-节气门位置传感器;4-ECU;5-起动信号;6-曲轴位置传感器;7-冷却液温度

3) 曲轴箱强制通风

使用封闭式带 PCV 阀的曲轴箱强制通风装置,可以使曲轴箱窜气造成的污染得到有效控制。图 6-15 是普遍采用的封闭式曲轴箱强制通风装置。从空气滤清器引入新鲜空气,经闭式呼吸器进入曲轴箱,与窜气混合后,从汽缸盖罩经 PCV 阀计量后吸入进气歧管进入汽缸内烧掉。高速、高负荷时,进气歧管真空度减弱,一旦窜气量过多而不能完全吸尽时,窜气会从曲轴箱倒流入空气滤清器,吸入进气管进入汽缸烧掉。

2. 保持发动机良好技术状况

1) 保持汽缸压缩压力正常

发动机压缩压力低时,发动机起动困难,燃烧不完全,油耗增大,排气中的 CO 和 HC 浓度增大。因此,若发现汽缸压缩压力值不符合制造厂规定标准,应查找原因进行调整和修复。

2) 保持供油系统技术状况良好

供油系统的正确调整影响混合气浓度,因此对有害气体排放的浓度影响很大。供油系统的调整,应着重把握好混合气浓度及怠速的调试。

采用汽油喷射系统可改善发动机的动力性和经济性,同时可以降低对大气的污染。但采用单点喷射仍存在各缸分配不均匀的情况;而多点喷射的结构因喷嘴细小,使用中容易堵塞,因此要注意清洗。

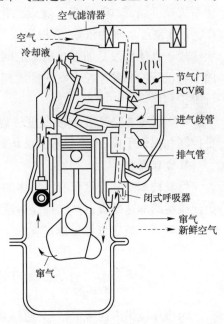

图 6-15　封闭式曲轴箱强制通风装置

柴油机供油系统循环供油量、供油压力和喷油提前角,影响柴油喷入汽缸的量和雾化质量,应按使用说明书的规定正确调整。

空气滤清器滤网堵塞,进气阻力增大时,进入汽缸的空气量下降,混合气变浓,CO 和 HC 排放量增加。因此,应重视空气滤清器的清洁和维护。

3) 保持点火系统技术状况良好

点火系统应能在各种工况下产生足够点火能量的电火花。若火花弱或某缸断火,就会使相应汽缸燃烧不良或不能点火燃烧,从而增大排气污染。

正确的点火正时对发动机的动力性、经济性及排放性能的影响极大。虽然适当推迟点火可以提高排气温度,使 HC 在排气过程中燃烧掉,NO_x 排放量也可减少;但点火提前角不应过小,否则会使发动机的动力性和经济性明显下降。

火花塞间隙应符合规定标准。

4) 正确调整气门间隙,保持正确配气相位

发动机配气相位是否正确,对废气中有害气体的浓度有较大影响。

进气门早开,会使残余在汽缸中的废气量增多,新鲜混合气被废气稀释,降低了燃烧温度,从而 NO_x 排放量减少。进气门早开还会使废气流入进气管,从而减少了 HC 的排放量,但开得过早反而会增大 HC 排放量。

进气门早关,由于废气排放不完全,NO_x 排放量减少。排气门早关对 HC 的影响较难观察,首先因含有 HC 的废气被保留在缸内减少了 HC 的排放,而后因混合气变稀使燃烧情况恶化;若排气门关闭较晚时,没有排出的废气被回吸,使 HC 的排放量又略有增加。

3. 实施 I/M(Inspect/Maintenance)制度

I/M 制度指对在用车辆排放(尾气排放和蒸发排放、颗粒排放)进行控制,防止其排放净化系统被拆除、损坏、性能失效或恶化,充分发挥在用车本身净化能力,保证排放达标的制度。I/M 制度法规为依据,并根据在用车的特点和各地具体情况加以选择和补充制定的专项法规。具体手段是加强在用车定期维护,同时通过由管理部门认定的检测站,对本辖区在用车辆进行检测和监控。发现排放超标车辆,则强制该车进入具备维修资格的维修企业进行维护和修理。

I/M 制度主要包括:I/M 制度法规及规章、I/M 制度规范、检测方法、标准及测试设备、质量控制和保证手段,维修技术人员培训及设备鉴定、I/M 制度信息统计及反馈等。

4. 合理驾驶

驾驶技术对降低汽车有害气体的排放十分重要。驾驶车辆时,应尽量减少发动次数;避免连续猛踏加速踏板;行驶时,保持适当节气门开度和发动机正常热状况(冷却液温度 80 ~ 90℃),以降低有害气体排放量。

第三节　汽车噪声及控制

城市环境噪声通常包括:交通运输噪声、工厂生产噪声、建筑施工噪声和生活噪声。其中交通运输噪声是城市环境噪声的主要部分,约占城市噪声的 75%。交通运输噪声的主要

声源是机动车辆,其中汽车噪声影响最大。因此,控制汽车的噪声污染越来越受到人们的重视。

一、汽车噪声及其危害

从物理角度讲,噪声就是波形不规则的声音;从环保角度讲,噪声就是妨碍人们工作、学习、休息,人们不希望听到的声音。

噪声对人类和环境的危害是严重的,它广泛地影响着人类的各种活动,使人产生不愉快情绪,睡眠受到干扰,工作受到妨碍,甚至引起人体生理机能变化和听力的损害。即噪声影响心理,影响工作,影响睡眠,影响人体生理,影响听力。

机动车噪声一般是声压级为 60~90dB 的中强度噪声。虽然通常不会对人的身体健康立即产生直接影响,但声压级高于 70dB 的噪声会使人心情不安、烦躁、疲倦、工作效率下降和语言、通信困难等,从而影响人们的正常学习、工作、休息和生活。长期处于噪声环境的人,还会引发心脏病、胃病以及神经官能症,出现听力下降或听力损伤。

试验表明:声压级 88dB 时,驾驶人的注意力下降 10%;90dB 时,则下降 20%。因此,汽车噪声不仅影响环境,还会使驾驶人工作效率下降,反应时间增长,易于导致交通事故。

二、影响汽车噪声的使用因素

影响车外噪声强弱的使用因素主要包括以下方面:

(1) 发动机转速。发动机转速增大,其机械噪声和空气动力性噪声均大幅度增强,从而使整车噪声强度直线上升。

(2) 发动机负荷。发动机大负荷工作时,所发出的燃烧噪声和机械噪声均较大。

(3) 行驶车速。汽车行驶车速提高时,其噪声强度随之直线上升。试验统计表明,行驶车速增加一倍,整车噪声强度上升 9~12dB。

(4) 加速行驶。与匀速行驶噪声相比,加速行驶噪声一般较高。因此,大多数实施汽车噪声限制的国家,都把加速噪声作为评价汽车噪声水平的重要指标。

(5) 变速器挡位。汽车匀速行驶时,若变速器位于低挡位,发动机转速较高,则汽车噪声较大;汽车加速时,挡位不同,其噪声也不同,汽车起步和用低速挡行驶时的噪声随加速度的变化更为明显。

(6) 载质量。载质量对汽车噪声的影响相对较小。例如,东风 EQ1090 型载货汽车在各种车速下匀速行驶时,重车时的噪声与空车时的噪声相比平均高 2~3dB;重载滑行比空车滑行时的噪声也高要 2~3dB。这主要是由于载质量增加使轮胎噪声增大的缘故。

(7) 技术状况。汽车各总成、机构的技术状况随着行驶里程的增加而下降,会出现程度不同的振动和异响,连接部件松旷,从而加剧了汽车行驶噪声。

三、汽车噪声的来源

汽车在行驶中受到发动机和传动系的影响以及来自路面的冲击,所有零部件都会产生振动和噪声,实际上汽车是一个包括不同性质噪声的复杂噪声源。图 6-16 是表示汽车主要噪声源的示意图。

如果按噪声产生的过程,可将汽车噪声源大致分为两类:一类是与发动机运转有关的噪声;另一类是与汽车行驶有关的噪声。与发动机运转有关的噪声主要包括发动机运转时发出的燃烧噪声、机械噪声、冷却风扇噪声,进气和排气噪声以及发动机运转时所带动的各种附件(如压气机、发电机等)发出的噪声。与汽车行驶有关的噪声主要包括传动系统(变速器、传动轴、主减速器、差速器等)的机械噪声、轮胎发出的噪声、车身(架)振动和空气作用所产生的噪声。

图 6-17 为东风 EQ1090 型载货汽车加速行驶车外噪声各噪声源占整车噪声的比例。从图中可看出,在汽车噪声源中,发动机噪声是最主要的组成部分,而在发动机噪声中排气噪声所占比例最大,发动机风扇噪声次之。

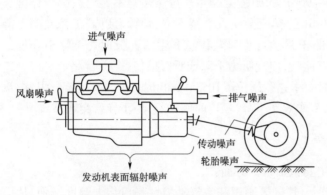

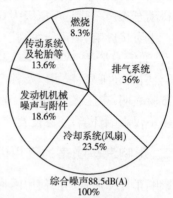

图 6-16 汽车主要噪声源的示意图

图 6-17 东风 EQ1090 型载货汽车加速行驶车外噪声各噪声源占整车噪声的比例

1. 发动机噪声

直接从发动机本体及附件向空间传播的噪声称为发动机噪声。发送机噪声随机型、运行工况的不同而有很大差异。在相同转速下,柴油机噪声较汽油机噪声高 5～10 dB。发动机噪声是由各种不同性质的噪声所构成的综合噪声,主要包括燃烧噪声、发动机机械噪声、进排气噪声和风扇噪声。

1)燃烧噪声

燃烧噪声是可燃混合气在汽缸内燃烧室,缸内压力急剧上升冲击活塞、连杆、曲轴、缸体及汽缸盖等,引发发动机壳体表面振动而辐射出来的噪声。燃烧噪声在汽油机中是次要噪声,在柴油机中是主要噪声。

燃烧噪声可以用汽缸内气体压力频谱曲线表征。

燃烧噪声的影响因素:发动机转速、负荷、点火时间、喷油时间、加速运转、不正常燃烧等。

汽油机产生爆燃、柴油机工作粗暴等不正常燃烧时,汽缸压力剧增,由于汽缸内气体的冲击作用,使燃烧噪声增大。

负荷对发动机的燃烧噪声也有很大影响。在怠速或小负荷时,参与燃烧的燃料少,压力增长率低,相应的燃烧噪声也明显下降;反之,则燃烧噪声增强。

发动机加速运转时,燃料的着火延迟期明显增长,汽缸压力上升较快。因而产生较大的噪声。

柴油机转速升高时,喷油压力提高,燃烧室内空气扰动加剧;同时,由于活塞的漏气损失和散热损失减少,致使压缩温度和压力增高。故转速增高将使最大爆发压力和压力增长率增大,燃烧噪声也随之增大。

当点火(或喷油提前角)变化时,着火延迟期、最高爆发压力、压力增长率随之变化。当点火(或喷油提前角)减小时,可使最高爆发压力及压力增长率下降,从而使燃烧噪声减小。

2) 发动机机械噪声

机械噪声是发动机运转过程中活塞与汽缸壁的敲击、气门开闭的冲击、正时齿轮运转、喷油泵泵油及其他运动部件工作所发出的声响。机械噪声在很大程度上取决于发动机转速,是汽油发动机噪声的主要来源。

活塞对汽缸壁的敲击,通常是发动机的最大机械噪声源。由于二者之间存在间隙,且作用在活塞上的气体压力和惯性力的方向周期性变化,使活塞在往复运动过程中对汽缸壁的侧向推力方向和接触面发生周期性变化,从而产生对汽缸壁的强烈冲击。

活塞敲击声的强弱取决于汽缸内最大爆发压力、活塞与缸壁的间隙、发动机转速、负荷以及汽缸的润滑条件。冷起动时,活塞与缸壁之间间隙较大,噪声尤为明显;活塞敲击声随转速的增高而增大。无负荷时进气量少,汽缸压力低,活塞敲击大幅度下降。汽缸压力随负荷提高而增大,活塞的敲击也因之增大。润滑油有阻尼和吸声作用。因此,如果活塞与缸壁之间有足够的润滑油,可以降低活塞敲击噪声。

影响气门开、关噪声的主要因素是气门的运动速度。高速时,气门噪声增大的主要原因是惯性力过大。

正时齿轮驱动配气机构、喷油泵时载荷周期性变化,由于齿轮的制造误差和表面粗糙度大导致其啮合时产生噪声。

柴油机喷油系统的噪声主要是由喷油泵、喷油器中高压油管系统的振动引起的。

3) 进、排气噪声

进、排气噪声属于空气动力性噪声。指在进、排气过程中,由于气体流动和气体压力波动引起振动而产生的噪声,其强弱受发动机转速和负荷影响较大。

降低进、排气噪声的主要措施是使用消声效果好的消声器。

4) 风扇噪声

风扇噪声主要是空气动力性噪声,由旋转噪声和涡流噪声以及机械振动引起的噪声组成。旋转噪声是由叶片切割空气,引起空气压力波动而激发出的噪声;涡流噪声是由于叶片旋转时产生空气涡流而造成的;机械振动噪声是由于气流引起风扇、导向装置(护风圈)或散热器的振动,以及其他外部振动激发的机械振动而引起的。

风扇噪声是汽车的最大噪声源之一。近年来,由于车内普遍安装了空调系统和排气净化装置等,使发动机舱内温度上升、冷却风扇负荷加大,所产生的噪声更为强烈。风扇噪声与发动机的转速有密切关系。

2. 传动系统噪声

传动系统噪声包括变速器噪声、传动轴噪声和驱动桥噪声。其中变速器是主要噪声源,齿轮传动机械噪声是变速器噪声的主要组成部分。产生齿轮传动噪声的直接原因是:轮齿啮合时产生的撞击声,随着轮齿之间滑动的变化和摩擦力变化造成的摩擦声,以及因齿轮误差与刚性的变化而引起的撞击声。

变速器噪声与变速器形式、挡位等因素有关,并随汽车行驶状态、速度、负荷的变化而变化。其变化情况大致分为两种:一是随汽车速度的增加单调增大;二是在某一速度时呈最大值。

驱动桥噪声的分析同变速器噪声分析。

齿轮噪声的小部分以声波直接向外界传出,大部分则受到壳体的阻碍而转化成变速器、后桥的激振,并转化成噪声传播。

减小齿轮噪声应从设计、制造精度、加工方法等方面入手,降低因啮合而引起的撞击声和激振声,还应注意齿轮的安装精度和啮合印迹的调整。

汽车传动轴噪声是由于发动机转矩波动、变速器及驱动桥等振动输入、万向节输入和输出的转速和转矩不均衡及传动轴本身的不平衡引起的。传动轴噪声的能量一般很小,在传动系噪声中不占主要地位。

此外,传动系统噪声还有轴承声响和齿轮搅动润滑油的声响。与齿轮噪声相比,这些噪声的强度较弱,仅占次要地位。

3. 轮胎噪声

轮胎直接发出的噪声包括:轮胎花纹噪声、道路噪声、弹性振动噪声以及轮胎旋转时的空气噪声。

1) 花纹噪声

汽车行驶时,因轮胎胎面花纹槽内的空气在接地时被挤压,并有规则地排出,周围空气压力变化,所产生的噪声称为花纹噪声。花纹噪声在轮胎噪声中占主要地位。

2) 道路噪声

轮胎驶过凹凸不平路面时,凹坑内的空气受挤压和排放而产生的噪声称为道路噪声。其产生机理与花纹噪声相同,均是由轮胎和路面相互作用而产生的。

3) 弹性振动噪声

弹性振动噪声是由于轮胎不平衡、胎面花纹刚度变化或路面凹凸不平等原因激发轮胎振动而产生的噪声。

4) 空气噪声

空气噪声是轮胎旋转时搅动周围空气而产生的空气振动声。在一般行驶条件下,由于车速较低,空气噪声可以忽略。

影响轮胎噪声的因素很多,除轮胎花纹外,车速、负荷、轮胎气压、轮胎磨损程度以及路面状况等对轮胎噪声的影响也很大。

随着车速提高,轮胎噪声相应增大。其原因为:轮胎花纹内的空气容积变化速度加快,"气泵"声增大;胎面花纹承受的激振力增大,振动声也随之增大。

负荷不同时,轮胎花纹的挤压作用也产生变化。随着载荷增加,胎面花纹的变形增大,胎肩逐渐接触地面,容易形成"封闭的空腔"而使噪声增大。

轮胎气压增大,轮胎变形小;反之,则变形增大。因此,对于齿形花纹轮胎来说,气压高时噪声小,气压低时噪声大。

胎冠尺寸增大,花纹接地状态产生变化,使噪声增大。当进一步磨损时,花纹逐渐磨平,槽内空气量减少,噪声降低。

路面状况对轮胎噪声的影响主要是路面的粗糙度和潮湿程度。由于路面粗糙度不同所引起的轮胎噪声变化约为7dB;湿路面比干路面的噪声大10dB左右,其增大的程度随路面集水量而变化。湿路面的轮胎噪声主要是因为溅水造成的。

此外,汽车噪声还包括高速行驶时车身干扰空气噪声、制动噪声、储气筒放气声、喇叭声以及各种专用车辆上动力装置噪声等。

第四节 汽车电磁干扰及控制

一、汽车电磁干扰的危害

汽车电波公害虽然没有像汽车排出的废气和噪声公害对人们生活环境造成那么严重的影响,但是随着环境保护意识的日趋增强,近几年来也越来越被人们所关注。

在汽车电气设备中,由电感和电容组成的闭合回路会组成振荡回路,形成电磁振荡。当火花放电时,会产生高频振荡电磁波放射到空中,切割无线电、电视、广播等通信设备的天线,引起电磁干扰。在汽车电气设备中,点火系统的干扰最为严重,此外还有发电机、调节器、刮水器以及灯开关等。

控制电波公害主要是限制汽车点火系统的电波强度。为此,很多国家对汽车(或汽车内燃机)点火系的电波杂音强度制定了标准,我国国标规定了车辆产生辐射干扰的测量方法和允许值(见表6-4)及点火系统干扰抑制器等测量方法。

电波干扰允许值 L [单位:dB(μV/m)]　　　　　　　表6-4

带宽 \ 频率(MHz)	30~75	75~400	400~1000	测量仪类型
1kHz	$L=12$	$L=12+15.131g(f/75)$	$L=23$	峰值
120kHz	$L=34$	$L=34+15.131g(f/75)$	$L=45$	准峰值
1MHz	$L=72$	$L=72+15.131g(f/75)$	$L=83$	峰值

测量标准规定的频率范围为30MHz~1000MHz整个频段。不具备连续扫描的测量仪器,可测45、65、90、150、180、220、300、450、600、750、900(Hz)几个点来代替。测量结果以带宽为120kHz时的dB(μV/m)表示。

对于不同带宽的测量仪器的转换系数为:

$$x = x_1 + 20lg \cdot \frac{120}{D_1}$$

式中:x——加上不同带宽修正系数后的计算值,dB(μV/m);

x_1——不同带宽的实际测量值,dB(μV/m);

D_1——实测仪器的带宽,kHz。

二、汽车电磁干扰的控制方法

1. 加装阻尼电阻

在汽车的点火装置的高压电路中适当串入阻尼电阻或采用特制高压阻尼导线,以削弱电火花产生的高频振荡放电。国产东风 EQ1090 型汽车就装用了特制的高压阻尼导线。

2. 加装电容器

在汽车电气中凡是产生火花的部件上并联适当容量的电容器,以便吸收火花能量,减弱高频振荡电磁波的发射。如发电机的"电枢"接柱与搭铁之间,以及调节器"电池"与搭铁之间并联 $0.2\sim0.8\mu F$(微法)的电容器,在水温表、油压表传感器的触点处并联一个 $0.1\sim0.2\mu F$(微法)的电容器等。

3. 加装屏蔽遮掩

在容易产生火花的电器外,用金属网遮掩起来。导线也用密织的金属网或金属套管套起来,并将金属网搭铁。这样就使这些电器因火花而发射的电磁波在金属屏蔽内产生寄生电流变成热能消失,使电磁波不能发射出去,从而起到防干扰作用。

第七章 汽车技术状况变化

汽车在使用过程中,随着行驶里程的增加,其技术状况逐渐变坏。研究汽车技术状况变化的原因,掌握汽车技术状况变化的规律,是汽车合理使用的前提。

第一节 汽车技术状况和使用性能

一、汽车的技术状况

汽车的技术状况是指定量测得的、表征某一时刻汽车的外观和性能的参数值的总和。

在汽车使用过程中,汽车内部零件之间、零件与工作介质和工作产物之间、汽车与外部环境之间均存在着相互作用,其结果是汽车零件在机械负荷、热负荷和化学腐蚀作用下,引起零件磨损、发热、腐蚀等一系列物理的和化学的变化,使零件尺寸、零件相互装配位置、配合间隙、表面质量等发生改变。例如,发动机汽缸活塞组的尺寸、曲柄连杆机构的尺寸、制动器制动蹄片的尺寸、制动蹄与鼓的间隙等,在汽车使用过程中时刻都在发生着变化。汽车是由机构、总成组成的,而机构和总成又由零件组成,所以零件是汽车的基本组成单元。零件性能下降后,汽车的技术状况将受到影响,因此汽车技术状况的变化取决于组成零件的综合性能。

随着汽车行驶里程的增加,汽车的技术状况将逐渐变坏,致使汽车的动力性下降、经济性变坏、使用方便性下降、行驶安全性和使用可靠性变差,直至最后达到使用极限。其主要外观症状如下:

(1)汽车最高行驶速度降低。
(2)加速时间与加速距离增长。
(3)燃料与润滑油消耗量增加。
(4)制动迟缓、失灵。
(5)转向沉重。
(6)行驶中出现振抖、摇摆或异常声响。
(7)排黑烟或有异常气味。
(8)运行中因技术故障而停歇的时间增多。

二、汽车的运用性能

汽车的技术状况可用汽车的工作能力或运用性能来评价。汽车的运用性能包括动力性、经济性、使用方便性、行驶安全性、使用可靠性、载质量和容积等。其部分评价指标见表7-1。

表 7-1　汽车运用性能评价指标

使用性能	评价指标
容量	汽车容量(单位载货量和装载质量利用系数)
质量利用	汽车质量利用(整备质量利用系数)
动力性	最高行驶车速、加速时间与加速距离、最大爬坡能力、平均技术速度等
经济性	燃料消耗量、润滑油消耗量、维修费用
制动性能	制动距离、制动力、制动减速度、制动时的方向稳定性、侧滑量等
汽车通过性	轮廓通过性(最小离地间隙、接近角、离去角、纵向通过角、最小转弯半径等);支撑通过性(最大单位驱动力、附着质量、附着质量系数及车辆接地比压等)

汽车运用性能下降会导致汽车运输生产过程中运输生产率下降、运输成本增加、经济效益变差,同时对环境的污染加剧,并易于发生行车安全事故。表 7-2 所列统计数据反映了载货汽车随使用时间增加,其运输生产率、维修工作量和运输成本的相对变化情况。

表 7-2　运输生产率、成本、维修工作量与行驶里程的关系

汽车工作时间(年)	运输生产率(%)	维修工作量(%)	运输成本(%)
1	100	100	100
4	75~80	150~170	130~150
8	55~60	200~215	150~170
12	45~50	290~300	170~200

三、汽车运用性能的变化

汽车使用过程中,汽车的实际运用性能从汽车的初始性能开始,随着使用时间或行驶里程的增长而变化。汽车的初始性能取决于汽车的制造质量;而汽车的实际运用性能除取决于汽车的制造质量外,还取决于汽车的运用条件和运输工作情况等多方面的因素。在汽车制造方面,可以通过改进汽车的结构设计和完善汽车的制造工艺来提高汽车的运用性能。在汽车运用方面,可以通过合理运用来提高汽车的实际运用性能(A_{k1}),如图 7-1 所示。

由图 7-1 可见,由于汽车合理运用的作用,可使汽车运用性能随使用时间增长而下降的程度减小,从而使汽车使用过程中实际运用性能的平均水平有所提高,并延长汽车的使用寿命。要实现汽车的合理运用,必须对汽车技术状况的影响因素和在各种运用条件下提高汽车技术状况的措施进行研究,依靠有一定技术专长的人员和汽车技术状况管理组织等手段来保证汽车的工作能力;同时,要做好汽车运用技术管理的基础工作,在汽车运用过程中要经常按运用时间(或行驶里程)测量、记录汽车运用性能的变化情况,以作为分析汽车技术状况变化,并确定提高汽车技术状况相应措施的依据。

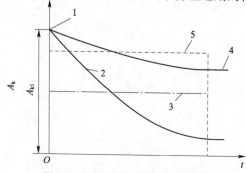

图 7-1　汽车运用性能随时间变化的情况
1-汽车初始性能;2-汽车运用性能随时间变化的曲线;
3-汽车实际运用性能;4-汽车合理运用对性能的影响;
5-通过合理运用可提高汽车的实际运用性能

第二节 汽车技术状况变化的影响因素

一、汽车技术状况变化的原因

汽车技术状况的变化是汽车诸多内在原因综合作用的结果。主要原因:零件之间相互摩擦而产生的磨损,零件与有害物质接触而产生的腐蚀,零件在交变载荷作用下产生疲劳,零件在外载、温度和残余内应力作用下发生变形,橡胶及塑料等非金属零件和电气元件因长时间使用而老化,由于偶然事件造成零件损伤等。这些原因使零件原有尺寸和几何形状及表面质量发生改变,破坏了零件原来的配合特性和正确位置关系,从而引起汽车(或总成)技术状况变坏。汽车在某种特定使用条件下,其零件各种损坏原因所占百分比见表7-3。

零部件损坏原因百分比   表7-3

损坏类型	特 征	载货汽车(%)	大型载货汽车和公共汽车(%)
磨损	表面损伤	40	37
塑性变形与损坏	折断、破裂、脱离、剪断	20	19
	拉伸、弯曲、压缩	6	10
疲劳损伤	裂痕	12	7
	断裂	5	8
	剥落	1	1
高温损伤	烧毁	5	7
	烧损	4	3
	炭化	3	1
	其他	4	7

1)磨损

磨损是零件的主要损坏形式,磨损现象只发生在零件表面,其磨损速度的快慢既与零件的材料、加工方法有关,又受汽车运用中装载、润滑、车速等条件的影响。

引起汽车技术状况变化的主要磨损形式有磨料磨损、分子—机械磨损和腐蚀磨损。磨料磨损是零件相互摩擦表面间由坚硬、锐利的微粒的作用下产生的磨损。微粒的来源有的来自外界,如尘埃、沙土等;而有的微粒是从零件工作表面上脱落下来的,如金属磨屑。在零件相互摩擦过程中,磨料的作用将加速零件的磨损过程。分子—机械磨损也称黏着磨损,当零件接触面承受大载荷、滑动速度高、同时润滑又不良时,零件表面在摩擦过程中会产生大量的热,使材料强度降低并形成局部热点,而易使零件局部表面金属黏结在一起;而黏结点在零件表面的相对运动中又被撕开,使一部分金属从一个零件表面转移到另一个零件表面而造成零件表面的损伤。产生黏着磨损的典型实例是汽缸筒"拉缸"和曲轴"烧瓦"。腐蚀磨损是摩擦表面在酸、碱等腐蚀物质作用下而产生的磨损。腐蚀物质对零件表面的腐蚀可使表面形成薄而脆的氧化层,在摩擦力作用下,氧化层脱落,腐蚀作用进一步向零件深部发展,再形成氧化层。如此,氧化层不断生成,不断脱落,从而造成了零件表面的损伤。

2）疲劳损坏

疲劳损坏是由于零件承受超过材料的疲劳极限的循环应力时，而产生的损坏。通常，易于产生疲劳损坏的零件是承受交变载荷较大的零件，如汽车的钢板弹簧等。在交变载荷于零件内部所产生的循环应力作用下，零件表面产生疲劳裂纹，裂纹不断积累、加深、扩展而产生零件的疲劳损坏。

3）腐蚀损坏

腐蚀损坏产生于与腐蚀性物质接触的零件表面。易于产生腐蚀损坏的主要部件有燃料供给系统和冷却系统管道、车身、车架等。在汽车运动中，车身外表要受到风沙的磨蚀；而汽车使用环境中的空气湿度、尘埃等，对车身及裸露的金属零件也都有一定的腐蚀作用。

4）塑性变形

零件所受载荷在内部产生的内应力超过零件材料的弹性极限，就会发生变形。零件在制造和加工过程中产生的残余内应力和零件受热不匀而产生的热应力足够大时，也会导致零件变形或加剧变形过程。

5）老化

老化是由于零件材料在物理、化学和温度变化的影响下，而逐渐变质或损坏的故障形式。汽车上的橡胶零部件（如轮胎、油封、膜片等）和电气元件（如晶体管、电容器等），长期受环境和温度变化的影响，会逐渐老化而失去原有性能。例如，温度变化的作用；油类及液体的化学作用；太阳光的辐射作用等。在汽车使用过程中，润滑油等液体的性能也会因氧化、污染而逐渐变坏。

因汽车零件和运行材料性能的变化，而使汽车技术状况逐渐变坏的现象，不仅发生于汽车使用过程中，也发生于储存过程中。例如，橡胶、塑料等非金属零件因老化而失去弹性，强度下降；燃料、润滑油、制动液等氧化变质及产生沉淀；金属零件产生锈蚀；车身表面漆层剥落等。

二、影响汽车技术状况变化的使用因素

汽车技术状况的变化不仅与结构设计和制造水平有关，还受各种使用因素的影响。这些因素通过对引起技术状况变化的各个基本原因的影响，作用于汽车各个总成和部件，影响着汽车技术状况的变化过程。

影响汽车运用效果的运用条件多而复杂。在这些运用条件中，影响汽车技术状况变化的使用因素主要有运行条件、燃料和润滑油的品质、汽车运用的合理性等。

1. 汽车运行条件

汽车运行条件主要包括道路条件、交通状况和气候条件。

1）道路条件

道路条件对汽车技术状况有重要影响。汽车运行速度、发动机转速、汽车负荷、操纵次数和强度等都与道路有关，因此汽车总成、零件的磨损强度也与道路条件有关。汽车在坏路上行驶时，故障率显著增加，一般比在较好道路增加 2~3 倍。不同路面对汽车工作过程的影响见表 7-4。

不同路面对汽车工作的影响　　　　　　　表 7-4

指　标	混凝土与沥青路面	沥青矿渣混合路面	碎石路面	卵石路面	天然路面
滚动阻力系数	0.014	0.020	0.032	0.040	0.080
曲轴平均转速(r/min)	2228	2561	2628	3185	4122
平均技术速度(km/h)	66	56	36	27	20
转向轮转角均方差	8	9.5	12	15	18
离合器使用频度(次/km)	0.35	0.37	0.49	0.64	1.52
制动器使用频度(次/km)	0.24	0.25	0.34	0.42	0.90
变速器使用频度(次/km)	0.52	0.62	1.24	2.10	3.20
垂直振幅大于 30mm 的振动频度(次/100km)	68	128	214	352	625

在良好道路上行驶时,行驶阻力小,冲击和动载荷小,汽车的速度性能得以发挥,燃油经济性好,零件磨损慢,汽车使用寿命就长。而在坏路面上行驶时,行驶阻力大,低挡使用时间比例大,因而车速低,但发动机转速和负荷却很大,汽缸内平均压力很高,所以汽缸—活塞组件磨损严重;同时,由于操作次数增加和使用时间增长,离合器、变速器、制动蹄和制动鼓等部件的磨损增大。在崎岖不平的道路上行驶时,汽车底盘各总成(如车轮、悬架、车桥等)受到的冲击载荷加大,甚至直接破坏和损伤。

2) 交通状况

交通状况好坏对汽车的运行工况也有很大影响。汽车在交通状况不良(如车多路窄、交通流量大、交通堵塞、交叉路口多)的道路上行驶时,汽车采用低挡运行的时间比例大大增加,离合器、变速器和制动器的操纵次数增多,汽车不能稳定运行使其所受冲击载荷大大增强,平均技术速度偏离汽车的经济车速。因此,汽车运输效率低,而燃油消耗多,且所承受的冲击载荷大大增强。据统计,在相同路面条件下,货车在市内的行驶速度较郊区降低 50% 左右,换挡次数增加 2~2.5 倍,制动消耗的能量增加 7~7.5 倍。显然,仅有良好的道路质量和路面条件,而没有良好的交通环境,汽车则不能保持良好的运行工况,汽车技术状况的恶化进程加快。

3) 气候条件

气候条件包括环境温度、湿度、风力和阳光辐射强度等。气候条件通过影响汽车总成的工作温度,改变其技术性能和工作可靠性。这些因素对汽车技术状况变化的影响如图 7-2 所示。

在适宜的环境温度下,汽车及总成故障率最低,可靠性最高,如图 7-3 所示。如冷却系统冷却液温度为 70~90℃时,发动机磨损最小,如图 7-4 所示。气温过低使发动机工作温度低时,机油黏度增大、流动性变差,起动时到达润滑表面的时间延长;同时燃油雾化不良,以液态进入汽缸后,冲刷缸壁上的机油膜,使磨损加剧。试验表明,在 -15℃的条件下起动发动机时,机油经 2min 才能到达主轴承;在 -18℃时起动并走热发动机一次,汽缸磨损程度相当于行驶 200~250km 的汽缸磨损量。当气温过高时,发动机易过热,则爆燃倾向增强,同时机油黏度降低,在摩擦表面不易形成油膜,磨损加剧。

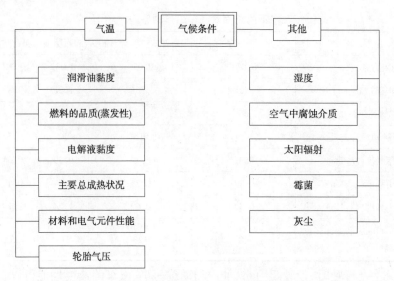

图 7-2　环境条件对汽车技术状况变化的影响

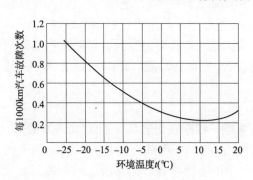

图 7-3　环境温度对汽车故障率的影响

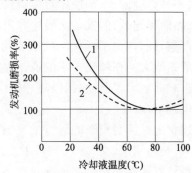

图 7-4　冷却液温度对发动机磨损的影响
1—汽油机；2—柴油机

在低温下，非金属零部件易出现硬化、开裂、弹性下降或强度降低等现象；而气温过高，易使供油系统和液压制动管路产生气阻并易发生爆胎，导致汽车的工作可靠性下降。

季节交替使环境温度、湿度和道路情况发生相应变化。如：夏季炎热、干燥，灰尘多；秋、冬季雨雪多，气候湿冷，道路泥泞。不同气候条件引起汽车工作过程变化而影响着汽车技术状况。

2．燃料和润滑油的品质

燃料、润滑油规格和品质对保证汽车正常工作和技术状况变化的快慢具有重要影响。

1）汽油的影响

汽油的蒸发性、馏分温度、辛烷值和含硫量是与汽车技术状况的变化有直接联系的指标。

馏出温度越高，说明汽油中不易挥发、雾化和燃烧的重馏分越多。重质馏分易以液滴状态进入汽缸，冲刷缸壁润滑油膜，窜入曲轴箱稀释润滑油，从而使润滑条件差、磨损加剧。

燃用辛烷值低的汽油易于发生爆燃，发动机的机械负荷和热负荷增大，同时破坏缸壁上的润滑油膜，磨损加剧，还会引起气门烧蚀、连杆变形、火花塞绝缘部分损坏等故障。燃料中的含硫量决定了发动机腐蚀磨损的强弱,发动机爆燃对汽缸磨损的影响见表7-5。

发动机爆燃对汽缸磨损的影响　　　　　　　　　　　　表7-5

发动机工作情况	汽缸平均磨损(%)	汽缸上部平均磨损(%)	汽缸上部最大磨损(%)
无爆燃	100	100	100
有爆燃	158	218	303

抗腐蚀性差,易加剧零件腐蚀;氧化安定性和清洁性差,实际胶质、机械杂质多,易形成沉积物,堵塞精密零件。

2)柴油的影响

柴油的蒸发性、十六烷值、黏度、含硫量对发动机工作过程有很大影响。

重馏分过多,会使燃烧不完全而形成炭粒,排放烟度增大,汽缸磨损增加,还易堵塞喷油器喷孔。十六烷值高低对发动机工作的平稳性影响很大。十六烷值过低,则柴油机工作粗暴;而过高时,或因其低温流动性不良,雾化和蒸发性变差,从而加剧零件磨损。柴油黏度大时,柴油的低温流动性和雾化性差,燃烧不完全,积炭和黑烟排放多;而黏度小时,则柴油对于喷油泵柱塞偶件的润滑作用下降,磨损加剧。柴油中含硫量从0.1%增加到0.5%时,汽缸和活塞环的磨损量将增加20%~25%。

3)润滑油的影响

润滑油的黏度和抗氧化安定性对汽车技术状况影响较大。

润滑油黏度应与发动机转速、磨损状况和气候条件相适应。黏度大,则润滑油流动性差,低温时润滑条件差,磨损加剧;黏度小,则润滑油流动性好,但油性差,润滑油吸附金属表面的能力差,易使工作表面出现边界摩擦或半干摩擦状态,也会使发动机的磨损增加。如果氧化安定性不良,润滑油易于形成胶质沉淀物,使润滑性能下降;同时,因胶质物在润滑系统中的沉积而影响正常工作,加剧零件的磨损。

3. 汽车的合理运用

驾驶技术、装载情况和行驶速度等因素对汽车技术状况的变化有很大影响。

1)驾驶技术

驾驶技术对汽车使用寿命有直接影响。技术好的驾驶员在驾驶操作过程中,注意采用预热升温、平稳行驶、换挡及时、合理滑行、温度控制等一系列正确合理的操作方法,并注意根据道路情况合理选择行驶路线和车速,使车辆经常处于最佳工作状态,减缓汽车技术状况的变化,延长使用寿命。同时,驾驶员还应有一定的技术素质,能根据使用说明书中规定的使用要求合理使用车辆。

2)装载情况

汽车装载质量应按额定装载质量进行控制。在超载状态下,汽车各总成承受的负荷增大,发动机工作不稳定,低挡使用时间比例增大,冷却系统和润滑系统的工作温度升高,从而导致发动机和其他总成的磨损增大,汽车的使用寿命缩短。某中型汽车总质量与总成磨损的关系如图7-5所示。

3)行驶速度

车速高低对汽车技术状况变化的影响十分明显。行驶车速过高,发动机经常高速运转,活塞在汽缸内移动速度增高,汽缸磨损增大。底盘特别是行驶机构受到的冲击增大,易使前后桥发生永久变形。同时,高速行驶时,制动使用更为频繁,制动器磨损加剧。车速过低时,低挡使用的时间比例增多,汽车行驶相同里程发动机平均运转次数增多,同时由于润滑条件变差,其磨损强度较大。载质量一定时,行驶车速对发动机磨损的影响如图7-6所示。

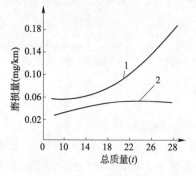

图7-5 某中型汽车总质量与总成磨损的关系
1-发动机;2-变速器

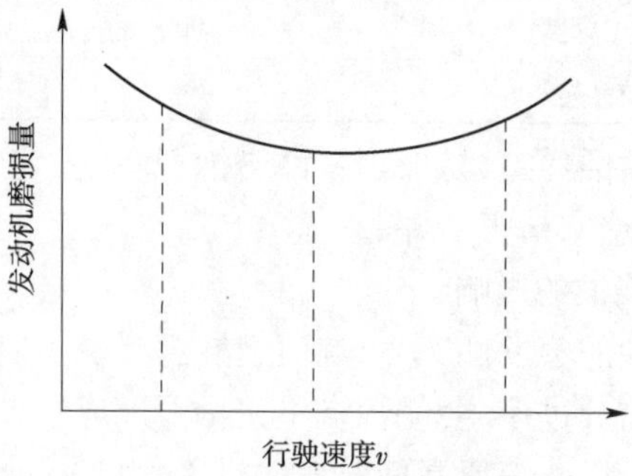

图7-6 行驶速度对发动机磨损的影响

三、汽车技术状况变化的规律

汽车技术状况的变化规律是指汽车技术状况与汽车行驶里程或行驶时间的关系。汽车技术状况变化表现为渐发性和突发性两种变化规律。渐发性变化规律指汽车技术状况的变化随行驶时间或行驶里程单调变化,从而可用函数式表示的变化规律;突发性变化规律表示汽车或总成出现故障或达到极限状态的时间是随机的、偶发的,没有必然的变化规律,对其变化过程独立地进行观察所得结果呈现不确定性,但在大量重复观察中又具有一定的统计规律。

如果汽车运用合理,则汽车主要技术状况的变化按使用时间或行驶里程而逐渐变化,而汽车在使用过程中出现的某些具体故障则是随机发生的。

1)汽车技术状况逐渐变化的规律

在按使用说明书的要求合理运用汽车的前提下,汽车大部分总成、机构技术状况随汽车行驶里程平稳而单调地逐渐变化,如图7-7所示。其特点是,汽车技术状况随行驶里程的变化过程可以用两者之间的函数关系式描述,一般可表示为n次多项式或幂函数两种形式。

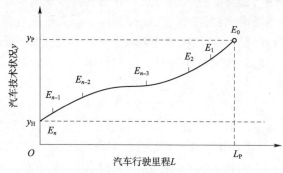

图7-7 汽车技术状况随行驶里程逐渐变化曲线

对于主要因零件磨损所引起的汽车技术状况参数变化的规律,可用幂函数描述,如曲轴箱窜气量随行驶里程的变化过程等。

对于汽车技术状况随行驶里程或使用时间平稳变化的情况,原则上可以通过及时的维护和修理措施防止故障的发生;同时,由于汽车技术状况变化的单调性,可据此预测故障的发生。属于该种变化规律的技术状况参数类型:汽车零件磨损而导致的配合间隙的变化;冷却系统和润滑系统中沉淀物的积累;润滑油消耗率及润滑油中机械杂质含量等。

2)汽车技术状况的随机变化

汽车技术状况的随机变化过程受汽车使用中的偶然因素、驾驶操作技术水平、零部件材料的不均匀性和隐蔽缺陷等因素的影响,汽车或某总成技术状况变坏而进入故障状态所对应的行程是随机变量。

技术状况参数随机性变化的特点是各影响因素具有随机性的反映。当给定汽车技术状况参数的极限值时,该随机性变化表现为汽车技术状况参数达到极限值所对应的行程是多种多样的,如图7-8中的L_{p1}、L_{p2}、…、L_{pn}所示。而在同一行驶里程下,汽车技术状况也存在明显差异。

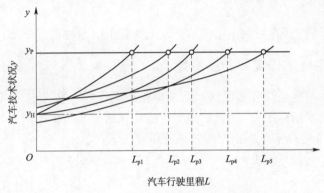

图7-8 汽车技术状况的随机变化

y_p-技术状况参数的极限值;y_H-技术状况参数的名义值

由于汽车技术状况的随机变化过程,不可避免地会引起汽车定期检测、维护作业超前或滞后进行。只有掌握汽车技术状况随机变化的规律,才能合理制订汽车定期检测、维护的作业周期、确定作业工作量,提高汽车检测、维护作业的质量,延长汽车的使用寿命。

第三节 汽车技术状况的分级评定

一、汽车技术状况等级划分标准

汽车在使用过程中,其技术状况变化的程度,随行驶里程或使用时间的长短不同和运行条件、使用强度、维修质量的不同有很大的差异。《汽车运输业车辆技术管理规定》要求:为掌握汽车的技术状况,合理地组织和安排运力,科学地编制汽车维修计划,各省、自治区、直辖市交通厅(局)应负责制定"车辆技术状况等级鉴定制度",各级交通运输管理部门应负责汽车技术状况等级鉴定的组织工作与监督检查,运输单位至少每半年要对运输汽车进行一次汽车技术状况等级鉴定,并根据有关标准将汽车技术状况划分等级,以便于汽车的合理运行和科学管理。

《汽车运输业车辆技术管理规定》第十七条明确了汽车技术状况等级划分的标准,规定汽车按技术状况分为一级车、二级车、三级车和四级车四类。

（1）一级车——完好车。新车行驶到第一次定额大修间隔里程的三分之二和第二次定额大修间隔里程的三分之二以前（例如：第一次大修间隔里程为18万km、第二次大修间隔里程为12万km，则处于第一次大修间隔里程12万km以内或第二次大修间隔里程8万km以内，才属于一级车）；汽车各主要总成的基础件和主要零部件坚固可靠，技术性能良好。发动机运转稳定，无异响，动力性能良好，燃料润滑油消耗不超过定额标准，废气排放和噪声符合国家标准；各项装备齐全、完好，在运行中无任何保留条件，即可随时出车参加运输工作的汽车。

（2）二级车——基本完好车。技术状况处于基本完好的汽车。二级汽车的主要使用性能和技术状况或行驶里程都低于一级车的要求，但符合国家标准《机动车运行安全技术条件》（GB 7258—2012）的规定，能随时参加运输工作。

（3）三级车——需修车。送大修前最后一次二级维护后的汽车、正在大修或待更新尚在行驶的汽车。

（4）四级车——预计在短期内不能修复或无修复价值的汽车。

二、车辆平均技术等级和新度系数

汽车平均技术等级是综合体现汽车运输企业技术管理水平、技术装备素质和企业发展后劲的主要经济技术指标之一，标志着汽车运输企业所有车辆的平均技术状况。单辆汽车技术等级评定后，企业所有汽车的平均技术等级可按下式求出：

$$\bar{S} = \frac{(1 \times S_1) + (2 \times S_2) + (3 \times S_3) + (4 \times S_4)}{S_1 + S_2 + S_3 + S_4}$$

式中：$\bar{S}$——车辆平均技术等级；

S_1、S_2、S_3、S_4——分别为一、二、三、四级车的数量。

车辆新度系数 ρ_x 是综合评价运输单位车辆新旧程度的指标。可用下式计算：

$$\rho_x = \frac{C_e}{C_0}$$

式中：C_e——年末单位全部运输车辆固定资产净值；

C_0——年末单位全部运输车辆固定资产原值。

三、营运车辆技术状况等级的评定

营运车辆技术等级的部分评定项目和技术要求见表7-6。

营运车辆技术等级的评定项目和技术要求（部分整车装备与外观）　　表7-6

序号	项目	技术要求		
		一级	二级	三级
1	整车装备与标识	整车装备应齐全、完好、有效，各连接部件紧固完好，车体应周正；车辆的结构不得任意改造；营运车辆的车顶、车门、车身、风窗玻璃等部分的标识应统一、齐全、有效，并符合有关规定		
		车体外缘左右对称部位（在离地高1.5m以内测量）高度差不大于20mm；左右轴距差不大于轴距的1.2‰	车体外缘左右对称部位（在离地高1.5m内测量）高度差不得大于40mm，左右轴距不得大于轴距的1.5‰	

续上表

序号	项目	技术要求		
		一级	二级	三级
2	车架、车身、驾驶室	车身和驾驶的技术状况应能保证驾驶员有正常的工作条件和客货安全； 车身和驾驶室应坚固耐用，车架、车身与驾驶室不得有开裂、锈蚀和明显变形，螺栓和铆钉不得缺少或松动，车身与车架的连接应安装牢固； 车身外部和内部都不应有任何可能使人致伤的尖锐凸起物； 驾驶室和乘客舱所有内饰材料应具有阻燃性； 驾驶室必须保证驾驶员的前方视野和侧方视野。车窗玻璃不允许张贴妨碍驾驶员视野的附加物及镜面反光遮阳膜		
		表面无锈迹、无脱掉漆		
3	车门、车窗、刮水器	车门和车窗应启闭轻便，不得有自行开启现象，锁止可靠，玻璃升降器应完好； 前风窗应装备刮水器，刮水器应能正常工作，刮水器关闭时刮片应能自动返回至初始位置		
		玻璃应完好无损	玻璃不得缺损	
4	驾乘座椅	货箱的栏板和地板应平整； 客车车身与地板应密合，应有防止发动机废气进入车厢内部的有效措施； 地板和座椅应具有足够的强度，座椅和扶手应安装牢固可靠；乘客座椅间距不得采用沿滑道纵向调整的结构； 车长大于6m的客车同方向座椅的座间距不得小于650mm，面对面座椅的座间距不得小于1200mm		
5	卧铺	卧铺客车的卧铺应采用"1+1"或"1+1+1"纵向布置（与车辆前进方向相同），卧铺宽度应不小于450mm，卧铺纵向间距应不小于1400mm，相邻卧铺的间距应不小于350mm		
6	行李架（舱）	中级、中级以上车长大于或等于9m的营运客车和卧铺客车车身顶都不得设置行李架，应设置符合有关标准要求的行李舱。其他客车需设置车外顶行李架时，其顶架载荷按每个乘客10kg行李核定，且行李架长度不得超过车长的三分之一		

第八章 汽车美容

第一节 概 述

一、汽车美容的概念

汽车美容(Auto Beauty)是指针对汽车各部位不同材质所需的保养条件采用不同性质的汽车美容护理用品及施工工艺,对汽车进行全新的保养护理。

汽车美容又称汽车保养护理,是一种全新的汽车养护概念,与一般的洗车打蜡有着本质上的区别。汽车美容应使用专业优质的养护产品,对汽车各部位材质进行有针对性的保养、美容和翻新,使经过专业美容后的汽车外观洁亮如新,漆面亮光长时间保持,有效延长汽车的寿命。

汽车美容装饰是通过增加一些附属的物品,以提高汽车表面和内室的美观性,这种行为称为汽车装潢。所增加的附属物品称为装饰品或者装饰件。根据汽车装饰的部位可分为汽车外部装饰和汽车内室装饰。

此外,更为专业的汽车美容是通过先进的设备和数百种用品,经过几十道工序,对车身、车室(地毯、皮革、丝绒、仪表、音响、顶棚、送风口、排挡区等进行高压洗尘、吸尘、上光)、发动机(免拆清洗)、钢圈轮胎、底盘、保险杠、油路、电路等作整车处理,且对较深划痕进行特殊快速修复。

二、汽车美容类型

1. 车身美容

车身美容主要包括高压洗车,除锈,去除沥青、焦油等污物,上蜡增艳与镜面处理,新车开蜡,钢圈、轮胎、保险杠翻新与底盘防腐涂胶处理等项目。经常洗车可以清除车表尘土、酸雨、沥青等污染物,防止漆面及其他车身部件受到腐蚀和损害。适时打蜡不但能给车身带来光彩亮丽的效果,而且可以防紫外线、防酸雨、抗高温及防静电。

2. 内部美容

内部美容主要分为车内美容、发动机美容和行李舱清洁等内容。

其中,车内美容包括仪表台、顶棚、地毯、脚垫、座椅、座套、遮光板、车门衬里的吸尘清洁保护以及蒸气杀菌,送风口除臭,车内空气净化等项目。发动机美容则包括发动机冲洗清洁,喷上光保护剂和三滤清洁(燃油滤清器、机油滤清器、空气滤清器)等项目。

3. 漆面处理

漆面处理服务项目可分为氧化膜处理,飞漆处理,酸雨处理,漆面划痕处理,漆面破损处

理及整车喷漆。

4. 汽车防护

汽车防护的项目包括贴防爆太阳膜,安装防盗器,安装静电放电器和安装汽车语音报警装置等。

5. 汽车精品

汽车精品是汽车美容的点睛之处,也是一种汽车生活文化的体现,它致力于把汽车营造成一个流动的生活空间,诸如车用香水、蜡掸、护目镜、把套和坐垫等。汽车精品带给人们的是一种贴身的关怀。

第二节 汽车美容材料

一、清洁保护用品

1. 清洁剂

1) 万用清洁剂

万用清洁剂可去除各种玻璃、漆面及金属制品表面上的污垢。它是泡沫型的,雾化性好,无滴流现象,不伤漆面、塑胶和橡胶制品。使用时直接喷涂在不洁表面处,停留1min左右,不等完全干透,用干净棉布擦拭即可。

2) 制动清洁剂

制动清洁剂可迅速清除车轮制动器等各类摩擦表面的污垢,消除和降低制动噪声。该产品不含有毒物质,不会造成环境污染,但属易燃品,使用和存放应注意安全,使用时可直接喷涂在制动鼓、盘式制动器、制动蹄片、制动组件、离合器压盘和风扇传动带等受压零件的不洁表面,稍后用干布擦净即可。

3) 发动机外表面清洁剂

发动机外表面清洁剂能清除发动机外表面较重的油污。该产品水溶性好,呈碱性,含有缓蚀剂成分,能快速乳化分解去除油污,且不腐蚀机体。使用时可用水稀释(1:3~1:5)后,喷洒在发动机机体的表面油污处,稍后用适量的水清洗,再用干净棉纱擦净即可。

4) 车内仪表板清洁剂(车内合成橡胶、塑胶亮光剂)

车内仪表板清洁剂可清除人造革及真皮上的油污,保持仪表板的整洁和光泽。该产品不会破坏漆面,有柠檬香味,但属易燃物品,存放和使用要注意防火安全。使用时直接喷涂在车门、仪表板及车内合成橡胶、塑胶物质、真皮制品等物体的表面,用软布擦拭即可。

5) 多功能清洁柔顺剂

多功能清洁柔顺剂能对汽车内饰及行李舱各部位进行清洗。该产品去污力强,尤其对丝绒或地毯表面可起到清洁、柔顺、杀菌和还原着色功能。多功能清洁柔顺剂分为低泡清洁剂和高泡清洁剂两种。低泡清洁剂适用于喷油机使用,高泡清洁剂适合人工使用。使用时用喷油机或手工喷洒在所需表面,用软布轻轻擦拭,再用干布擦干清洗部位即可。

6) 重油清洗剂

重油清洗剂是一种强力的、可乳化的溶剂型重油清洁剂,能有效清除汽车发动机、底盘零部件和设备上的重油污。它可以吸收6倍于容积的油污,故可以重复使用,对车体各部位无腐蚀作用,且很容易用水清洗干净,不会造成二次污染。使用时将本品喷涂于油污处,然后用水冲洗,再用干布擦拭干净。

2. 除锈防腐剂

1)二硫化钼缓蚀剂

二硫化钼缓蚀剂可以在金属表面形成一层二硫化钼保护膜,能强力去除铁锈和污垢,洗涤及榨出胶质及树脂污垢,具有除锈、防锈、润滑、降噪的功效。使用时将本制剂对准需要喷涂的表面进行喷涂即可。

2)特级缓蚀剂

特级缓蚀剂属于润滑油脂的缓蚀剂,能去除湿气,保护机件表面,防止生成铁锈,还可以防止点火线圈漏电,迅速恢复原有特性。使用时,将本剂对准需要喷涂的表面进行喷涂即可。

3. 汽车护理剂和护理香波

1)汽车清洁香波

汽车清洁香波能去除油污、静电,清洗车身表面和漆面,且不腐蚀漆面,不脱蜡,有柠檬香味。使用时用适量净水稀释,涂抹于车身漆面进行清洗,然后用干布擦净。

2)汽车清洁上蜡香波

汽车清洁上蜡香波可作为清洁上蜡二合一使用,同时具备除油污、去静电及给车身涂蜡上光的功效。该产品性质温和,中性,不伤漆面,不脱蜡,伴有芳香味。使用时用适量净水稀释后,将汽车清洁上蜡香波涂洒于车身漆面进行清洗,最后用干布擦拭干净。

二、漆面护理材料

1. 研磨剂

研磨剂是利用坚固的浮岩作为摩擦材料去除车漆原有的缺陷,是喷漆房、修理厂及做深度划痕(露底漆)的汽车美容护理中心必不可少的用品。研磨剂有普通研磨剂和透明研磨剂两种。

普通研磨剂浮岩颗粒大,容易伤底漆。透明研磨剂的摩擦材料比普通研磨剂有了很大革新,不会把透明漆磨掉。

2. 车蜡和抛光剂

1)车蜡

车蜡的主要功能是去污、除锈、防垢和保持车身光泽。根据使用目的的不同,车蜡分为去污蜡、亮光蜡、车身及底盘保护蜡、抗静电蜡和彩色蜡。

2)抛光剂和增光剂

抛光剂和增光剂主要用于修整漆面细微的瑕疵,增加漆面的亮度和光泽。

三、其他护理用品

1. 刮水器精

刮水器精能快速清除玻璃污垢,延长刮水器的寿命。该产品为界面离子浓缩剂,不伤害车身、钢板和漆面,不产生伤害眼睛的折光。使用时将刮水器精注入刮水器喷水壶,使用汽车的喷淋、刮水功能即可。

2. 防雾剂

防雾剂可起到清洁、清澈和防雾的作用,不伤害漆面和刮水器,对环境无污染。使用时打开易拉罐,手工按压喷射即可,适用于车内、外玻璃。该产品为易燃物,应注意安全,妥善保管。

3. 散热器恒温防漏剂

散热器恒温防漏剂的作用是防止散热器漏气和漏水,保持散热器恒温,防止水质变化产生锈蚀及水垢,保护冷却系统。该产品对橡胶及金属制品不会造成伤害。使用时将本品加入散热器,起动发动机 15min 后,即可发挥作用。

4. 耐久弹性填缝胶带

耐久弹性填缝胶带用于汽车挡泥板、车身本体和金属焊接点的填缝。对冷气机及汽车冷冻系统的冷冻管的隔热具有卓越功效。该产品耐热性好,不收缩,可保持永久弹性。使用时将被修补的对象清洗干净,把胶带填入缝隙中即可。

5. 超级 6 号

超级 6 号的主要功能是除锈、防锈和润滑。特别是对如轴承和螺纹连接件等因长期锈蚀出现锈死而无法松动的部件具有显著功效。使用时对准对象少量喷射即可。本剂为易燃品,要妥善保管。

第三节　汽车清洗及美容护理

一、汽车清洗

洗车工作看似很简单,但要做到又快又好并不容易。如果将汽车美容行业分为两端的话,洗车就是前端,美容与装饰等就是后端。

一般汽车清洗包括准备、接车、冲车、打泡沫、擦车外部、擦车内部、刮水和检查 8 个环节。

1. 准备

洗车服装要干净整洁,特别注意不要穿带扣子的衣服,防止划伤车漆。洗车毛巾要分类处理,不能一块毛巾用到底,因为擦过车身下部的毛巾里有大量洗不掉的细沙,这样的毛巾极易划伤车漆。此外,洗车工具准备齐全,摆放整齐。

2. 接车

首先检查车辆是否熄火,并可靠停放,然后整理车内物品,检查车漆状况,取出车内脚垫,关好门窗等。

3. 冲车

为避免过大水压对车漆的损伤,水枪的压力应不大于 0.7MPa。冲洗车身应按照一定的顺序,通常是从上至下,从前到后。车身缝隙应顺向冲洗,以便将缝隙内的污物冲洗干净。

4. 打泡沫

汽车在高速行驶过程中与空气中的污染物质结合形成一种顽固的难以洗净的交通膜。

这种交通膜影响车漆的光亮度,同时不易被普通洗涤剂分解、去除。汽车专用的洗车泡沫能较容易地破坏这种顽固的交通膜,恢复车漆的靓丽原色。因此,打泡沫时,应将泡沫均匀地覆盖到车漆表面。

5. 擦车

擦车通常采用海绵,也可以使用毛巾。使用海绵时,应将海绵分成擦车上部和擦车下部两部分,同样不能一块海绵用到底,因为擦过车身下部的海绵里有大量洗不掉的细沙,这样的海绵极易划伤车漆。

6. 刮水

先用专用的刮水板对称作业将车身上的余水刮去。这里注意的是不要使用废弃的刮水器来刮水,以免伤到车漆。再用专用的吸水毛巾将车身表面做第一步的抹干处理,再用风枪处理车缝隙中的积水,特别注意的部位是门边密封条、门把手、钥匙孔、倒车镜、油箱盖、尾标、前照灯缝隙和尾箱钥匙孔;再用专用的擦车毛巾将车漆擦出光亮。

脚垫刷洗干净,晾干或甩干。

7. 内室清洁

内室清洁主要包括清洁烟灰缸,擦拭仪表台、转向盘、空调口、A 柱和 B 柱内饰、门板、车门周边、车内地板等。车内室和行李舱可以进行吸尘,特别要注意对地板的四周、座椅底部做细致的吸尘。内室清洁完后,将清洁后的脚垫放进车内。

8. 检查

清洗完成后,应检查看是否还有没擦净的部位,并及时处理。

清洗后的车辆外部及饰件应无灰尘、污垢和水痕,玻璃光亮无划痕,内饰件无灰尘,车内无异味,坐垫与脚垫摆放整齐。

二、车表美容

1. 车身的清洗

1)车身静电去除清洗

在车辆的行驶的过程中由于摩擦而产生强烈的静电层,静电对灰尘和油污的吸附能力很强,一般用水不能彻底清除,必须要用专用的清洗剂。

2)车身交通膜的去除

清洗汽车经过一段时间的行驶,由于车身静电吸附灰尘,时间久了形成一层坚硬的交通膜,使原来艳丽的车身变得暗淡无光。这层交通膜使用普通的清洁剂很难清除掉。

3)除蜡清洗

上新蜡时,旧蜡一定要清除干净。否则,就会由于新旧两次蜡的品种和上蜡的时间不同,而产生局部新蜡附着不牢的现象。

4)增艳清洗

这种清洗的作业方式是在抛光或上镜面釉之后进行的,目的是除掉残留在车身表面的抛光剂和油分,为上蜡保护做好准备,一般使用清洁上蜡二合一香波。

5)车表顽固污渍的清除

汽车行驶时有可能粘上焦油、沥青等污物,如果没有及时清洗,长时间附着在漆面上,会形成顽固的污斑,使用普通的清洗液一般难以清除干净,可以采用焦油去除剂清除、有机溶剂清除和抛光机清除。

2.车身表面的抛光与打蜡

1)抛光

汽车车身表面清洗完后,就可以进行下一步工作,即对车身表面进行抛光与打蜡。判断车身漆面是否需要抛光处理可以按照以下方法进行。

(1)观察法。从车身的不同角度来观察车身漆面的亮度,通过眼睛感觉光线的柔和度、反射景物的清晰度等来判断。如果景物暗淡、轮廓模糊,则需要进行抛光处理。

(2)触摸法。用手套上一层塑料薄膜纸来触摸漆面,如果感到发涩或有凹凸不平的感觉时,就必须进行抛光处理。

2)打蜡

(1)上蜡。上蜡分为手工上蜡和打蜡机上蜡两种。手工上蜡简单易行,打蜡机上蜡效率高。无论是手工上蜡还是打蜡机上蜡,都要按一定的顺序进行,要保证车身漆面涂抹得均匀一致。上蜡时每次不要涂得太厚,上太多的蜡不但造成成本的增加,而且会增加抛光的工作量,还容易粘上灰尘,使抛光摩擦时有可能产生划痕。

①手工上蜡。首先将适量的车蜡涂在海绵上,然后按一定顺序往复直线或环形均匀涂布。

②打蜡机上蜡。将车蜡洒在车身表面上,用手控制好打蜡机,起动开关,注意涂布时的力度、方向性及均匀度。

(2)抛光。上蜡后一般停留几分钟,然后用手工抛光或用抛光机将其打亮。手工抛光时应先用手背感觉车蜡的干燥程度,以刚刚干燥而不粘手为度。手工抛光作业通常使用无纺棉布按一定的顺序作往复直线运动,适当用力挤压,以清除剩余车蜡。

3)车蜡的作用及原理

(1)防水作用。在强烈阳光的照射下,每个小水滴就是一个凸透镜。在它的聚焦作用下,焦点处的温度可达800~1000℃,造成车漆暗斑,极大地影响车漆的质量与寿命,还易使暴露的金属表面产生锈蚀。车蜡对水性物质有排斥作用,可使水珠不易附着在车体表面。

(2)耐高温作用。车蜡的耐高温作用原理是对来自不同方向的入射光产生有效的反射,防止反射光使漆面和底色漆老化变色。

(3)防静电作用。车蜡的防静电作用主要体现在车表面的静电防止上,其作用原理是隔断尘埃与金属表面的摩擦。由于涂覆蜡层的厚度及车蜡本身的附着能力不同,车蜡的防静电作用有一定差别,一般防静电车蜡在阻断尘埃与漆面的摩擦能力方面优于普通车蜡。

(4)防紫外线作用。由于紫外线的特性决定了紫外线较容易折射进入漆面,防紫外线车蜡充分考虑了紫外线的特性,使其对车表的侵害得以最大限度地降低。

(5)上光作用。上光是车蜡最基本的作用,经过打蜡的车辆,都能改善其表面的光亮度,使车身恢复亮丽本色。

4)打蜡过程的注意事项

(1)应该在阴凉处给汽车打蜡,保证车体不致发热。因为随着温度的升高,车蜡的附着性变差,且易干,会影响打蜡质量。

(2)上蜡时,应用专用海绵球涂上适量车蜡,在车体上直线往复涂抹。不可把车蜡倒在车上乱涂或做圆筒式涂抹,更不可涂涂停停。一般涂均匀后 5~10min 用新毛巾擦亮,但要求快速擦去的车蜡应边涂边抛光。

(3)车身打蜡后,在车灯、车牌、车门、行李箱等处的缝隙中会残留一些车蜡,使车身显得很不美观。这些地方的蜡垢若不及时擦干净,还可能产生锈蚀。因此,打完蜡后一定要清理这些边角。

三、车饰美容

车饰美容通常是对汽车内部空间的美容护理,主要包括车内顶棚的清洁,车侧立柱及车门内表面的清洁,仪表控制面板的清洁护理,车窗玻璃的清洁护理,座椅的清洁护理,安全带的清洁,地毯的清洗,转向盘的清洁,其他饰面的清洁以及行李舱的清洁。

1. 车饰美容的工艺流程

(1)整理杂物。

(2)除尘。

(3)清洗。对于不同材质的内饰件,使用不同的清洗方法。

(4)上光护理。

(5)消毒处理。消毒的方法有臭氧消毒和光触媒消毒。

①臭氧消毒。臭氧的化学性质是它的氧化能力很强,对细菌、病毒等微生物杀灭率高、速度快,对有机化合物等污染物质去除彻底而又不产生二次污染。

②光触媒消毒。光触媒是以二氧化钛(TiO_2)为代表的具有光催化功能的光半导体材料的总称。它比臭氧、负氧离子有着更强的氧化能力,可强力分解臭源,有极强的防污、杀菌和除臭功能。

2. 车饰清洁的注意事项

(1)使用适当的清洁剂。进行车饰清洁时,要根据不同材质使用专用的清洁剂或最相近的清洁剂,例如,用水性真皮清洁柔顺剂清洁真皮座椅,用化纤清洗剂清洗丝绒纤维制成的座椅和地毯等,用玻璃清洗液清洗车窗内侧的玻璃等。

(2)切记不要随意混合或加温使用车饰清洁用品。不同的车饰清洁用品混合后,有可能产生一些有害物质。例如,有些化学成分混合后可能会释放出有毒气体。若将清洁剂加温,如放入蒸气清洗机内使用,也容易产生有害气体。

(3)对不熟悉的产品应先测试再使用。对于首次使用的清洁剂,应先找到相同材质的部件进行清洗测试,或可在待清洗部件的不显眼处进行测试。如使用真皮清洁剂清洗车内座椅皮革时,可先在座椅底部或背面等不显眼的地方小面积使用,观察清洗效果如何,以防褪色或有其他损害。

(4)车饰件上有特殊的污渍如焦油、油漆和机油等时,不可用力擦洗,应选用专用清洁剂进行清洗。

(5)清洁作业时,喷上清洁剂稍停片刻后才进行擦拭。

擦拭方向要求后期只能单向运动,以便保持光线漫射面一致。

(6)如有需要,可对清洗过的较难干燥的饰件进行烘干处理,有利于防止发霉。

四、漆面美容

1. 漆面美容的分类

根据侧重点的不同,漆面美容可以分为修复美容、护理美容及翻新美容。

1）修复美容

汽车修复美容是指对喷漆后的漆面问题进行处理,施工工艺是先磨平再抛光。

2）护理美容

护理美容是指在汽车的正常使用中进行的护理,保护漆膜而使漆面光泽持久,避免粗糙失去弹性和光泽。

3）翻新美容

漆面翻新美容是指对受污染的粗糙失光漆面,不需喷漆,经过翻新美容后就能达到原来的效果。

2. 漆面美容的主要内容

1）漆面失光处理

汽车在使用过程中,免不了风吹、日晒、雨淋及受到空气中有害物质的侵蚀,致使漆面逐渐失去原有光泽。在汽车美容作业中采用特殊处理工艺与方法,配合专门的护理品,可以有效地去除失光,再现漆面亮丽风采。

(1) 确定漆面失光的原因。

①自然氧化导致的失光。漆面无明显划痕,用放大镜观察漆面斑点较小,这类失光原因大多是氧化还原反应所致。

②浅划痕导致的失光。漆面分布较多的浅划痕,特别是在光线较好的环境中,如在阳光的照射下十分明显,导致漆面光泽受到严重影响。

③透镜效应引起的失光。用放大镜仔细观察漆面,若发现漆面有较多的斑点,则说明漆面受透镜效应侵蚀严重,光泽受到不同程度的影响。

(2) 漆面失光处理工艺的程序及方法。

①自然氧化不严重或浅划痕导致的失光处理方法,通常可采用抛光研磨的方法进行处理。

②自然氧化严重或透镜效应严重引起的失光,要求进行重新涂装翻新施工。

2）漆面浅划痕处理

由于使用中摩擦及日常护理不当,久而久之在漆面上出现轻微划痕,并未露出底漆,这种划痕在阳光下尤其明显。

(1) 漆面浅划痕修复的基本方法。

①漆笔修复法。用相近颜色的漆笔涂在划伤处称为漆笔修复法。

②计算机调漆喷涂法。计算机调漆喷涂法是结合计算机调漆并采用新工艺方法的划痕修补技术。它是一种快速的修复技术,但要求颜色调配准确,修补的面积尽可能缩小,再经过特殊溶剂(驳口水)处理后,能使新旧面漆更好地融合,达到最佳效果。

③抛光法。对于一般的极浅的浅划痕,可用抛光机来进行抛光。如果是相对深一点的划痕,可以用2000号砂纸进行一下打磨,然后再进行抛光,这样就可恢复其原有的漆膜了。

(2)漆面浅划痕处理应注意的问题。

①在进行漆面浅划痕处理施工前,待处理表面必须进行清洁和开蜡。

②抛光剂不可涂在抛光轮上,应用小块毛巾均匀涂抹于漆面待处理部位。

③抛光剂涂抹面积要适当,既要便于抛光操作,又要避免未及时抛光出现干燥现象。

3)漆面深划痕处理

汽车漆面深划痕多为硬性划伤所致,目测会看到裸露的底漆,当用手拭划痕表面时,会有明显的刮手感觉。目前在汽车美容行业中,在深划痕处理工艺上,虽然命名不同,但从实质特点上看,仍采用喷涂修复施工来完成。

4)喷涂修复

喷涂修复是汽车美容作业中要求最为严格,技术含量最高的施工项目。当汽车漆面出现划伤、破损及严重腐蚀失光等现象时,即可采用喷漆工艺来恢复。

5)面漆的镜面处理

最佳镜面处理效果的材料是抛光剂,靠抛光机转速的调整而使抛光剂产生的化学反应,以达到油漆表面光鲜犹如玻璃镜面的效果,即面漆的镜面处理。其方法是用抛光机转速带来的热量,使汽车漆与抛光剂之间产生一种化学反应,来清除细微划痕,让汽车漆显示出它自身的光泽,然后再施以上光蜡。

五、汽车改装与形象设计

1. 防爆太阳膜的装贴

太阳膜除了能降低车内温度,减轻空调的负担之外,还能起到车辆装饰美容的作用。太阳膜的主要特性有透光性、防眩光性和抗光线折射性。

汽车防爆太阳膜的粘贴施工要求较高,必须按特定工序进行,其基本步骤如下。

1)贴膜前准备

清洗玻璃和窗框是贴膜前的重要准备环节。清洁时要使用专门的玻璃清洁剂,在清除灰尘的同时,还要求彻底清除玻璃上附着的污物,这道工序通常配合专用贴膜刮板共同完成。

另外,要注意玻璃橡胶压条缝隙的清洁。

2)裁出适合窗户的太阳膜

根据汽车待贴玻璃的形状,裁剪防爆太阳膜。剪裁时先准备各车型玻璃样板。一般汽车美容企业应配备常见车型的玻璃形状样板。

3)贴膜

(1)进一步清洁待贴玻璃。

(2)做好玻璃与太阳膜的对中标志。若玻璃有一定的弧度,可用热风枪收缩太阳膜。

(3)从一角稍撕开黏着的衬垫,撕掉衬垫的同时用水性黏结剂喷湿胶面,这样可以减少胶的黏性,并容易弄下静电引起的附着物。

(4)从玻璃中部向边角变化较多部位逐步刮贴,刮除玻璃与太阳膜之间的液泡和气泡。

2. 汽车底盘装甲

底盘装甲的学名是底盘防撞防锈隔音涂层,又称底盘封塑,是使用柔性橡胶树脂,或由橡胶、沥青、石蜡、矿物油为基础的复合涂剂，喷涂在车辆底盘、轮毂、油箱、汽车下围板、行李舱等暴露部位，快速干燥后形成一层牢固的弹性保护层。

底盘装甲具有如下功能特点。

（1）底盘防腐蚀。汽车的锈蚀均从底盘开始。南方本来多潮湿天气，加上每次洗车污水会残留在底部，长久下去就会形成潜在的腐蚀因素，对汽车造成伤害。汽车进行底部养护后，即便是酸雨、融雪剂、洗车碱水都无法侵蚀透这层防护膜。

（2）防石击。车辆在行驶的过程中，会溅起小石子，石子冲击底板的力量与车速成正比，漆膜一旦被击破，锈蚀便从疵点开始并从铁板内部缓慢扩大。

（3）防振。发动机、车轮均固定在汽车地板上，它们的振动在某一频率上会与底板产生共鸣，使人产生不舒适的感觉，底部防护会消除这种共鸣。

（4）隔热省油。进入夏季，打开车内空调冷气向下沉，而车外的地面热气向上升，冷热空气大多集中在车辆的地板上进行交换。汽车底部养护后，其膜内的蜂窝状组织吸音因子将冷热彻底隔离。

（5）隔声降噪。车辆行驶在快速路上，胎噪与速度成正比，车辆具有完好的底部防护能大大降低车内的噪声。

（6）防拖底。底部保护材料的厚度可达 1.5～2.5mm，当底部被路面突起剐蹭时，将减轻对底盘的伤害。

（7）节省维修成本。因为底盘支撑着汽车四大系统，保护底盘等于保护了上面的各个系统，节省了为此而产生的一系列维修费用。通常，新车使用三年左右，就会发生锈蚀。

第九章　汽车的检测诊断与审验

汽车的检测诊断指在不解体情况下，判明汽车或总成的技术状况、查明故障部位及原因的技术。近年来，汽车检测诊断技术在汽车制造厂、汽车运输部门、汽车维修行业、车辆安全管理部门得到了广泛应用。汽车新产品的性能鉴定、在用汽车技术等级的评定、维修过程中的检测诊断、维修竣工后的验收及维修质量检测、车辆安全性能年度审验等，都离不开检测诊断技术。

由此可见，车辆的检测诊断是保证运行车辆技术状况的重要手段，也是实现运输车辆行业管理的关键。车辆检测应贯彻预防为主和技术与经济相结合的原则，实行"定期检测"。车辆的检测诊断，对于保持运输行业车辆技术状况良好，减小零部件及总成故障率，延长车辆使用寿命，降低维修费用，保证安全运输生产，提高经济效益、社会效益、环境效益，有着十分重要的作用。

第一节　车辆检测诊断的概述

一、运输车辆检测诊断的作用

运输车辆检测诊断技术，就是应用必要的仪器设备，准确、迅速地确定车辆的技术状况、工作能力，查明故障的部位及原因。因而，推广车辆检测诊断技术，是检查、鉴定车辆技术状况，监督车辆正确使用和维修质量的重要手段，是促进维修技术发展，实现视情修理的重要保证，是推进汽车运输现代化管理的一项重要措施。

为了推进汽车运输业现代化管理，各地交通运输管理部门和运输单位都应积极组织推广检测诊断技术。交通运输管理部门组织推广检测诊断技术，应面向汽车运输业，以提高社会效益为主要宗旨；运输单位应视其规模和能力大小，首先立足于适应本单位车辆检测诊断的需要，通过对车辆的检测诊断后，对症采取各种有效措施，以保持车辆技术状况良好，保证安全生产，充分发挥运输车辆的效能和降低运行消耗，在提高企业经济效益的同时，增进社会效益。大中型汽车运输单位应积极创造条件，配备检测诊断设备；小型运输单位没有条件时，也可与其他单位合作，开展汽车检测工作。

二、运输车辆检测诊断的主要内容

车辆检测诊断的主要内容包括：汽车的安全性（制动、侧滑、转向、前照灯等）、可靠性（异响、磨损、变形、裂纹等）、动力性（车速、加速性能、底盘输出功率、发动机功率、转矩和供给系统、点火系统状况等）、经济性（燃油消耗）及噪声和废气排放状况等。

凡可对车辆进行上述全部或多种性能检测，统称综合性能检测。能承担车辆综合性能检测的检测站即为综合性能检测站,只测定某种性能的检测站为单一性能检测站。在车辆检测诊断工作中所用的设备称为检测诊断设备。检测诊断设备与一般检测仪具的基本区别,主要是能否在汽车或者总成不解体状况下确定其工作能力和技术状况,以及查明故障或隐患的部位和原因。

三、运输车辆技术状况监控体系的建立

汽车运输业车辆检测制度的制定和汽车综合性能检测站的建设,是车辆技术状况监控体系的重要内容。

1. 车辆检测制度的制定

根据《汽车运输业车辆技术管理规定》,各省、自治区、直辖市交通运输厅(局)应负责制定本地区的汽车运输业车辆检测制度,并在车辆全过程综合管理工作中,推广检测诊断技术,实行定期检测,建立车辆技术状况监控体系。这也是贯彻预防为主和技术与经济相结合原则的重要环节。

为保证汽车检测诊断技术能够被广泛采用,充分发挥已有检测诊断设备的功能,并为社会所承认,必须发挥政府主管部门的管理职能,形成制度。因此,各交通运输厅(局)应从辖区实际情况出发,根据运输单位从事运输的性质,区别营运车与非营运车、载客车与载货车、专业运输车、机关单位车与个体运输车,并考虑这些车辆的使用条件和强度以及老旧程度等多种因素,建立适合本地区情况的车辆行业管理检测制度,以确保车辆技术状况良好。检测制度可以规定:对营运车辆按行驶里程或行驶时间,实行定期或不定期检测;对非营业性运输车辆实行不定期检测;对维修车辆实行质量抽检。检测项目应满足综合性能检测的要求,并要建立管理制度,严格执行检测标准。

2. 汽车综合性能检测站的建设

建设汽车综合性能检测站是加强车辆技术管理的重要措施。各省、自治区、直辖市交通运输厅(局)是汽车综合性能检测站的主管部门,其职责是:

负责规划、管理和监督,以使汽车综合性能检测站与车辆检测诊断工作协调发展,布局合理,避免盲目性;制定本地区的行业检测标准和检测制度;以及对汽车综合性能检测站的检测条件、检测质量和管理水平等进行管理和监督。

各省、自治区、直辖市交通运输厅(局)应对汽车综合性能检测站进行认定。经认定后的检测站,可代表交通运输管理部门对车辆行驶质量监控。目前,我国已初步形成了全国性的车辆综合性能检测网络,为适应车辆综合性能检测的要求,交通运输厅(局)应根据《汽车综合性能检测站能力的通用要求》(GB/T 17993—2005)的有关规定,对已经建成的汽车综合性能检测站进行认定。在认定过程中,应对提出认定申请的汽车综合性能检测站,会同当地有关部门对其装备设施、工艺布置、计量仪具、人员组成、管理制度等逐项进行审查认定。对认定合格后的检测站,由当地交通厅(局)发给"检测许可证"。

汽车综合性能检测站经认定后,交通运输管理部门应根据运输车辆检测制度,组织运输和维修车辆进行检测。各交通运输管理部门要充分发挥汽车综合性能检测站的作用,以保证公路运输车辆技术状况良好,使运输单位和个人能取得良好的经济效益和社会效益。汽车综合性能检测站应积极配合,完成交通运输管理部门下达的车辆检测任务。经认定的汽

车综合性能检测站在车辆检测后,应发给检测结果证明。在交通运输管理部门的行业管理工作中,审批经营资格的一项重要依据,就是运输单位投入营运的车辆技术状况是否良好,以及维修车辆的维修质量是否合格。因此,交通运输管理部门应将经认定的汽车综合性能检测站签发的检测结果证明,作为发放或吊扣营运证和确定维修经营资格的一项主要依据,从而达到对运输单位和维修单位实行行业管理的目的。

各类汽车检测站的职责、检测内容和车辆检测标准等有关内容可参阅本章第三节。

第二节　车辆年检和审验的分类

《中华人民共和国道路交通安全法》规定:"申请机动车登记时,应当接受对该机动车的安全技术检验";"对登记后上道路行驶的机动车,应当依照法律、行政法规的规定,根据车辆用途、载客载货数量、使用年限等不同情况,定期进行安全技术检验"。

中华人民共和国交通部《汽车运输业车辆技术管理规定》要求:"各省、自治区、直辖市交通厅(局)应建立运输业车辆检测制度。根据车辆从事运输的性质、使用条件和强度以及车辆老旧程度等,进行定期或不定期检测,确保车辆技术状况良好,并对维修车辆实行质量监控";并规定:"经认定的汽车综合性能检测站在车辆检测后,应发给检测结果证明,作为交通运输管理部门发放或吊扣营运证依据之一和确定维修单位车辆维修质量的凭证"。

因此,机动车辆必须按照车辆管理部门的规定定期进行检验(一般一年一次,也有一年二次或数次的),其中营运车辆还必须根据交通运输管理部门制定的车辆检测制度,对车辆的技术状况进行检测诊断。

1. 根据车辆参加检验的时间要求分类

根据车辆参加检验的时间要求,可分为年检和临时性检验两类。

1)年检

年检指按照车辆管理部门规定的期限对在用车辆进行的定期检验,或根据交通运输管理部门制定的车辆检测制度对在用车辆进行的定期检测。

车辆年检的目的是检验车辆的主要技术性能是否满足《机动车运行安全技术条件》(GB 7258—2012)和《营运车辆综合性能要求和检验方法》(GB 18565—2001)的规定,督促车属单位对车辆进行维修和更新,确保车辆具有良好的技术状况,消除事故隐患,确保行车安全;同时,使车辆管理部门全面掌握车辆分类和技术状况的变化情况,以便加强管理。

2)临时性检验

临时性检验指除对车辆年检和正常检验之外的车辆检验。车辆临时性检验的内容与年检基本相同,其目的是评价车辆性能是否满足《机动车运行安全技术条件》(GB 7258—2012)和《营运车辆综合性能要求和检验方法》(GB 18565—2001)的要求,以确定其能否在道路上行驶,或车辆技术状况是否满足参加营运的基本要求。

(1)在用车辆参加临时性检验的范围:

①申请领取临时号牌(如:新车出厂、改装车出厂)的车辆。

②放置很长时间,要求复驶的车辆。

③遭受严重损坏,修复后准备投入使用的车辆。

④挂有国外、港澳地区号牌,经我国政府允许,可进入我国境内短期行驶的车辆。
⑤车辆管理部门认为有必要进行临时检验的车辆(如:春运期间、交通安全大检查期间)。

(2)营运车辆在下述情况下,应按交通运输管理部门的规定,参加临时性检测:
①申请领取营运证的车辆。
②经批准停驶的车辆恢复行驶前。
③经批准封存的车辆启封使用时。
④改装和主要总成改造后的车辆。
⑤申请报废的车辆。
⑥其他车辆检测诊断服务。

2.根据检测项目和检测目的分类

根据检测项目和检测目的,车辆年检和审验可分为以下类别。

1)安全性能检测

安全性能检测以涉及汽车安全与环保的项目为主要检测内容。对汽车实行定期和不定期的安全性能检测诊断,目的在于确保汽车具有符合要求的外观、良好的安全性能和符合污染物排放标准的排放性能,以强化汽车的安全管理。

2)综合性能检测

综合性能检测指对汽车的安全性、动力性、经济性、可靠性、噪声和废气排放状况等进行的全面检测。对汽车实行定期和不定期的综合性能检测诊断,目的是在不解体情况下,确定运输车辆的工作能力和技术状况,对维修车辆实行质量监督,以保证运输车辆的安全运行,提高运输效能及降低消耗,使运输车辆具有良好的经济效益和社会效益。

3)汽车故障检测

对故障汽车进行检测诊断,目的是在不解体(或仅卸下个别小件)情况下,查出故障的确切部位和产生的原因,从而确定故障的排除方法,提高排除汽车故障的效率,使汽车尽快恢复正常使用。

4)汽车维修检测诊断

维修检测以汽车性能检测和故障诊断为主要内容。其目的是对汽车维修前进行技术状况检测和故障诊断,据此确定附加作业和小修项目以及是否需要大修,同时对汽车维修后的质量进行检测。

根据交通部《汽车运输业车辆技术管理规定》的要求,汽车定期检测诊断应结合维护定期进行,以此确定维护附加项目,掌握汽车技术状况变化规律;并通过对汽车的检测诊断和技术鉴定,确定汽车是否需要大修,以实行视情修理;同时,在汽车维修过程中,利用设置在某些工位上的诊断设备,可使检测诊断和调整、维修交叉进行,以提高维修质量;对完成维护或修理的车辆进行性能检测和诊断,并对维修质量进行检验。

5)特殊检测

特殊检测指为了不同的目的和要求对在用车辆进行的检验。在检验的内容和重点上与上述各类检测有所不同,故称为特殊检测。主要包括:

(1)改装或改造车辆的检测。为了不同的使用目的,在原车型底盘的基础上改制成其他用途的车辆后,因其结构和使用性能变更较大,车辆管理部门在核发号牌及行车执照时,应对其进行特殊检验。包括汽车主要总成改造后的车辆的检测;有关新工艺、新技术、新产品,以及节能、科研项目等的检测、鉴定。

(2)事故车辆的检测。对发生交通事故并有损伤的车辆进行检测,一方面是为了分析事故原因,分清事故责任;另一方面是为了查找车辆的故障,确定汽车的技术状况,以保证再行车的安全。

(3)外事车辆的检验。为保证参加外事活动车辆的技术状况,防止意外事故发生,必须对车辆的安全性能和其他有关性能进行检验。

(4)其他检测。接受公安、商检、计量、保险等部门的委托,进行有关项目的检测。

第三节 汽车检测站

汽车检测站是综合利用检测诊断技术从事汽车检测诊断工作的场所。汽车检测和审验工作是在其有若干必需的技术装备、并按一定工艺路线组成的汽车检测站进行的。根据检测站的服务对象和检测内容,可分为汽车安全检测站、汽车综合性能检测站和汽车维修检测站三类。

一、汽车安全检测站

根据国家质量检验检疫总局第87号令(自2006年5月1日起施行)《机动车安全技术检验机构管理规定》,汽车安全检测站"是指在中华人民共和国境内,依法接受委托,从事机动车安全技术检验,并向社会出具公正数据的机构",机动车安全技术检测"是指根据《中华人民共和国道路交通安全法》及其实施条例规定,按照国家机动车安全技术标准和规程等技术规范要求,对在道路上行驶的机动车进行检验检测的活动"。

汽车安全检测站根据国家有关法规,定期检测车辆的与安全和环境保护有关的项目,一般对反映汽车行驶安全和对环境污染程度的规定项目进行总体检测,并把检测结果与国家有关标准比较,给出"合格"与"不合格"的检测结果,而不进行具体故障的诊断和分析。

汽车安全检测站主要承担下列检测任务:汽车申请注册登记时的初次检验;汽车定期检验;汽车临时检验;汽车特殊检验,包括事故车辆、外事车辆、改装车辆和报废车辆等的技术检验。

汽车安全技术检测的方式、工位、项目、常用设备和工具应根据《机动车安全技术检验项目和方法》(GB 21861—2014)确定。汽车安全检测站工艺组织示意如图9-1所示。

二、汽车综合性能检测站

根据《汽车综合性能检测站能力的通用要求》(GB/T 17993—2005)规定,汽车综合性能是指"在用汽车动力性、安全性、燃料经济性、使用可靠性、排气污染物和噪声以及整车装备完整性与状态、防雨密封性等多种技术性能的组合"。汽车综合性能检测站指"按照规定的程序、方法,通过一系列技术操作行为,对在用汽车综合性能进行检测(验)评价工作并提供检测数据、报告的社会化服务机构"。汽车综合性能检测站能对汽车的安全性、可靠性、动力性、经济性、噪声和废气排放状况等进行全面的检测,可代表交通运输管理部门对车辆的技术状况和维修质量进行监控,保证车辆运行安全,提高运输效率,降低运行消耗。汽车综合性能检测站的服务功能为:

(1)依法对营运车辆的技术状况进行检测。

(2)依法对车辆维修竣工质量进行检测。

(3)接受委托,对车辆改装(造)、延长报废期及其相关新技术、科研鉴定等项目进行检测。

(4)接受交通、公安、环保、商检、计量、保险和司法机关等部门、机构的委托,为其进行规定项目的检测。

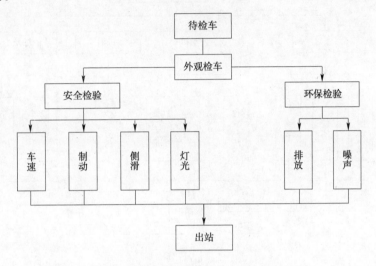

图9-1　汽车安全检测站工艺组织示意图

汽车综合性能检测站的主要检测项目和仪器设备可根据《汽车综合性能检测站能力的通用要求》(GB/T 17993—2005)确定。汽车综合性能检测站工艺组织示意如图9-2所示。

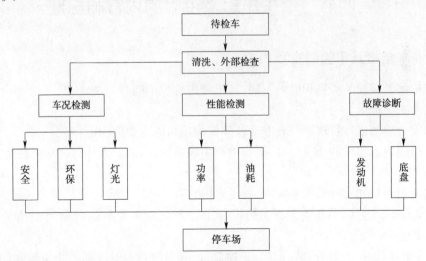

图9-2　汽车综合性能检测站工艺组织示意图

三、汽车维修检测站

汽车维修检测站是为汽车维修服务的检测站,其任务是:对二级维护前的汽车进行技术状况检测和故障诊断,以确定附加作业和小修项目;对大修前的汽车或总成进行技术状况检测,以确定其是否达到大修标志需要大修;对维修后的汽车进行技术检测,以监控汽车的维修质量。汽车维修检测站工艺组织示意如图9-3所示。

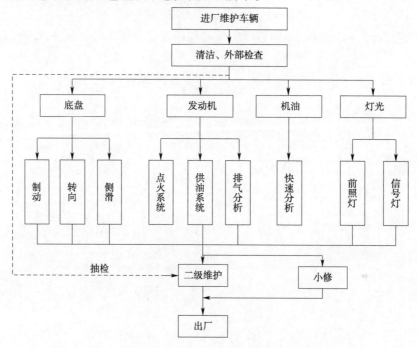

图9-3　汽车维修检测站工艺组织示意图

第四节　汽车年检及审验的内容和标准

一、汽车年检及审验的主要内容

汽车检测及审验的类型和目的不同,其检测内容也不同。

1. 汽车安全检测

汽车安全检测以涉及汽车行驶安全及环保的项目为主要检测内容。

以上检测内容包括的项目很多,根据检测手段不同,一般分为外检和有关性能的检测。

1) 外检

外检通过目检和实际操作来完成,其主要内容有:

(1) 检查车辆号牌、行车执照有无损坏、涂改、字迹不清等情况,校对行车执照与车辆的各种数据是否一致。

(2) 检查车辆是否经过改装、改型、更换总成,其更改是否经过审批及办理过有关手续。

(3) 检查车辆外观是否完好,连接件是否紧固,是否有漏水、漏油、漏气、漏电等现象。

(4)检查车辆整车及各系统是否满足《机动车运行安全技术条件》(GB 7258—2012)所规定的基本要求。

2)性能检测

对汽车有关性能的检测,利用专用汽车检测设备对汽车进行规定项目的检测来完成。根据《机动车安全技术检验项目和方法》(GB 21861—2014)的规定,可分为:转向轮侧滑;制动性能;车速表误差;前照灯性能;废气排放;喇叭声级和噪声6项。

2. 汽车综合性能检测

根据中华人民共和国交通部《汽车运输业车辆技术管理规定》和《营运车辆综合性能要求和检验方法》(GB 18565—2001),汽车综合性能检测的主要内容包括:

(1)汽车的安全性(制动、侧滑、转向、前照灯等)。

(2)可靠性(异响、磨损、变形、裂纹等)。

(3)动力性(车速、加速能力、底盘输出功率、发动机功率、转矩、供给系统、点火系统状况等)。

(4)经济性(燃油消耗)。

(5)噪声和废气排放状况。

其具体检测项目见《道路运输车辆技术等级划分和评定要求》(JT/T 198—2016)。

3. 汽车维修检测

汽车维修检测包括汽车二级维护前的检测和汽车维修质量检测。

1)汽车二级维护前的检测

汽车进行二级维护前,应进行技术状况检测和故障诊断,据此确定二级维护附加作业和小修项目以及是否需要大修。其主要检测内容有:

(1)汽车基本性能。最高车速、加速性能、燃油消耗量、制动性能、转向轮侧滑量、滑行能力等。

(2)发动机技术状况。汽缸压力、机油压力、工作温度、点火系统技术状况、机油质量、发动机异响等。

(3)底盘技术状况。离合器工作状况;变速器、主减速器、传动轴技术状况(密封、工作温度、异响等);车轮、悬架技术状况;车架有无裂伤及各部件铆接状况等。

(4)车辆外观状况检查。车辆装备是否齐全,车身有无损伤,车轴及车架有无断裂、变形及有无"四漏"现象等。

2)维修质量检测

维修质量检测指汽车维修竣工后进行的汽车二级维护质量检测、汽车或发动机大修质量检测。汽车二级维护质量检测的主要内容有:

(1)外观检查。车容整齐,装备齐全,无"四漏"现象等。

(2)动力性能检测。发动机功率或汽缸压力,汽车的加速性能,滑行能力。

(3)经济性能检测。燃油消耗量。

(4)安全性能。转向轮定位和侧滑量,转向盘自由转动量,制动性能,前照灯发光强度及光束照射位置,车速表误差,喇叭声级及噪声等。

(5)废气排放。汽油车急速污染物(CO、HC)排放,柴油车自由加速烟度排放。

(6)异响。发动机和底盘各总成有无异常声响。

汽车或发动机修理质量的检测应根据《汽车大修竣工出厂技术条件 第1部分:载客汽车》(GB/T 3798.1—2005)、《汽车大修竣工出厂技术条件 第2部分:载货汽车》(GB/T 3798.2—2005)、《商用汽车发动机大修竣工出厂技术条件 第1部分:汽油发动机》(GB 3799.1—2005)和《商用汽车发动机大修竣工出厂技术条件 第2部分:柴油发动机》(GB/T 3799.2—2005)进行。

二、汽车年检及审验标准

1. 汽车检测诊断标准的分类

根据来源可把检测诊断标准分为三类:

1)国家标准

指由国家机关制定和颁布的可用于汽车检测诊断的技术标准。这类标准主要涉及汽车行驶安全性和对环境的影响,以及汽车技术状况评价中具有共性的检测项目。汽车检测诊断中常用国家或行业标准、规定主要有:

《机动车运行安全技术条件》(GB 7258—2012);

《营运车辆综合性能要求和检验方法》(GB 18565—2001);

《道路运输车辆技术等级划分和评定要求》(JT/T 198—2016);

《汽车维护、检测、诊断技术规范》(GB/T 18344-2001);

《汽车燃料消耗量试验方法 第1部分:乘用车燃料消耗量试验方法》(GB/T 12545.1—2008);

《商用车辆和挂车制动系统技术要求及试验方法》(GB 12676—2014);

《汽车动力性台架试验方法和评价指标》(GB/T 18276—2000);

《汽车加速行驶车外噪声限值及测量方法》(GB 1495—2002);

《声学 机动车辆定置噪声测量方法》(GB/T 14365—1993);

《点燃式发动机汽车排气污染物排放限值及测量方法(双怠速法及简易工况法)》(GB 18285—2005);

《车用压燃式发动机和压燃式发动机汽车排气烟度排放限值及测量方法》(GB 3847—2005);

《装用点燃式发动机重型汽车燃油蒸发污染物排放限值及测量方法(收集法)》(GB 14763—2005);

《装用点燃式发动机重型汽车曲轴箱污染物排放限值》(GB 11340—2005);

《汽车综合性能检测站能力的通用要求》(GB/T 17993—2005);

《商用汽车发动机大修竣工出厂技术条件 第1部分:汽油发动机》(GB/T 3799.1—2005);

《商用汽车发动机大修竣工出厂技术条件 第2部分:柴油发动机》(GB/T 3799.2—2005);

《汽车大修竣工出厂技术条件 第1部分:载客汽车》(GB/T 3798.1—2005);

《汽车大修竣工出厂技术条件 第2部分:载货汽车》(GB/T 3798.2—2005)。

2)制造厂推荐标准

指由汽车制造厂通过技术文件对汽车某些参数所规定的标准,一般主要涉及汽车的结构参数,如:气门间隙、分电器触点间隙、车轮定位角、点火提前角等。汽车结构参数一般在设计阶段确定,并在样车或样机的台架或运行试验中修订,与汽车的使用可靠性、寿命和经济性有关。

3)企业标准

指汽车运输企业根据不同使用条件对汽车使用情况所制定的标准。这类标准一般与汽车使用经济性和可靠性密切相关,其特点是因使用条件不同而不同。如:在市区与公路、平原与山区不同道路条件下,汽车使用油耗相差很大,不能采用统一的油耗标准;汽车在矿区使用较在公路上使用,润滑油污染速度要快得多,应采用不同的润滑油换油周期。

2. 汽车年检及审验标准

1)汽车安全检测标准

汽车安全检测站受公安机关车辆管理部门的委托对全社会民用车辆进行安全性检测时,所依据的标准是《机动车运行安全技术条件》(GB 7258—2012),以检查机动车辆的整车及各总成、系统的技术状况是否满足有关运行安全的技术要求。

在汽车安全检测的外检过程中,应通过目视检查和实际操作确定车辆整车及各系统是否满足《机动车运行安全技术条件》(GB 7258—2012)所规定的基本要求。

2)汽车综合性能检测标准

经认定的汽车综合性能检测站,在根据交通运输管理部门建立的运输业车辆检测制度,对运输车辆进行定期或不定期检测以及进行车辆技术等级评定时,所依据的主要技术标准有:

《机动车运行安全技术条件》(GB 7258—2012);

《营运车辆综合性能要求和检验方法》(GB 18565—2001);

《道路运输车辆技术等级划分和评定要求》(JT/T 198—2016);

3)汽车维修检测标准

根据汽车维修检测的目的,汽车维修检测依据的技术标准如下:

(1)汽车二级维护检测标准。

汽车二级维护检测所依据的主要技术标准是《汽车维护、检测、诊断技术规范》(GB/T 18344—2001)和汽车制造厂关于汽车使用性能及结构参数的推荐标准。

《汽车维护、检测、诊断技术规范》(GB/T 18344—2001)关于汽车维护作业所规定的主要内容有:

①汽车维护分级和周期;

②日常维护内容和要求;

③一级维护作业内容和要求;

④二级维护基本作业项目;

⑤二级维护检验项目和附加作业项目的确定;

⑥二级维护竣工要求。

依据《汽车维护、检测、诊断技术规范》(GB/T 18344—2001),可进行二级维护前检测,并据此确定二级维护的附加作业项目,同时对汽车二级维护的质量进行监控。

(2)汽车修理质量检测标准。

汽车修理质量检测所依据的主要技术标准有:

《商用汽车发动机大修竣工出厂技术条件 第1部分:汽油发动机》(GB/T 3799.1—2005)。

《商用汽车发动机大修竣工出厂技术条件 第2部分:柴油发动机》(GB/T 3799.2—2005)。

《汽车大修竣工出厂技术条件 第1部分:载客汽车》(GB/T 3798.1—2005)。

《汽车大修竣工出厂技术条件 第2部分:载货汽车》(GB/T 3798.2—2005)。

以上标准规定了汽车整车大修、发动机大修、车身大修质量评定的内容、规则、办法和基本检验技术文件评定及竣工质量评定的评定项目、技术要求、检查方法与手段、评定方法等。

第十章　汽车技术管理

第一节　概　　述

车辆是公路运输的生产工具。采取科学的管理制度和手段,加强车辆的技术管理,是保障车辆技术状况良好的重要手段。

一、车辆技术管理的目的和任务

车辆技术管理的目的:保持车辆技术状况良好,保证安全生产,充分发挥运输车辆的效能和降低运行消耗,以取得良好的经济效益、社会效益和环境效益。其基本任务如下:

(1)制定技术管理制度和贯彻有关技术标准、规范、工艺和操作规程。
(2)采取有效技术措施,保证车辆具有良好的技术状况。
(3)保证行车安全,减轻对环境的危害。
(4)建立和健全车辆技术档案,应做到"及时、完整和准确"。
(5)积极采用新技术、新工艺、新材料、新设备,加强科学研究和技术革新活动。
(6)依靠科技进步,采用现代化管理方法,总结交流推广先进经验,大力节约运行和维修材料,保证达到各项技术经济定额指标的要求,降低运输生产成本。
(7)加强职工安全、法制教育和专业技术培训,提高职工素质。

二、车辆技术管理的原则

车辆技术管理应坚持预防为主和技术与经济相结合的原则,对运输车辆实行择优选配、正确使用、定期检测、强制维护、视情修理、合理改造、适时更新与报废的全过程综合性管理。

1. 择优选配

汽车的择优选配包含择优选购和合理配置两重意思。择优选购是指根据运输生产需要和运行条件,按汽车的适应性、可靠性、经济性、维修性等要求,进行择优选型购置汽车;合理配置是根据所承担运输任务的性质、运量、运距、道路、气候以及油料供应情况等条件,合理配备汽车类型的构成。例如大、中、小型汽车比例;汽、柴油车比例;通用、专用汽车比例等。择优选配车辆的过程,就是技术与经济相结合的过程。

2. 正确使用

车辆使用得好坏,直接影响车辆技术状况、使用寿命、性能的发挥、运行消耗、安全生产和环境保护。因此,车辆使用过程中一定要根据车辆性能、结构和运行条件等,掌握车辆的运用规程,正确使用。盲目追求眼前效益,不维、不修、超载、超拖、超负荷运行是严重违背正确使用要求的。

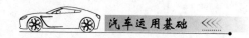

3. 定期检测

建立汽车检测制度,通过综合性能检测站对车辆技术状况进行检测,以此控制车辆的使用、维护、修理、改造、更新和报废。因此,定期检测是汽车技术管理的核心,是实施强制维护、视情修理的前提,是贯彻预防为主和技术与经济相结合原则的重要环节。

4. 强制维护

根据预防为主的原则,对车辆按规定的行驶里程或时间间隔进行强制维护,是为了及时发现和消除故障、隐患,防止车辆早期损坏。强制维护是在计划预防维护的基础上进行状态检测的维护制度,也就是说在执行计划维护时结合状态检测,确定附加维护作业项目。

5. 视情修理

经过检测诊断,根据需要确定车辆修理的时间和项目(包括作业范围、作业深度),既可以防止拖延修理而造成技术状况恶化,又可以避免提前修理造成浪费。只有对车辆进行定期检测,才能实现以技术状况为基础的修理方式,检测诊断技术是实现视情修理的重要保证。视情修理体现了技术与经济相结合的原则,反映了汽车维修技术的发展。

6. 合理改造、适时更新和报废

车辆的合理改造、适时更新和报废是全过程综合性管理不可缺少的部分,是提高运输装备素质和经济效益的重要手段。车辆改造前,必须进行技术经济论证,符合技术上可靠、经济上合理的原则。对在用车辆按提高经济效益、社会效益和环境效益的原则,在适当时候用新车辆或高效率、低消耗、性能先进的车辆予以更换。型号老旧、性能低劣、物料超耗严重、维修费用过高的车辆,再继续使用既不经济又不安全,应按汽车报废标准报废。

车辆技术管理应依靠科技进步,采用现代化管理方法,建立车辆质量监控体系,推广检测诊断和计算机应用等先进技术,开展多种形式的职工教育和专业培训,提高车辆管理水平和技术水平。

车辆技术管理应以管好、用好、修好车辆,提高装备素质,确保运输车辆在使用中的良性循环为核心。

第二节 汽车的基础管理

一、车辆的技术档案

车辆技术档案是对车辆从购置到报废全过程技术管理情况的系统记录。

1. 车辆技术档案的作用

(1)掌握车辆的使用性能,作为正确使用车辆的依据,有利于车辆性能的充分利用和发挥。

(2)掌握车辆技术状况及其变化规律,以便适时组织车辆检测和维修作业,有利于主动保持和及时恢复车辆的技术状况。

(3)掌握车辆运行材料和维修材料、工时的消耗情况,作为制订定额、实行定额管理以及编制材料供应计划的依据,有利于减少人力、物力的消耗。

(4)为改进车辆结构、性能和配件生产以及科学研究工作提供有关技术资料,为汽车制造厂提高产品质量进行信息反馈。

(5)车辆技术档案还是运输行业管理部门发放、审核营运证的依据之一。

2. 车辆技术档案的内容

车辆技术档案一般包括车辆基本情况和主要性能、车辆运行使用情况、检测和维修情况、车辆技术状况和事故处理情况等方面的记录。主要内容有：

(1)车辆基本情况和主要性能：记载车辆的装备、主要性能、总成改装等情况。

(2)车辆运行使用情况：记载车辆的行驶里程、燃料消耗、轮胎使用等情况。

(3)检测和维修情况：记载车辆检测时间、检测内容、检测结果；记载车辆各级维护和小修情况；记载车辆和总成大修情况。

(4)车辆技术状况：记载车辆技术等级评定日期和评定等级。

(5)事故处理情况：记载车辆机械事故发生的状况、原因和处理情况。

车辆技术档案的格式由各省、自治区、直辖市交通厅(局)统一制定。

3. 车辆技术档案的建立和管理

(1)车辆技术档案应逐车建立，做到有车即有档。新车未建档或档案不完整，不允许运行。

(2)车辆技术档案实行专人负责、分级管理。基层运输单位的车管技术员是技术档案的具体负责人，负责档案的填写、保管和资料分析报告，各级技术管理部门负责检查督促。各省、自治区、直辖市运输管理部门只建立反映车辆基本情况和性能等情况的车辆台账。

(3)车辆技术档案的记载应做到及时、完整和准确。及时是指档案中规定的内容要按时记载，不得拖延；完整是要按规定内容和项目要求填写，一项不漏，不留空白；所谓准确，就是真实可靠。

(4)为了更好地发挥车辆技术档案为生产服务的作用，各级技术管理部门应建立定期分析报告制度。

二、车辆的装备

(1)车辆的经常性装备应符合《机动车运行安全技术条件》(GB 7258—2012)、《汽车及挂车外部照明和光信号装置的安装规定》(GB 4785—2007)、《汽车、挂车及汽车列车外廓尺寸、轴荷及质量限值》(GB 1589—2016)、《客车结构安全要求》(GB 13094—2007)、《货运全挂车通用技术条件》(GB/T 17275—1998)和《半挂车通用技术条件》(GB/T 23336—2009)、《厢式挂车技术条件》(JT/T 389—2010)等标准的有关规定，并保证齐全、完好，不得任意增减。

(2)车辆在特殊运行条件下使用时，应根据需要配备保温、预热、防滑、牵引等临时性装备。

(3)车辆运输超长、超宽、超高或保鲜等特殊物资时，应根据需要增加临时性装备。

(4)运输危险货物的车辆装备，应符合交通运输部《汽车运输危险货物规则》(JT 617—2004)的有关规定。

车辆的经常性装备要严格按的国家标准和行业标准的有关规定配备，以保证装备的统一性和完整性；强调车辆运行的安全性；要按《汽车运输业车辆技术管理规定》的要求制定有关管理办法,以保证装备的完好。

三、车辆技术状况等级鉴定

交通运输管理部门和运输单位应定期进行车辆技术状况综合鉴定,核定其技术状况等级,以掌握车辆的技术状况,有计划地安排与组织维修工作,不断提高车辆素质。车辆技术状况等级鉴定要遵循下列规定:
(1)各省、自治区、直辖市交通厅(局)应制定车辆技术状况鉴定制度。
(2)各级交通运输管理部门负责车辆技术状况等级鉴定的组织和监督检查。
(3)运输单位应按规定做好车辆技术状况等级的鉴定工作。
(4)车辆技术状况等级的鉴定,至少每半年进行一次。
营运车辆技术状况等级划分标准和评定方法,参见第七章第三节。

第三节 汽车的维护和修理

汽车维护与修理指在汽车使用过程中,为维持和恢复汽车的技术状况,保持汽车的工作能力,所采取的技术措施。车辆维护和修理应贯彻预防为主和技术与经济相结合的原则,实行"强制维护、视情修理"的方针。

一、汽车维护与修理的概念

汽车维护是保持车容整洁,及时发现和消除故障及其隐患,防止车辆早期损坏的技术作业;汽车修理是消除故障及其隐患,恢复汽车的工作能力和良好技术状况的技术作业。

车辆维护应贯彻预防为主、定期检测、强制维护的原则,即车辆维护必须遵照交通运输管理部门规定的行驶里程或间隔时间,按期强制执行,不得拖延,并在维护作业中遵循车辆维护分级和作业范围的有关规定,保证维护质量。

车辆修理应贯彻视情修理的原则,即根据车辆检测诊断和技术鉴定的结果,视情按不同作业范围和深度进行,既要防止拖延修理造成车况恶化,又要防止提前修理造成浪费。

二、汽车维护和修理的作用

通过技术维护,可以使汽车的技术状况不再下降或延缓下降速率。所应达到的要求如下:汽车经常处于技术状况良好状态,可以随时出车;在合理使用的前提下,不致因中途损坏而停车,以及因机械故障而影响行车安全;在运行过程中,降低燃料、润滑油以及配件和轮胎的消耗;各总成的技术状况应保持均衡,以延长汽车大修间隔里程;减轻车辆噪声和排放污染物对环境的污染。

汽车使用过程中,在载荷和外界环境的共同作用下,因磨损、疲劳、腐蚀、变形、老化等原因,其零部件的技术状况不断下降或受到损伤,使汽车的使用性能下降或将要下降。但若损伤和下降的程度还在可恢复的范围内,就可以通过修理,将其技术状况恢复到完好技术状况。

三、汽车维护制度

车辆维护应遵照交通管理部门规定的行驶里程或间隔时间,按期强制执行。汽车维护分为日常维护(亦称例行维护)、一级维护、二级维护,以及根据实际需要进行的走合维护、换季维护和 I/M 维护等。

汽车维护主要作业内容包括清洁、润滑、检查、补偿、紧定、调整等。

1. 汽车维护的分类和作业内容

1) 日常维护

日常维护是以清洁、补给和安全检视为中心内容,其目的是维持车容、车态,使车辆处于正常工作状况,保证正常运行。日常维护是由驾驶人负责执行的日常性作业。

2) 一级维护

除执行日常维护作业外,以清洁、润滑、紧固为中心内容,并检查有关制动、操纵等安全部件,其目的是消除车辆行驶一定里程后出现的某些不正常现象,保持正常运行状况。一级维护由专业维修工负责执行。

3) 二级维护

除执行一级维护作业外,以检查、调整为中心,并拆检轮胎,进行轮胎换位。其目的是对行驶一定里程的车辆进行较深入的技术状况检查和调整,以维持其使用性能,以使车辆的安全性、动力性和经济性达到使用要求。实施二级维护前,应对汽车进行检测诊断和技术鉴定,并据此确定附加作业或小修项目,结合二级维护一并进行,以消除发现的故障和隐患。二级维护也由专业维修工负责执行。

4) 走合和换季维护

新车或大修后的汽车要进行走合维护;在春秋季末,为适应季节变换,应进行季节性维护。季节性维护可结合定期维护进行。

2. 汽车维护周期

汽车各级维护周期,指汽车进行同级维护之间的间隔期。

日常维护的周期为出车前、行驶中和收车后。

汽车一、二级维护周期的确定,应以汽车的行驶里程为基本依据。其维护周期应根据车辆使用说明书的有关规定,同时依据使用条件的不同,参考维护作业项目及其合理维护周期,由各省级行政主管部门规定。对于不便使用行驶里程统计、考核的汽车,用行驶时间间隔确定一、二级维护周期。其时间(天)间隔可依据汽车使用强度和条件,参照汽车一、二级维护里程周期确定。

二级维护的间隔里程一般是一级维护间隔里程的 4~5 倍。

季节性维护分为夏季维护和冬季维护,夏季维护在春季末,而冬季维护在秋季末。季节性维护一般结合定期维护进行。

四、汽车修理制度

车辆修理应贯彻视情修理的原则,即根据车辆检测诊断和技术鉴定的结果,视情按不同作业范围和深度进行。

1. 汽车修理的分类

车辆修理分为车辆大修、总成大修、车辆小修、零件修理四类。

1) 车辆大修

新车或经过大修后的车辆,在行驶一定里程(或时间)后,经过检测诊断和技术鉴定,用修理或更换车辆任何零部件的方法,恢复车辆的完好技术状况,完全或接近完全恢复车辆寿命的恢复性修理。

2) 总成大修

车辆的总成经过一定使用里程(或时间)后,用修理或更换总成任何零部件(包括基础件)的方法,恢复其完好技术状况和寿命的恢复性修理。通过总成大修,使汽车各总成的工作寿命趋于平衡,延长汽车大修间隔里程。

3) 车辆小修

用修理或更换个别零件的方法,保证或恢复车辆工作能力的运行性修理。主要目的是消除车辆在运行过程或维护作业过程中发生或发现的故障或隐患。

4) 零件修理

对因磨损、变形、蚀损、断裂等失效而不能继续使用的零件所进行的加工性修理。其目的是在符合经济性原则的前提下,利用矫正、喷镀、电镀、堆焊、机械加工等修复方法对零件进行修复,以恢复其使用性能。

2. 汽车和总成大修标志

要确定车辆及其总成是否需要大修,必须掌握车辆和总成的大修标志。

1) 汽车大修送修标志

客车以车厢为主,结合发动机总成;货车以发动机总成为主,结合车架总成或其他两个总成符合大修条件。

2) 挂车大修送修标志

(1) 挂车车架(包括转盘)和货箱符合大修条件。

(2) 定车牵引的半挂车和铰接式大客车,按照汽车大修的标志与牵引车同时进厂大修。

3) 总成大修送修标志

(1) 发动机总成:汽缸磨损,圆柱度达到 0.175~0.250mm 或圆度已达到 0.050~0.063mm(以其中磨损量最大的一个汽缸为准)。最大功率或汽缸压力较标准降低25%以上;燃料和润滑油消耗量显著增加。

(2) 车架总成:车架断裂、锈蚀、弯曲、扭曲变形超限,大部分铆钉松动或铆钉孔磨损,必须拆卸其他总成后才能进行校正、修理或重铆、方能修复。

(3) 变速器(分动器)总成:壳体变形、破裂、承孔磨损超限,变速齿轮及轴恶性磨损、损坏,需要彻底修复。

(4) 后桥(驱动桥、中桥)总成:桥壳破裂、变形,半轴套管承孔磨损超限,减速器齿轮恶性磨损,需要校正或彻底修复。

(5) 前桥总成:前轴裂纹、变形,主销承孔磨损超限,需要校正或彻底修复。

(6) 客车车身总成:车厢骨架断裂、锈蚀、变形严重,蒙皮破损面积较大,需要彻底修复。

(7) 货车车身总成:驾驶室锈蚀、变形严重、破裂,或货箱纵、横梁腐朽,底板、栏板破损面积较大,需要彻底修复。

3. 车辆和总成送修规定

(1)车辆和总成送修时,承修单位与送修单位应签订合同,商定送修要求、修理车日和质量保证等。合同签订后必须严格执行。

(2)车辆送修时,应具备行驶功能,装备齐全,不得拆换。

(3)总成送修时,应在装合状态,附件、零件均不得拆换和短缺。

(4)肇事车辆或因特殊原因不能行驶和短缺零部件的车辆,在签订合同时,应作出相应的规定和说明。

(5)车辆和总成送修时,应将车辆和总成的有关技术档案一并送承修单位。

4. 修竣车辆和总成的出厂规定

(1)送修车辆和总成修竣检验合格后,承修单位应签发出厂合格证,并将技术档案、修理技术资料和合格证移交送修单位。

(2)车辆或总成修竣出厂时,不论送修时的装备(附件)状况如何,均应按照有关规定配备齐全。发动机应安装限速装置。

(3)接车人员应根据合同规定,就车辆或总成的技术状况和装备情况等进行验收,如发现确有不符合竣工要求的情况时,承修单位应立即查明,及时处理。

(4)送修单位必须严格执行车辆走合期的规定,在保证期内因修理质量发生故障或提前损坏时,承修单位应优先安排,及时排除,免费修理。如发生纠纷,由维修管理部门组织技术分析,进行仲裁。

第四节 汽车的更新和报废

一、车辆更新

1. 车辆更新的概念

以新车辆或高效率、低消耗、性能先进的车辆更换在用车辆,称为车辆更新。既包括用同类型新车辆或性能优越的车辆(高效率、低消耗、性能先进的汽车或吨位构成更为合理的车辆)更换尚未达到报废条件的性能较差的车辆,也包含已达到报废条件的车辆的更新。

车辆更新应以提高运输经济效益和社会效益为原则,应进行可行性论证,并以更新理论为指导。车辆更新应以经济寿命为依据,但还要考虑更新车的来源、更新资金、车辆保有量以及折旧率和成本等因素。

凡符合下列条件之一者,应该考虑进行更新:

(1)燃料消耗高于原生产厂规定值的20%。

(2)行驶里程达 50×10^4 km,经过三次大修。

(3)大修费达到汽车原值的二分之一。

(4)老旧,无配件来源。

2. 汽车更新时刻的确定

车辆最佳更新期的确定方法有多种,下面以低劣化数值法和面值法为例说明经济寿命的确定方法。

1）低劣化数值法

随着汽车使用年限的增长和行驶里程的增加，汽车的技术性能下降，其经营费用主要因燃料费和维修费的增加而增大。汽车燃料消耗量、维修费与使用年限的关系分别如图10-1、10-2所示。

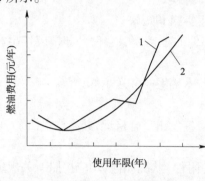

图10-1 燃料消耗与使用年限的关系曲线
1-实际使用油耗曲线；2-理论油耗曲线

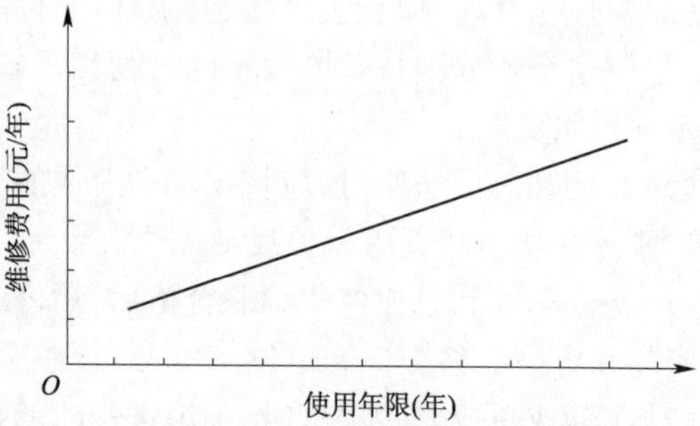

图10-2 维修费用与使用年限的关系

劣化费是因汽车使用性能下降而引起的费用，其中维修费和燃料费增加是最明显的。

设 b 为年平均劣化费增加值，则第二年劣化费为 b，第三年为 $2b$……第 n 年为 $(n-1)b$。显然，各年的劣化费构成一等差数列，年平均劣化费 b_m 为：

$$b_m = \frac{(n-1)b}{2}$$

用平均折旧法，年均折旧费 g 为：

$$g = \frac{I_0 - C}{n}$$

以上式中：I_0——汽车的原值，元；
　　　　　C——汽车的残值，元；
　　　　　n——汽车使用年限，年。

投资利息数值为每年的汽车净值与利率的乘积。各年汽车投资利息也构成一等差数列，其首项为 $I_0 \cdot i$，末项为 $C \cdot i$，年均投资利息 I 为：

$$I = \frac{(I_0 + C)i}{2}$$

式中：i——年利率，%。

这样，年平均总费用 U 为：

$$U = \frac{(n-1)b}{2} + \frac{I_0 - C}{n} + \frac{(I_0 + C)i}{2}$$

汽车使用至经济使用寿命时，其年平均总费用最小。将上式对使用年限 n 求导数并令其为零，得：

$$\frac{dU}{dn} = \frac{b}{2} - \frac{I_0 - C}{n^2} = 0$$

从中可解出汽车的经济使用年限，若记作 n_p。则：

$$n_p = \sqrt{\frac{2(I_0 - C)}{b}}$$

已知汽车的原值 I_0，残值 C 和年平均劣化费增加值 b，即可求出汽车的最佳更新年限。

确定 b 时，需根据汽车经营费用的历史统计数据进行回归分析，研究汽车经营费与使用年限间的关系。回归方程为：

$$y = a + bx$$

式中：y——因变量，此问题中为年经营费用，元；

x——自变量，此问题中为使用年度，元；

a——待定常数；

b——待定常数，此问题中为年平均劣化费增加值。

待定常数 a、b 表示为：

$$a = \frac{1}{n}\sum_{i=1}^{m} y_i - b\frac{1}{n}\sum_{i=1}^{m} x_i$$

$$b = \frac{n\sum_{i=1}^{n} x_i y_i - \left(\sum_{i=1}^{n} x_i\right)\left(\sum_{i=1}^{n} y_i\right)}{n\sum_{i=1}^{n} x_i^2 - \left(\sum_{i=1}^{n} x_i\right)^2}$$

式中：n——数据统计年限，年。

若 n 为奇数，把坐标纵轴平移至中间，使 $\sum x_i = 0$，则有：

$$a = \frac{1}{n}\sum_{i=1}^{n} y_i$$

$$b = \frac{\sum_{i=1}^{n} x_i y_i}{\sum_{i=1}^{n} x_i^2}$$

因此，只要求得 $\sum y_i$、$\sum x_i y_i$、$\sum x_i^2$，即可求出 a、b 的数值。

解出 b 的大小，将其代入汽车经济使用寿命 n_p 的计算公式，即可求出 n_p 并据此确定汽车最佳更新年限。

【例 10-1】 某汽车原值为 80000 元，残值为 8000 元，使用前 7 年经营费用历史数据见表 10-1，该车的最佳更新年限为多少？

年经营费用历史数据　　　　　　　　表 10-1

使用年限（年）	1	2	3	4	5	6	7
经营费用（元）	6000	6000	7000	8000	9000	12000	15000

解：以自变量 x 为使用年限，因变量 y 为经营费，经计算列出表 10-2。

$$a = \frac{1}{n}\sum_{i=1}^{n} y_i = \frac{63000}{7} = 9000（元）$$

$$b = \frac{\sum_{i=1}^{n} x_i y_i}{\sum_{i=1}^{n} x_i^2} = \frac{41000}{28} = 1464.3（元）$$

利用年平均劣化费增加值，即可求得汽车最佳更新年限（经济使用年限）n_p：

$$n_{\mathrm{p}} = \sqrt{\frac{2(I_0 - C)}{b}} = \sqrt{\frac{2(80000 - 8000)}{1464.3}} = 9.92(\text{年})$$

$\sum_{i=1}^{n} x_i$、$\sum_{i=1}^{n} y_i$、$\sum_{i=1}^{n} x_i y_i$、$\sum_{i=1}^{n} x_i^2$ 计算表   表 10-2

n	y_i	x_i	$x_i y_i$	x_i^2
第 1 年	6000	−3	−18000	9
第 2 年	6000	−2	−12000	4
第 3 年	7000	−1	−7000	1
第 4 年	8000	0	0	0
第 5 年	9000	1	9000	1
第 6 年	12000	2	24000	4
第 7 年	15000	3	45000	9
$N = 7$	$\sum_{i=1}^{n} y_i = 63000$	$\sum_{i=1}^{n} x_i = 0$	$\sum_{i=1}^{n} x_i y_i = 41000$	$\sum_{i=1}^{n} x_i^2 = 28$

2) 面值法

面值法是以设备的有形损耗理论为基础的确定设备最佳更新期的方法。面值法以车辆的账面数据作为分析的依据,以同类型车辆的统计资料,进行分析计算来确定从理论上讲,年总费用最低的使用年限就是经济寿命。

【例 10-2】 某汽车运输企业购买一批车辆,单价是 60000 元,同类车型各年经营费用和年末估计净值见表 10-3,其理论最佳更新期为多少年?

同类车型经营费用和净值   表 10-3

年限	1	2	3	4	5	6	7
年经营费用(元)	10000	12000	14000	18000	23000	28000	34000
年末净值(元)	30000	15000	7500	3750	2000	2000	2000

解: 累计年经营费用(又称年维持费用)由表 10-3 各年经营费用累加得到,累计折旧费由车辆投资总额减去各年年末车辆净值得到,年均总费用为累积年经营费与累计折旧费之和除以年数。年均总费用见表 10-4。由表 10-4 可知,取年均总费用最低的年限为车辆最佳经济更新年限,即为 5 年。

同类车型年均总费用计算表   表 10-4

年限	1	2	3	4	5	6	7
累积年经营费用(元)	10000	22000	36000	54000	77000	105000	139000
累计折旧费(元)	30000	45000	52500	46250	58000	58000	58000
年均总费用(元)	40000	33500	29500	27563	27000	27167	28143

二、车辆报废

车辆经长期使用,车型老旧,性能低劣,物料超耗严重,维修费用过高,继续使用不经济、不安全的应予以报废。具体按《汽车报废标准》的规定执行。

我国在 1997 年国家经贸委等六部委发布了修订的《汽车报废标准》;2000 年 12 月 18

日,国家经贸委、国家计委、公安部、国家环保总局联合发文,对1997年制订的《汽车报废标准》中非营运载客汽车和旅游载客汽车的使用年限和办理延缓等又再一次修订;现行制度为中华人民共和国商务部2012年第12号令《机动车强制报废标准规定》(2013年5月1日起施行)颁布的。

《机动车强制报废标准规定》中规定,已注册机动车有下列情形之一的应当强制报废。

(1)达到规定使用年限。

(2)经修理和调整仍不符合机动车安全技术国家标准对在用车有关要求。

(3)经修理和调整或者采用控制技术后,向大气排放污染物或者噪声仍不符合国家标准对在用车有关要求。

(4)在检验有效期届满后连续3个机动车检验周期内未取得机动车检验合格标志。

机动车达到强制报废条件时,其所有人应当将机动车交售给报废机动车回收拆解企业,由报废机动车回收拆解企业按规定进行登记、拆解、销毁等处理,并将报废机动车登记证书、号牌、行驶证交公安机关交通管理部门注销。

此标准中规定了各类机动车使用年限分别如下:

(1)小、微型出租客运汽车使用8年,中型出租客运汽车使用10年,大型出租客运汽车使用12年。

(2)租赁载客汽车使用15年。

(3)小型教练载客汽车使用10年,中型教练载客汽车使用12年,大型教练载客汽车使用15年。

(4)公交客运汽车使用13年。

(5)其他小、微型营运载客汽车使用10年,大、中型营运载客汽车使用15年。

(6)专用校车使用15年。

(7)大、中型非营运载客汽车(大型轿车除外)使用20年。

(8)三轮汽车、装用单缸发动机的低速货车使用9年,装用多缸发动机的低速货车以及微型载货汽车使用12年,危险品运输载货汽车使用10年,其他载货汽车(包括半挂牵引车和全挂牵引车)使用15年。

(9)有载货功能的专项作业车使用15年,无载货功能的专项作业车使用30年。

(10)全挂车、危险品运输半挂车使用10年,集装箱半挂车使用20年,其他半挂车使用15年。

(11)正三轮摩托车使用12年,其他摩托车使用13年。

对小、微型出租客运汽车(纯电动汽车除外)和摩托车,省、自治区、直辖市人民政府有关部门可结合本地实际情况,制定严于上述使用年限的规定,但小、微型出租客运汽车不得低于6年,正三轮摩托车不得低于10年,其他摩托车不得低于11年。

小、微型非营运载客汽车、大型非营运轿车、轮式专用机械车无使用年限限制。

机动车使用年限起始日期按照注册登记日期计算,但自出厂之日起超过2年未办理注册登记手续的,按照出厂日期计算。

参考文献

[1] 陈焕江.汽车运用工程学[M].北京:机械工业出版社,2010.
[2] 李宏刚,韩锐.汽车使用技术[M].北京:高等教育出版社,2015.
[3] 郎全栋,曹晓光.汽车使用技术[M].北京:高等教育出版社,2005.
[4] 叶新娜,刘景春.汽车运用基础[M].北京:化学工业出版社,2011.
[5] 邓红星.汽车使用基础[M].北京:机械工业出版社.2013.
[6] 赵英勋.汽车运用技术[M].北京:机械工业出版社,2009.
[7] 高延龄.汽车运用工程学[M].2版.北京:人民交通出版社,1999.
[8] 陈焕江.汽车运用基础[M].2版.北京:机械工业出版社,2011.